被消失的中國史一

鳥盡弓藏到赤壁之戰

白逸琦◎著

故事，正要開始；歷史，仍在延續

「學歷史有什麼用？」

經常被人抱著不同的眼光，以不同的方式提出這樣的問題。

我通常默不作聲，或許一笑置之。

歷史還沒學好，哪能回答這樣的問題？

可是，不回答卻又不甘心！

後來，我決定說故事。

五千年的故事，好沉重！

或許我們可以這麼認爲：爲了證明那終究無法證明的眞理，人們開始研究人們曾經作過的事，於是產生了歷史。

打打殺殺的歷史，嘗試錯誤的歷史，學習教訓的歷史，學習不到教訓的歷史，只要是人們曾經作過的事，就可以替它冠上這個沉重的名詞：「歷史」。

「人」是一種奇妙的動物，總喜歡自認爲萬物之靈，喜歡主宰，喜歡操控，喜歡打打殺殺，這些行爲說穿了，與其他動物實在沒什麼不同。有機會逛逛動物園的話，也許有幸能夠在長臂猿島與關猴子的柵欄裡，看見類似的情形。

不久之前終於成功破解的DNA密碼告訴我們，作爲一種生物，人類與果蠅之間的差異，其實是微乎其微的。

生物學家大概不會高興吧！他們努力了幾輩子，結果只證明出，人類和所謂的「低等動物」，幾乎沒有什麼差別。

宗教家大概不會高興吧！人類是上帝的選民，是上帝照著祂自己的外型創造的，怎麼能與動物們相提並論？

財閥們大概會不高興吧！我擁有數也數不完的金錢，享受著無與倫比的物質生活，你竟然告訴我，我和一隻果蠅差不多？

政客大概會不高興吧！當他動員了無數支持的群眾，在他面前高喊著：「凍蒜、凍蒜！」的時候，他竟然必須思考，究竟他與動物園裡的猴子有什麼不同。

那麼人類究竟有什麼好驕傲的呢？

人類懂得把自己的行爲記錄下來，分析自己到底幹過什麼蠢事，以後盡量不要再犯，這大概就是人類值得驕傲的地方吧！

果蠅永遠會鑽進爛水果裡，猴子永遠是力氣最大的稱王，人類卻有機會，證明自己懂得記取教訓，懂得從前人的錯誤中學習，懂得繼承過去的文化，開拓一個比較光明的未來，而非僅靠著本能生存。

正因爲這個機會，讓人們被比喻爲「笨豬」、「死狗」，甚至「豬狗不如」的時候，會有不高興的感覺。

所以，「學歷史有什麼用？」

我的回答是：「沒什麼用，只想給自己一個驕傲的機會。」

可是，現在的我，根本驕傲不起來呀！

於是，我決定說故事。

故事，正要開始；歷史，仍在延續。

CONTENTS

目錄

被消失的中國史3：鳥盡弓藏到赤壁之戰

第一章 西漢帝國的擴張

一、鳥盡弓藏……007
二、呂后稱制……014
三、文景時代……024
四、獨尊儒術……041
五、推恩眾建……045
六、拓張疆土……047
七、均輸平準……062
八、巫蠱之禍……064
九、霍光輔政……071
十、盛極而衰……085

第二章 王莽——失敗的改革家

一、關於漢代儒家……088
二、外戚王氏……091
三、王莽的崛起……103
四、權力鬥爭……111
五、奪權的藉口……119
六、代漢立新……132
七、托古改制……137
八、理想與現實……146
九、新朝的覆滅……158

第三章 大漢朝的守成與衰落

一、昆陽之戰……170
二、漢光武帝……184
三、掃平群雄……194
四、以柔術治天下……207
五、明章之治……214
六、班超投筆從戎……220
七、外戚再度崛起……231
八、權力角逐……241
九、黨錮之禍……248
十、董卓進京……251

第四章 群雄割據

一、袁紹的起落……254
二、奸雄曹操……267
三、京師大混戰……274
四、挾天子以令諸侯……280
五、皇叔劉備……289
六、江東孫氏……304
七、官渡之戰……310
八、隆中對……328
九、赤壁之戰……334

第一章：西漢帝國的擴張

為了穩固自己一手打下的江山，漢高祖劉邦致力於翦除異姓王，落了個誅殺功臣的名聲，以為劉家天下，從此穩固，卻沒想到，在他身後，還有一個精明幹練的妻子呂雉。

匈奴的威脅持續不斷，漢高祖以後的對外政策，便是容忍，經過了六十多年休養生息，直到漢武帝的時代，方才轉守為攻。漢武帝在位時間極長，漢朝對外用兵的時間也極長，一個空前壯盛的版圖，就在連年兵馬之下形成。然而，累積許久的國力，也就在不斷對外征討當中，逐漸耗損。

漢武帝晚年，歷經家庭悲劇，身心俱疲，宣佈不再對外征戰，這才延長漢朝的存續。又經過幾代的調養，國力雖然恢復，弊病卻也日漸浮現，但終究能以一個大帝國的姿態，屹立在東亞大地。

鳥盡弓藏

從洛陽遷都長安那天，漢高祖劉邦將楚王韓信貶爲淮陰侯，並且命他前來長安居住，美其名賜以豪宅巨苑，實則就近看管。

軍權再一次遭到剝奪的韓信，心裡非常不痛快，他氣憤地說：「狡兔死，走狗烹；飛鳥盡，良弓藏；敵國破，謀臣亡！」

他捫心自問，絕無對不起漢高祖的地方，唯一作錯的，就是建立太大的功勳，漢朝的天下，倒有三分之二是他打下來的，所謂功高震主，莫此爲甚。

某一次，漢高祖曾在韓信入朝之時，當面詢問道：「你覺得朕能帶多少兵？」

韓信不疑有他，脫口而出道：「最多十萬吧！」

「那你能帶多少呢？」

「多多益善！」

漢高祖臉色微變，隨即笑道：「既然淮陰侯認爲自己帶兵多多益善，爲什麼卻屈居在朕之下呢？」

韓信一聽這話，知是漢高祖有意試他，覺得自己失言，連忙說道：「微臣只能帶兵，陛下卻懂得帶將，所以微臣才會聽憑陛下驅使，況且……陛下天縱英明，微臣萬不能及，又豈是我等卑微之人所能度量？」

漢高祖聽完，笑了笑，點點頭，沒說話。

從此，長安城內，告發淮陰侯韓信有叛變意圖的流言，從來沒有一天斷絕過。

後來漢高祖因爲匈奴南侵，決定征討，寧可御駕親征，也不願意重用韓信，險些命喪平城，多虧陳平計謀，才使他脫險，但他依然故我，對於韓信完全不敢信任。

在天子腳下遭到軟禁，約莫五年光景，韓信這等猛將，也有厭倦的一天，他再也受不了長安城裡的閒言閒語，決定要有所作為。據說他曾經與舊友陳豨密談，後來陳豨發動叛變，自稱代王，佔領了趙、代等地，劉邦親率大軍北伐，與周勃、郭蒙、張春等人，合力攻滅了陳豨。

這場變亂為時不長，卻有人密告皇后呂雉，說韓信與這次變亂有著密不可分的關係。呂后轉念一想，覺得此次皇帝出征之前，曾經徵召韓信共同出征，韓信卻稱病不到，的確形跡可疑，再加上韓信的存在，對於皇室權威，的確是一項威脅，因此，她與丞相蕭何商量，共同討論出一個辦法。

她宣稱，皇帝已將叛逆陳豨消滅，派了使節回到京城通報，各級官員，都需前往未央宮的金殿祝賀。

韓信認為自己既然先前已經稱病，這時也可以不必上朝，想不到丞相蕭何竟親自登門拜訪，勸他道：「就算生病，你也應該去一趟。」

當初韓信就是靠著蕭何推薦，才能從此平步青雲，因此覺得蕭何的建議，必定是為了他著想，不應違背，沒想到他完全料錯了！此時的蕭何，已不再是他的盟友，當他進入金殿，預先埋伏的武士一下子湧出來，將韓信五花大綁。

韓信只感到悲哀，他悠悠嘆道：「當初我擁兵數十萬之際，為什麼不能料到這一天？如今卻被一介女子所欺騙，眞是活該！」

爲了免除麻煩，呂后下令就地將韓信處決，同時，屠滅了韓信包括父族、母族、妻族在內的三族，永絕後患。一代名將，竟然落得如此悲慘的下場。

當年推薦韓信爲將的，是蕭何，如今把韓信推進死亡陷阱的，也是蕭何，「成也蕭何，敗也蕭何」，指的就是韓信一生的功業。

公元前一九六年，漢高祖十一年，皇帝的凱旋之師，從代地歸來，漢高祖聽說韓信已被殺死，心中感到十分高興，然而回想起韓信過去的功勳，卻也不由得感到惋惜。

不過他的惋惜似乎並沒有持續很久，如願消滅了韓信，漢高祖開始將矛頭指向其他的功臣。彭越是第一個目標。

這時候彭越已經受封爲梁王，當初打天下時，彭越的功勞雖不像韓信那般卓越，倒也發揮了不容忽視的影響力，若非他在後方牽制，也許漢高祖早就被項羽給消滅了。

漢高祖指責彭越的理由是：攻伐陳豨時，梁王竟敢不奉旨意，前往協助作戰僅僅派了一名部將及少數部隊去邯鄲會師。

彭越十分害怕，打算親自前去長安，當面向皇帝請罪，表明心跡。他的一名部將扈輒勸說道：「大王請三思啊！如今皇帝派人來指責，大王跑去晉見，這不是落入皇帝的圈套嗎？」

「你是說……皇帝想害我？」

「就算皇帝本人無意，只怕他身邊之人有心！」扈輒說道：「依微臣看，大王不如……反了吧！」

「這不行，這不行啊！」

當時韓信遭到處決的消息還沒有傳進彭越耳中，假使他知曉此事，或許會另作打算吧！

後來，梁國的太僕犯了罪，彭越要殺他，這名太僕便逃出封國，來到長安，向皇帝舉發彭越與扈輒密謀之事。

漢高祖二話不說，立即趁勢將彭越逮捕，褫奪爵位，貶爲平民，流放到蜀郡青衣（今四川省雅安縣）。

彭越蒙受不白之冤，內心悲憤交集，車隊押解著他，緩緩西行，朝著那蠻荒的不毛之地前進，半路之上，遇見了呂后的車隊，彭越求見，並且對著呂后痛哭流涕道：「皇后啊！我從多久以前，就與皇帝以兄弟相稱，打天下的時候，我出的力，不比任何人少！像我這樣，怎麼可能密謀叛變？一定是有人誣告啊！」

呂后溫言相勸道：「彭老將軍是清白的，大家都知道，皇帝也許只是生你的氣，才跟你鬧著玩。你就隨我來吧，我替你當面向皇帝求情去。」

彭越感激莫名，聲淚俱下道：「我也不求能夠恢復官爵，只要能夠把我放回故鄉，讓我終老，我就心滿意足啦！」

呂后滿口答應，並且安撫地說道：「彭將軍不用擔心，這件事，就交給我來辦吧！」

彭越滿心以爲呂后眞的願意幫助他，便跟著呂后前去洛陽。

想不到呂后見了漢高祖，竟然對他說道：「彭越這號人物，千萬不可小覷！如果陛下只是把他放逐到蜀地，將來恐怕禍患無窮。我現在把他給騙回來了，讓陛下發落吧！」

漢高祖點頭稱是，問道：「那你覺得該如何處置？」

「比照淮陰侯辦理！」

呂后的意思，就是誣以謀反。這個辦法，向來是誅殺功臣最好的藉口。

於是，她找了一位彭越的舍人，再度舉發彭越謀反的事實，罪證確鑿之下，還在等待奇蹟出現的彭越，就這麼被判屠三族之刑，下場與韓信相同。

淮南王英布，聽說韓信被殺，已經憂心忡忡，又聽見彭越的死訊，更是心驚膽顫。呂后派人把處死之後的彭越剁成肉醬，分送各地，讓各路諸侯能有所警惕，英布看著那血淋淋的肉醬，內心恐懼萬分，喃喃說著：「連彭越也成了這副模樣，將來我會如何？」

他對朝廷的恐懼達於極點，爲了避免遭到偷襲，他密令將士，屯駐封國邊境，嚴加警戒。

後來，英布懷疑自己的一名愛姬與中大夫賁赫有姦情，打算逮捕賁赫，賁赫聞訊，連忙逃走，逃往長安城告發英布，說他圖謀不軌，已有謀反的跡象。

漢高祖詢問丞相蕭何的意見，蕭何答道：「淮南王與淮陰侯、梁王不同，他胸無大志，應當不至謀反。依微臣看，定是有奸人構陷，仇家誣害！最好先把賁赫關起來，再派人前往調查清楚。」

漢高祖照做，英布的懷疑之心卻越來越盛，當他知道賁赫在漢高祖前面做出對自己不利的證詞之時，心已經涼了半截，漢高祖派來的使者調查結果發現，英布雖無明確叛變意圖，調兵遣將，防備中央，卻是事實。

一不做，二不休，英布乾脆眞的叛變，他殺掉了賁赫全家，發動軍隊，豎起叛旗。消息傳來，漢高祖立即釋放賁赫，親自率領軍隊，攻打英布。兩軍臨陣之際，劉邦至陣前高聲喝問：「英布，朕待你不薄，你爲何叛變？」

英布的回答很簡單：「我不過想做皇帝而已！」

他根本不想辯解。

兩軍交戰了幾個回合，英布大敗，帶了幾百名親信逃往長沙。長沙王吳臣之父吳芮是英布的妻舅，與英布的感情向來不錯，英布以爲他的兒子也會幫助他，可是，吳臣爲了自己的功名利祿，不願意蹚渾水，派人與英布相約，一同逃往南越（今兩廣地區）。英布信以爲眞，轉往南越，途經番陽（今江西省鄱陽縣）時，被當地人所殺。

漢初分封了八個異姓王，除了長沙王之外，其他的七個王，全都沒有好下場。這是漢高祖爲了保全自己劉姓天下的做法。最初，朝中大臣曾經爲了國家體制問題，有過一番爭論，分封諸侯或者採行郡縣，各執一辭，漢高祖以折衷的辦法，平息了這場爭議，也就是所謂的「郡國並行制」，一方面採行中央統轄各地郡縣，另一方面也分封諸侯王，作爲中央政府的屏障。如今，異姓王被漢高祖一一翦除，空下來的爵位，就由漢高祖的兒子們來繼承。

他滿心認爲，分封劉氏爲王，必能使他劉家天下永存於世間，同時，爲了保障自己的後代，他還頒布了一道命令：「非劉氏而王者，天下共擊之。」

不只異姓王，連其他的開國功臣，也在他的懷疑之列。蕭何、樊噲都曾經遭到漢高祖的逮捕，只是因爲處理得當，才沒有釀成殺身之禍。張良受封爲留侯，自從漢朝建立以後，便每天躲在自己府中，說自己身體虛弱，必須修行神仙丹藥之術，方可延年益壽，國家大事，不聞不問，明哲保身。

從今以後，只有姓劉的後代可以稱王，朝中大臣，對朝廷也都忠心耿耿，這樣，應該可以讓他的天下，長存於世間了吧！消滅英布之後的漢高祖，生了病，而且病情越來越嚴重，交代了後事，便在公元前一九五年，撒手西歸。

呂后稱制

漢高祖一死，呂后的野心就展現了出來，她將皇帝歸天的消息保密，找來自己的哥哥呂釋之商量，說道：「各地的將領與皇帝當初都是平民百姓，讓他們在皇帝面前稱臣，他們就經常心懷不滿，如今皇帝走了，要他們侍奉少主，他們更不會服氣！不想個辦法把他們騙來京城滅門，天下只怕難以安定！」

曲周侯酈商聽說此事，驚恐無已，連忙進宮面奏皇后，說道：「如果皇后眞打算誅殺各路將領，那就太危險了！如今，陳平、灌嬰率領十萬之眾駐守滎陽；周勃統帥二十萬大軍，剛剛平定代、燕等地，如果這時候聽說自己將遭到殺身之禍，哪有不帶兵攻入關中的道理？望皇后娘娘三思！」

呂后微笑，「曲周侯從哪裡聽說此事？皇帝龍御歸天，理應大赦天下，我怎會糊塗到誅殺開國元勳呢？」

於是呂后替高祖發喪，並且宣布大赦天下。五月，十七歲的太子劉盈即位，是爲漢惠帝，同時遵奉呂后爲皇太后。

漢惠帝的性格十分忠厚，完全不像他的父母，當初，漢高祖也不大喜歡這個兒子，曾經打算另立自己的愛妃戚夫人所生的兒子趙王如意爲太子。這件事在宮廷之中曾經鬧出很大的風波，蕭何、張良以及御史大夫周昌皆表示反對，漢高祖才打消這個念頭，然而，卻種下了呂后與戚夫人之間的仇恨。

如今呂后貴爲皇太后之尊，立刻拿戚夫人開刀。她下令逮捕戚夫人，戴上枷鎖，剃光頭髮，穿上囚服與奴隸一起搗米。

這樣還不夠，她又派了使節，召趙王劉如意入朝。

趙國丞相周昌堅決表示不可，他對朝廷使節說道：「當初先帝將趙王託付於我，命我擔任趙國丞相，就是清楚會有這麼一天，我不能讓趙王前去送死！你回去告訴太后，趙王生病了，不方便上路。」

呂后氣得跳腳，當初周昌力保，才讓太子劉盈得以順利繼位，想不到這時周昌卻來與她作對。她改變方法，先召周昌入朝，等周昌到了長安，命他居住在城中府邸，不得返回，然後再去召趙王。

母親的所作所為，漢惠帝看在眼裡，卻不敢當面頂撞。他知道母親將對趙王不利，於是親自到霸上迎接趙王，將年幼的親弟弟接入皇宮，飲食起居都和自己在一起。這樣，呂后想要下手，卻又怕傷了自己的兒子。

「這個沒出息的兒子！」呂后憤恨地說道：「如果當初他搶了你的位子，今日就要換作我們母子倆變成階下囚啦！你居然還這般維護他。」

可惜漢惠帝終究百密一疏，給呂后抓住了機會。某日，他外出練習射箭，忘了叫如意起床隨同他前往，只這麼一會兒功夫，呂后得到了消息，立刻派人拿著毒酒，闖入寢宮，強迫如意喝下。

漢惠帝回來之時，只看見弟弟的屍體，知道是母后所為，卻又不敢聲張，難過得哭了起來，只好派人把屍體悄悄地安葬了。

呂后剷除了心頭之患，又回過頭去對付毫無反抗能力的戚夫人。他命手下將戚夫人的四肢砍斷，刨去她的雙眼，熏聾了她的耳朵，灌啞了她的嗓子，把一個好端端的美麗少婦，折磨得不成人形，最後還把她扔進茅廁之中，取了個名字叫做「人彘」。

「想當年先帝不是最喜歡你那副狐狸精樣子嗎？」呂后惡狠狠地說道：「我就讓你只能當隻豬狗不如的東西！」過了幾天，還叫人進宮，請皇帝前往參觀。

漢惠帝看著牆角那一團血肉模糊不停蠕動的東西，瞧不出什麼名堂，左右隨從據實以告：「那……那便是戚夫人啊！」

頓時，一種難以言諭的憤怒自心頭湧起，漢惠帝乾嘔了幾聲，嘔不出來，他忍不住放聲大哭，痛苦地喊道：「這……這是人做的事嗎？老天哪！爲何我竟有這樣的母親？我……我身爲皇帝，不能保護先帝的愛妃愛子，還有什麼顏面治理天下？」

回去以後，他生了一場重病，病好了，依舊沉湎酒色，不願主持政事。

這樣正合了呂后的意。害死了戚夫人與趙王如意以後，呂后把淮陽王劉友改封爲趙王，後來又藉口劉友對她不尊重，把劉友招來長安拘禁，將他活活餓死。

第二年，又讓齊王劉肥前來長安朝見，設下筵席，派人斟了一盃毒酒，放在劉肥面前。漢惠帝敬劉肥是兄長，不願他被呂后毒害，索性一把搶過劉肥面前的酒，端起來對著席間眾人祝賀道：「今日兄長、母后俱在，由朕先乾爲敬！」

呂后嚇得魂不附體，跳起來把那盃毒酒打翻在地上。「這……這是給齊王喝的，你怎可……」她也不知該如何說，只好吩咐左右：「再替皇上斟酒！」

劉肥驚覺箇中有異，不敢久留，後來向別人打聽，才知道呂后的陰謀。他的手下勸他：「如今保命要緊，大王得想想辦法才行。」

「她是皇太后，想要害我，我又被困在長安，能有什麼辦法？」

「皇太后與先帝的親生骨肉，只有皇上與魯元公主。為了討好太后，大王最好將齊國的一個郡，贈送給魯元公主作為采邑，並且請太后主持，只要讓太后心裡高興，就不用擔憂了。」

劉肥照做，並且在呂后面前必恭必敬，讓呂后的虛榮心獲得滿足。呂后覺得劉肥似乎對自己十分尊敬，沒什麼大問題，才對他放心，讓他回到齊國去。

朝中大臣，看著呂后的恣意妄為，人人敢怒不敢言。最有權力說話的丞相蕭何，一句反對的話也不敢說，更遑論其他大臣。

蕭何的看法是，多一事不如少一事，如今天下方定，國勢不振，這種宮廷之間的內鬥，還是讓它侷限在宮廷裡。後來，蕭何病危，臨死之前，推薦曹參接替他的地位。曹參當丞相，凡事也以清淨無為為要，任用的官員，全是一些老成持重之人，那些積極進取的官員，全部被他排除在外。

原本應當最為忙碌的丞相府裡，自從曹參入主以後，竟然如同一灘死水，百無聊賴，唯一的聲音，則來自歡宴飲酒。

這下子連漢惠帝也看不過去了，指責曹參道：「當初朕聽蕭丞相的意見，讓你繼位，怎麼你一點作爲也沒有？」

曹參脫下官帽，躬身說道：「陛下覺得，作爲萬民之主，陛下與先帝比起來如何？」

漢惠帝想也不想立刻說道：「朕當然比不上先帝。」

曹參又問：「陛下覺得，微臣的才能，比起蕭丞相來，孰爲優劣？」

漢惠帝沉思片刻：「你似乎差一點……」

「這樣不就了結了嗎？」曹參道：「陛下接替先帝的位置，我接替蕭丞相的位置，他們已經將制度規章訂定得十分完善，我們只要盡忠職守，不出差錯，就能對得起先帝與蕭丞相的開創之功了。」

「的確……」漢惠帝說道：「你講的有道理。」

皇帝與丞相無爲而治，皇太后卻不安於室。爲了加強自己對皇帝的控制，呂后便做主讓宣平侯張敖的女兒張嫣入宮成爲皇后。

這樣的安排乍看之下沒有什麼不對，張敖是當初幫助漢高祖打天下的張耳的兒子，算來也是門當戶對。可是，張敖的妻子正是魯元公主，也就是漢惠帝的胞妹，換句話說，爲了穩固自己的勢力，呂后竟命令漢惠帝迎娶外甥女做皇后，可以算是違反了倫常。

漢惠帝無可奈何地接受了這個安排，其他的大臣們也都敢怒不敢言，呂后則滿心以為，一旦漢惠帝與魯元公主的女兒生下了子嗣，這名子嗣身上流著她呂雉的血脈，有朝一日成了皇帝，將可以永保她的地位與聲譽。

但是，張皇后的年紀實在太小，根本生不出孩子，呂后打的如意算盤，眼看要落空。於是她心生一計，派人從後宮隨便抱了一個男嬰，把男嬰的母親殺了，硬說那是張皇后所生的子嗣，這個孩子，取名為劉恭，就是漢惠帝的太子。

這樣的命運，漢惠帝仍舊逆來順受。他本來就不是一個很有主見的人，再加上從小生活在父母的陰影之下，擔心害怕之餘，還要承擔極大的責任，更讓他養成了逃避的性格。他依稀記得，多年以前，他與妹妹魯元公主在兵荒馬亂之中，與母親走散，後來遇上了父親，父親那冷峻的目光之中，透著恐懼，不知道為什麼逃命，總嫌自己和妹妹拖慢了馬車的速度，好幾次把自己和妹妹推下車去。若不是父親身旁那位慈祥的長者夏侯嬰，堅持要讓他兄妹二人隨行，那麼他這個當今皇帝，或許正在民間行乞，甚至早就餓死了也不一定。

「這樣……也沒什麼不好啊！」漢惠帝在心裡喊著。當初保護他的夏侯嬰，如今已經不在了，當年的開國元勳，一個一個凋零了，沒有人能夠保護他，沒有人能聽他說話，連他自己的母親，也只不過是在利用他的地位而已。

曹參當了三年無所事事的丞相，去世了；留侯張良，隱居在自己的府邸裡不問政事，也在第二年去世。這些能夠依靠的元老重臣，相繼辭世，漢惠帝感到無比的孤獨、無助。

公元前一八八年，年僅二十四歲的漢惠帝，在宮廷無形的折磨中逝世。九月，葬在安陵（今陝西省咸陽縣東）。

發喪之時，呂后哭了，看起來很傷心，卻不掉眼淚。張良的兒子張辟彊，對呂后的個性十分了解，找來左丞相陳平，與他商議：「如今皇上晏駕，太后唯一的親兒子死了，失了依靠，害怕大臣們另有打算，所以才乾嚎不落淚！請左丞相上奏，推薦呂氏族人，擔任朝中要職，讓太后安心。」

陳平效忠的是劉家天下，對於這樣的建議，頗不以爲然。

張辟彊卻有他的理由：「朝廷最需要的就是穩定！自從高皇帝仙逝以來，七年間，太后已經結結實實的把人脈都佈好了。如果左丞相不願上奏推薦，而與太后作對，只怕又將鬧起一場腥風血雨，到時候……」他沒有明說，但是已經把朝廷當中外戚與開國功臣之間的對立點得很明白了。

「我知道了！」陳平道：「我照你的話去做。」

果然，陳平上奏，請呂后的外甥呂臺、呂產二人，擔任南軍、北軍的將領，呂后聞言，方才放心地落下淚來。

喪事辦完，呂后馬上把小娃兒劉恭立爲皇帝，自己臨朝聽政，代行皇帝權責。某日朝中，向大臣們提出分封呂姓子弟爲諸侯王的意見。

右丞相王陵表示反對：「高皇帝曾與臣子們訂立誓約，非劉氏而王者，天下共擊之。如今欲封諸呂為王，有違高皇帝遺旨！」

呂后很不高興，又詢問左丞相陳平與太尉周勃，想不到兩人異口同聲道：「高皇帝平定天下，分封劉姓子弟為王，如今太后臨朝，分封呂姓子弟為王，有何不可？」

聽了這樣的話，呂后難掩心中喜悅之情，微笑道：「很好，很好！」

退朝以後，王陵怒氣沖沖，攔住陳平周勃二人，質問他們：「你們這樣拍馬屁，不怕對不起高皇帝的在天之靈嗎？」

周伯嘆道：「右丞相有所不知，我們這麼作，正是為了保全劉家的天下。」

「怎麼說？」

陳平道：「小心駛得萬年船，忍一時意氣，方可保平安！」

王陵無言以對。

過了不久，呂后升任王陵為太傅，實際上是奪取了他的政權，王陵很生氣，索性連太傅職位也一併辭去，告老還鄉。呂后便改任陳平為右丞相，提拔自己的心腹審食其為左丞相。

陳平為了避免遭到猜忌，把一切朝政，都交給審食其處理，自己從來不過問。呂后心知肚明，了解陳平不願意與她作對，因此也就對陳平十分禮遇。

呂后臨朝稱制，並沒有太大的野心，她是個政治能力十分不錯的女性，卻從來沒有想過要讓呂氏子弟取代劉家天下，她的所作所為，不過是期望讓她呂家的人，能夠多封幾個王，風光風光，如此而已，可是這個期望卻不是那麼容易達到。為了堵住大臣們的嘴，她先行分封劉家的子弟，惠帝之子劉彊為淮陽王，劉不疑為恒山王，劉山為襄城侯，劉朝為軹侯，劉武為壺關侯；齊王劉肥之子劉章封為朱虛侯，劉興為東牟侯；楚王劉交的兒子劉郢為上邳侯，後來劉不疑死去，襄城侯劉山改名劉義，晉位恒山王。

封了這麼一大群姓劉的王侯，那些有意見的人，也都應該住口了吧？呂后於是放心地開始一步步提升諸呂的地位。她追封死去的父親為呂宣王，追封大哥呂澤為悼武王，並且封呂澤之子呂臺為呂王，呂產為梁王，呂臺之子呂通為燕王；封二哥呂釋之兒子呂祿為趙王，其他大小王侯，不一而足。

兩家之間的分封，有所差異，劉家所封的王，多半是小孩子，沒有實際能力；呂家的王，卻大多是成年人，掌握了實權，因此，呂家的勢力逐漸強大起來。

過了幾年，小皇帝劉恭漸漸懂事，不知道從哪裡聽說說自己的身世，知道自己不是張皇后親生，很天真地握著小小的拳頭說道：「等我長大了，一定要替自己的親娘報仇！」

這句話傳進呂后耳朵，令她大為震怒。為恐生變，她將小皇帝拘禁起來，對外宣稱皇帝患病，改立恒山王劉義為帝，更名為劉弘，也是個小皇帝，大權仍然操縱在呂后的手裡。

呂后治國，沒有多大的建樹，倒也能夠讓政治穩定發展。在她初掌政局之時，北方的匈奴汗國，國力正值鼎盛，帶給中國極大的威脅，雄主冒頓單于，曾經寫了一封信給呂后，信中說：

「我長年在北方荒涼的草原，寂寞難耐，很想進入中國遊歷，剛好你又死了丈夫，想必空閨難耐，不如你嫁給我，讓我們兩國，能夠互通有無，我們也可以排遣寂寞，不知你芳心如何？」

這樣的要求，對遊牧民族而言，不算過分，從中國的禮教觀念來看，可就是奇恥大辱了。呂后又羞又憤，想要與匈奴開戰，中郎將季布竭力勸阻：「當年高皇帝也曾討伐匈奴，結果受困平城，僅以身免。如今我國勢疲弱，輕言出兵，實在是動搖國本！」

「難道這口氣就這麼嚥下去嗎？」大將樊噲問道。

「像那種蠻夷之邦，講出來的話能聽嗎？」季布說道：「太后實在不必跟他們一般見識！」

呂后點頭：「我明白了。」

她命人回信一封，言詞謙卑，不與匈奴作意氣之爭。冒頓單于似乎也能體諒，因而兩國之間大體相安無事，漢朝得以在穩定之中求發展。

文景時代

呂后臨朝稱制，一共八年，公元前一八〇年七月底，呂后病逝。在她死前，命令自己的親族統領京師的禁衛軍與衛戍部隊，提拔呂祿爲上將軍，還讓呂產拜爲相國，呂祿的女兒當皇后。把軍政大權全部交給族人之餘，還諄諄告誡道：「如今你們都封了王，大臣們多半不服氣。等我死後，你們一定要好好保衛宮廷，千萬不要離開軍隊，也不要替我送葬，以免大臣有變！」

遺詔當中，並且說道：「諸侯王各賜千金，其餘將相列侯，各有賞賜，大赦天下！」

雖然呂后替自己的身後之事作了如此妥善周密的佈置，但是，局勢變化的快速，她終究沒有能夠料到。在她逝世之後一個月，齊王劉相殺掉了與呂氏親善的國相召平，發布檄文，寄書諸侯王，大興討伐諸呂之師。

「當初高皇帝與大家約定，非劉氏而王者，天下共擊之，如今，這麼多不姓劉的人都當了王，正是天下應當起而共擊的時候！」

相國呂產聽說劉襄起兵，急忙派遣灌嬰率領軍隊，前往鎭壓。

這個舉動足見呂產的智慧不高。灌嬰乃是功臣集團之中的元老之一，怎麼可能替姓呂的外戚們效忠？他把軍隊開進滎陽駐紮，隨即按兵不動，與部下們商量道：「如今諸呂擁兵自重，對劉家宗室不利，我如果打敗齊王的軍隊，豈不是幫呂氏的忙，助紂為虐嗎？」

於是，灌嬰派人前去與齊王劉襄聯絡，謀求和解，等到長安方面局勢變化，再一同回去發動攻擊。齊王劉襄欣然同意。

京城方面，太尉周勃手上沒有兵權，又因為呂產、呂祿掌握著南軍北軍，遲遲無法下手。他找了陳平一起商量，說道：「呂祿與酈商的兒子酈寄情同手足，可以請酈寄去用計謀。」

「可是酈寄與呂祿情同手足，何以見得酈寄肯幫我們呢？」

「咱們把他老子給抓過來，就不相信酈寄不肯就範！」

陳平苦笑：「曲周侯臥病在床也好些年了，想不到臨老來，還得來這麼一下子！」

酈商遭到挾持，酈寄迫於無奈，只好乖乖就範，陳平面授機宜，酈寄前去找呂祿，對他說道：「當年高帝與太后一同平定了天下，約定劉姓諸侯王九人，呂姓諸侯王三人，這都是早就商量好的啊！」

呂祿糊裡糊塗：「哦？有這樣的事嗎？」

「這個……當然！」酈寄說道：「如今皇太后去世，皇帝年幼，您身爲趙王，不趕快交出兵權，回到自己的封國去，當然會引起諸侯和大臣們的懷疑！如果您與梁王能把印信交出，把軍隊交給太尉周勃，然後回到自己的封國去作你的太平大王，如此，名正言順，齊王自然就會退兵了。」

「眞的嗎？」呂產道：「嗯，我會考慮考慮……讓我去和他們商量一下。」

呂家的人，有人說好，有人說不行，七嘴八舌的，沒有定論，因而此事就這樣延宕下來，不過呂家人的警戒心的確因爲這個意見而鬆散了。

九月，御史大夫曹窋晉見相國呂產，正巧那時郎中令賈壽出使齊國歸來，把灌嬰按兵不動，打算聯合齊王以及諸侯共同討伐諸呂之事，告訴呂產。曹窋隱隱約約聽見談話內容，急忙退出，將事情經過報告陳平、周勃知悉。

周勃擔心情況生變，決心奪取兵權。當時，朝廷掌管符節的，是襄平侯紀通，他聽說了周勃的打算，立刻帶了符節去見周勃，並且假傳聖旨，說皇帝下令讓周勃掌管北軍。

於是，周勃通知酈寄，讓他去見呂祿，並且對呂祿說道：「皇上有命，令太尉掌管北軍，你還是趕快從命，回到封國去吧！否則，大難就要臨頭了。」

呂祿對酈寄完全信任，決不相信酈寄會欺騙自己，便眞的交出了上將軍的印信。

周勃得到了符節與印信，進入北軍駐紮的營地，召集全體將士，高聲呼喊著：「如今我要起兵討伐諸呂，各位都是漢軍忠臣，現在，給你們一個選擇的機會，效忠呂家的，露出右手臂，效忠劉家的，露出左手臂！」

將士與兵卒全都坦露出左手臂，周勃成功地掌握了北軍的軍權。

「現在，我已有兵權在手。」周勃對曹窋說道：「你快去請左丞相協助，讓他穩住南軍動向，別讓呂產有機可乘。」

曹窋告知了陳平，陳平立即與朱虛侯劉章聯絡。劉章帶領了自己的侍衛，把守在軒轅門，防止南軍突襲，又讓衛尉阻止相國呂產進入殿門。

呂產不知道情勢已經生變，來到未央宮，發現宮門深鎖，不知所以然，在宮廷之中徘徊。

周勃調撥一千人給劉章，囑咐他：「快進宮保護皇上！」

劉章率著這隊人馬進入未央宮，與呂產碰上，將他團團圍住，僵持許久，劉章發動攻擊，相國的衛隊亂成一片，呂產就在這一片混亂之中被殺死了。

呂家的首腦身死，其他的就不足爲懼。周勃派人分頭將所有呂家的人全部逮捕，不論男女老幼，全部斬首。

齊王劉襄與灌嬰聽說了長安城中的變化，知道諸呂已經剷除，各自退兵。

大局恢復穩定。

不過，呂后所立的小皇帝，卻成了眾人的眼中釘。周勃、陳平召集大臣會商，決定將小皇帝廢除。「少帝、濟川王、淮陽王等人，是呂后所立的劉姓子弟，可是，他們都不是惠帝的親生子嗣，呂后將他們的親生母親殺了，讓他們冒充皇帝的兒子，這樣，畢竟不是正統。」

「的確，依我看，不如在諸侯王之間，挑選一位賢明之人當皇帝。」

「齊王適合！」有人說道：「他是高皇帝的嫡長孫，最適合不過。」

「不成！齊王的舅父駟鈞，不是個好惹的人物，他們家如果掌了權，難保不會又出一個呂后。」

陳平問道：「那麼，諸位以爲誰合適？」

「代王劉恒合適。高帝諸子之中，就屬代王年紀最大，爲人寬厚仁孝，他的母親薄氏，家族人丁不多，而且善良謹愼，將來當了皇親，不至招惹災禍。」

眾人的討論獲得共識，一致同意讓代王劉恒接任皇帝。

對二十三歲的劉恒而言，這個喜訊簡直是從天上掉下來的，只是事出突然，他與身邊大臣都不禁感到猶豫。後來中尉宋昌分析道：「大王是高皇帝的子嗣，朝廷當中的大臣，當是眞心擁戴才是。否則，太尉一入軍中，振臂高呼，不可能全軍一致願意爲劉氏而戰！此外，高皇帝分封劉姓子弟，共同輔助皇室，天下都知道宗室力量的強大，根基難以動搖。高皇帝諸子，只剩大王與淮南王，大王又居長，而且仁厚之名廣被，皇帝之位，捨大王其誰？請大王不要懷疑，順應潮流，進京即位！」

於是，代王劉恒便領著宋昌、張武等人，前往長安。

朝中文武百官，出城迎接，在長安城北的渭河橋恭迎代王大駕。

周勃趨身上前，低聲對劉恒說道：「請大王屏退左右，我有要事相告。」

宋昌擋在劉恒與周勃之間，凜然道：「有什麼話，請當面奏議，天子大公無私！」

周勃面紅耳赤，趕緊謝罪，劉恒微笑扶起他，不願立刻接過他手上的符節玉璽，道：「等我們到了府邸再行商議吧！」

當晚，一切安置妥當，丞相陳平率文武官員謁見，依禮行事，劉恒才正式接受玉璽，登基爲皇帝，進駐未央宮。

他就是漢文帝。

漢文帝繼位之初，面臨著各式各樣的問題，內部政局的不穩，諸侯王的尾大不掉，匈奴的侵擾，在在考驗著這位倉卒登位皇帝的能力。幸運的是，他是一位有能力的皇帝，清楚的知道自己該做什麼，不該做什麼。

他知道，眼下漢朝最需要的就是厚植國力，而一國之力，並非一朝一夕就能達成，非得要長年累月不可，因此，他從自身做起，凡事以節約爲上，舉凡居住的宮殿、庭院，以及車馬服飾，全都沿用漢高祖以來的遺物，自己不肯添購，飲食也盡量節省，決不鋪張；宮中帳幕，全用素色，不繡花紋；自己的愛妃，衣襬裙子也不准拖到地面。

大臣們看見皇帝這樣儉樸，也都不敢鋪張浪費了。

執政第二年，漢文帝下令減輕百姓繇役賦稅，從原本的十五分之一，減免爲三十分之一，勞役也從每年一次，減少爲三年一次。

輕繇薄賦之餘，漢文帝也提倡經濟建設，把社會上一些遊手好閒之人，集中起來開墾荒地，並且借糧食、借種子、貸款給農民，務求累積實力、累積財富，增加生產，藏富於民。

漢文帝即位幾年，國家的財政經濟漸漸有了起色，可是，開國的功臣也逐漸凋零，陳平、灌嬰、周勃，相繼逝世，爲此，他特別啓用了許多有能力的官員，替他從事行政工作。

掌管司法的廷尉張釋之便是其中一人。

張釋之是一位耿直之人，漢文帝有過錯，他就會立刻指正，漢文帝也能虛心採納。有一次，漢文帝的車駕經過中渭橋，有一民眾忽然從橋下跑過，驚動了馬匹，差一點發生意外。左右將那民眾逮捕，送交廷尉法辦。

張釋之說道：「天子出巡，人民應當迴避，此人沒有迴避，是『犯蹕』之罪，依律當處罰金。」

漢文帝聽了很不高興，跑去責備張釋之：「他驚動了朕的馬，害朕差一點摔死，怎麼你只判他罰金？」

「此人並未使陛下受傷啊！」張釋之說道：「而且，法律是天下人都應該遵守的，律法規定，這樣的罪刑，就是罰金，如果加重處罰，以後誰還會相信法律，誰還會相信廷尉，誰還會相信陛下？」

漢文帝思索良久，欣然同意：「不錯！你說得很好。」

除了張釋之以外，漢文帝只要聽說哪裡有賢才，便會召見前往中央述職。他聽說長沙郡守吳公政績卓越，於是命他進京任官。

吳公向漢文帝推薦洛陽人賈誼，漢文帝召見，一見之下，大爲讚賞。賈誼才二十出頭，可是文采斐然，博學多聞，漢文帝經常向他請教，他也提出許多切中時弊的要點。

賈誼是個充滿了雄心壯志的年輕人，他滿腹經綸，對於天下大局，有著自己的一套看法，他曾經建議漢文帝，易服色，改正朔，制定禮儀規章，重新訂定官名，漢文帝覺得自己沒那麼了不起，所以不肯。他又建議漢文帝應當儲存糧食，以便在荒年當中得以穩定局面，這一點，文帝則欣然接受。

文帝十分欣賞賈誼的才學，想要重用他，可是，朝中大臣表示反對，認為賈誼不過是個毛頭小子，怎能擔當大事？而且，賈誼的那些政治主張，只能在國家強盛的時候實行，如今的漢朝，並不合適。

可以說，賈誼生錯了時代。

漢文帝讓賈誼去當梁國的太傅，大才小用，賈誼又上萬言書《治安策》。這是一篇內容宏大的千古名文，文中討論了包括諸侯、匈奴、土地兼併、教育、法律與禮儀等六大問題，從政治與社會面，分析論述了漢朝最急迫的困境。然而，這樣的時代，這樣的背景，不是賈誼這樣的人所能一展長才的，朝中元老絕不容許這樣的年輕人，搶了他們的風采，威脅他們的地位，漢文帝很清楚，賈誼也很明白。

幾年後，賈誼以三十三歲的英年，抑鬱而終。

不過，《治安策》裡，有項論點引起了漢文帝的注意。賈誼認為，天下不穩定的主要因素，在於諸侯王勢力過於強大，中央難以統馭。唯一的解決之道，就是削藩。可是，如果貿然削藩，必定引起諸侯王強烈不滿，處理不當的話，將有引火自焚的可能。對此，賈誼提出了一個良策：「眾建諸侯以少其力。」

「……少力則易使以義，國小則無邪心，令海內之勢，如身之使臂，臂之使指，莫不制從。」具體的實行辦法就是，將每一個封國國君的子嗣，都封與爵位，如此，諸侯勢力一代一代的分化下去，中央皇權的勢力自然就能擴張。

對漢文帝而言，這樣的意見猶如茫茫黑夜中的一盞明燈。當時，他正被淮南王劉長的反叛搞得十分頭痛。

淮南王劉長，是漢文帝唯一的兄弟，他向來與漢文帝一同出獵，一同乘車，甚至不喊「皇帝」，不行君臣之禮。他身強體壯，力能扛鼎，由於上一代的恩怨，他十分憎恨老臣審食其，某日來到長安，趁機闖入審食其府中，親手將審食其的頭顱割下，然後到宮中向漢文帝請罪。

「兄弟……何故如此啊？」漢文帝問道。

劉長面無懼色，坦然回答，細數審食其的不是：「第一，當初家母無罪，呂后想要逮捕她，審食其知情，卻不為我母親爭辯；第二，審食其不曾勸阻呂后加害戚夫人與趙王如意；第三，呂后分封諸呂，企圖搶奪劉家天下，審食其身為開國重臣，卻不加以勸阻。因為這三條大罪，我殺了他，為母報仇，也為天下除害！請大哥降罪。」

漢文帝嘆了一口氣：「你說得振振有詞，要朕拿什麼罪治你？」

劉長說做就做的強悍性格，使得朝中宗室大臣，對他都有點懼怕，他也因此得意起來。

「皇帝讓著我，太子也怕我！」他笑著道：「這樣我為何還要屈服在他們底下呢？」回到封國，立即擺出了天子的架勢，儀仗、排場，全與皇帝無異。

朝中大臣忍無可忍，上奏道：「諸侯驕奢之氣亦甚，必有禍患，陛下應適時予以削弱。」文帝完全不聽。

這麼一來，劉長就更囂張了，他把中央派來的官員全部趕回去，換上自己的人馬，廢除朝廷制定的律法，改以自己的喜好實行賞罰，甚至仿效皇帝的口氣與態度，對有功的部下進行分封。

漢文帝實在看不下去了，寫了一封信，託自己的舅父薄昭，送去淮南國，勸說劉長，不要給皇帝丟臉，使天下人笑話。

「我給皇帝丟臉？」劉長大怒：「同樣都是高皇帝的兒子，他能分封，我就不能？他能有的排場，我就不能有？」

劉長像個被寵壞的孩子，一封溫言勸說的信件，竟使得他惱羞成怒，決心與朝廷作對到底。漢文帝六年，公元前一七四年，他自以爲做好了準備，就命令他的手下，駕著四十多輛兵車，聯合棘蒲侯柴武的兒子柴奇，南交閩越，北結匈奴，在長安北面的谷口起兵叛亂。

這場叛亂如同一場鬧劇，很快就平息了，眞正讓漢文帝頭痛的，是事後的處置。照理說，叛亂罪一定是死罪，可是漢文帝不想落個殺害兄弟的罪名，想要從輕發落，於是決定廢了劉長的王爵，貶爲平民，流放到巴蜀地區。

朝臣們對於這樣的處置眾說紛紜，大臣袁盎勸說：「陛下對淮南王疏於管教，才落得今日這步田地。淮南王性情暴烈，這樣處置，只怕會讓他心有不服，最後作出什麼不好的事……」

漢文帝嘆道：「我怎願意逼自己的兄弟？這樣作，只是懲罰他一下而已，等他改過自新，朕再派人接他回來！」

劉長悶在囚車之中，越想越氣憤，他不願受辱，因此在發配途中，絕食而死。

漢文帝聽到報告，痛哭流涕，他回復了劉長的王位，將親兄弟安葬在壅地，還派了三十戶百姓看管他的墳墓。

這件事使漢文帝十分傷心，卻也讓他認清一個事實，那就是諸侯王的尾大不掉，將是漢帝國存續的最大隱憂。於是，他採用賈誼建議的辦法，廣立諸侯，劉長死後，文帝將淮南國分為三國，分給劉長的三個兒子，又把趙國、代國一分為二，齊國分為六國，全部封給原任諸侯王的兒子，這樣，一個諸侯的領地，不過幾個縣，無法形成太大的威脅。

繼賈誼之後，又有法家潁川人晁錯，他也清楚地了解封國存在的問題。

與賈誼不同的是，晁錯認為，諸侯的勢力應該消除，直接收歸中央政府統轄。他的手法雖然很受漢文帝重視，可是因為手段太過激烈，並沒有得到漢文帝的採納。

漢文帝一共當了二十三年的皇帝，在他統治期間，注意民間疾苦，也能制定良法，政簡刑輕，是個讓人民感念的好皇帝。公元前一五七年，漢文帝病逝，太子劉啓即位，是為漢景帝。

漢景帝的個性與父親不同，他頗想有一番積極的作為，因此他重用晁錯，先任命晁錯為內史，替他出謀擘畫，後來又擢昇晁錯為御史大夫。晁錯提出許多建議，制定許多新的法令，漢景帝都願意採納。只不過晁錯這個人向來鐵面無私，公事公辦，而且性格強烈，因而得罪了不少人。

從前漢景帝還是太子的時候，曾與吳王劉濞的兒子下棋，兩人年紀小不懂事，下棋的時候起了爭執，太子不高興，順手拿起棋盤，打在劉濞兒子的腦袋上，竟然將他打死了。吳王劉濞始終懷恨在心，漢景帝繼位以後，從此稱病不來上朝。

晁錯上書，說吳王驕橫，應當削減他的封地。漢景帝自知理虧，猶豫不決，把這件事交給公卿們商議，大家都不敢多說什麼，只有竇太后的姪兒竇嬰極力反對，並與晁錯心生芥蒂。

晁錯知道，皇帝並非不肯採納自己意見，只是因爲吳王劉濞的勢力強大，不宜貿然下手，於是他又建議，先從一些較小的封國下手，漢景帝立刻同意。首先，楚王劉戊被削去了東海郡，接著，趙王劉遂被削去了常山郡，膠西王劉卬也被削去了六個縣。

這一連串的動作，顯示了朝廷的決心，也使得吳王劉濞產生警覺。

吳國地處東南，富漁鹽之利，又有銅礦，可以鑄成錢幣，因此吳國在當時的天下，可算首屈一指的富國。吳王劉濞一方面不願意自己的利益被剝奪，一方面記恨漢景帝年輕時殺了自己的兒子，於是親自前往膠西國，與劉卬相約，起兵反叛，約定事成之後，共同平分天下。

劉卬被利益所誘，答應了劉濞的請求。官員們大爲震驚，規勸他道：「所有封國的土地加起來，還不到全國的一半，起兵叛變，恐非上策！就算成功，如今侍奉一位皇帝，就已經這麼困難了，將來兩主相爭，只會有更大的禍患！」

劉卬不願聽從，積極與齊國、菑川國、膠東國、濟南國聯絡。

後來，楚王劉戊、趙王劉遂、濟南王劉辟光、菑川王劉賢、膠東王劉雄渠，在劉濞與劉卬的策動之下，一共七個封國，以「清君側」爲口號，向長安發動攻擊。

漢景帝與晁錯都沒有料到諸侯王的反應竟會如此劇烈，慌亂之中，漢景帝對晁錯的信任，逐漸遭到打擊。

事情發生之時，晁錯立即上奏道：「各國叛亂，師出無名，純爲一己私利，難以號召天下！陛下應當御駕親征，以正視聽。」

「御駕親征嗎？」漢景帝從小在皇宮之中長大，養尊處優慣了，從沒想過親自帶兵打仗的事。他赫然想起，父親臨終之前，曾經交代他，老臣周勃的兒子周亞夫能征善戰，遇到變亂的時候，可以任用，於是漢景帝立即啓用周亞夫擔任太尉，統帥三十六軍，以主力攻取吳國，又派遣曲周侯酈寄予將軍欒布進攻膠東膠西與趙國，還任命竇嬰爲大將軍，進駐戰略要地滎陽，監視各國的動向。

晁錯見自己的意見不受採納，又建議漢景帝，趁著變亂沒有擴大，趕緊把徐城（今安徽省泗縣東南）、僮城（泗縣東北）一帶，劃歸吳國，收買人心，藉以平亂。

漢景帝心裡犯嘀咕：「當初建議削藩的是你，現在要割地給吳國的也是你，一點主見也沒有，我看劉濞他們說要清君側，目標就是你，倒是有點道理。」

大將軍竇嬰建議，袁盎曾經當過吳國的丞相，對吳國情勢十分了解，不如召他入宮商量，漢景帝照准。

袁盎說道：「吳楚各國起兵，不足爲患！」

漢景帝奇道：「怎麼說？」

「吳國地處偏遠，哪能招到什麼人才？不過是一些亡命之徒而已。」

景帝還不放心，又問：「你到底有沒有什麼具體的辦法？」

袁盎請漢景帝屛退左右，才低聲說道：「吳楚七國起兵，理由是清君側，清的是誰，陛下可知？」

「晁錯？」

「不錯！」袁盎道：「就是因爲晁錯擅自主張侵削諸侯封地，才會逼得他們造反，現在，只要陛下誅殺晁錯，再把沒收的土地還給他們，他們自然就會退兵，陛下也不用大動干戈，造成生靈塗炭了。」

袁盎是晁錯的死對頭，當初就是晁錯檢舉他與吳王有勾結，才讓他丟了官，如今有這麼好的機會，他會趁機進讒言，並沒有什麼好訝異。

想不到漢景帝卻同意了他的話：「唉！看來朕不應該因爲愛惜一個人而得罪天下啊！」

漢景帝倒是沒有得罪天下，不過晁錯得罪的人眞不少。當漢景帝表露出對於晁錯的不滿之時，滿朝大臣都開始數落晁錯的不是，數落到後來，晁錯成了十惡不赦的罪人。大臣們連名彈劾他：「不稱主上德信，欲疏群臣百姓，無臣子禮，大逆無道，當腰斬！父母妻子，無產無少長，一律棄市。」

一個滿懷理想又忠心耿耿的能臣，竟被判處「腰斬」這樣的極刑，而且全家大小，無一倖免，實在令人唏噓。

晁錯被判處極刑，可是七國之亂仍然不能平息，聯軍一步一步向關中逼近，漢景帝這才知道自己殺錯了人。僕射鄧公對他說道：「吳王蓄意謀反，已經幾十年了，清君側只是個藉口！如今陛下把晁錯殺了，只怕將來天下有識之士，都不敢說話了！」

漢景帝還不想承認自己錯誤，問道：「爲什麼？」

「晁錯請陛下削減諸侯勢力，那是爲了天下萬世的利益，如今計畫才剛剛推行，就身遭大戮，微臣斗膽進言，陛下此舉，實在失策！」

漢景帝悵然若失：「不錯，你說的不錯，朕……後悔莫及啊！」

爲今之計，只好以武力解決。

太尉周亞夫，採用堅壁清野的辦法，以守代攻。

他知道，七國共同起兵，卻沒有共同的目標，人人各懷其志，難以整合。對付這樣的敵人，最好的辦法，就是靜觀其變。

吳楚聯軍，開始的時候，勢如破竹，渡過長江，兩軍會合，向河南境內推進，竭盡全力，攻打梁國。

梁國不算強大，卻因爲地形的優勢，暫時阻止了吳楚聯軍的進攻，不過情況仍然十分危急。梁王劉武不斷派出使者向周亞夫求救，周亞夫不肯奉命，關起營門堅守陣地，給他來個相應不理。

周亞夫打算利用梁國，消耗吳楚聯軍的實力，同時牽制吳楚聯軍的動向。然而他也並不是毫無反應。趁著吳楚聯軍猛攻梁國首府睢陽之際，周亞夫暗中派出騎兵隊，繞過敵軍，切斷吳軍的糧道。

其餘五國的軍隊，被牽制在主要戰場之外，難以西進，吳、楚兩軍，又因爲糧道被截，成爲孤軍，逼不得已之下，放棄了睢陽的進攻，轉往周亞夫大軍屯駐的下邑，打算來個大決戰。

然而，沒有糧食的軍隊，就算再驍勇，一樣沒有戰力。周亞夫看準了這一點，不論敵軍再怎麼叫罵，就是按兵不動，劉濞進攻，周亞夫退守，吳楚聯軍就是無法消滅漢軍主力。

這樣的仗，如何打得下去？劉濞只好退兵。周亞夫卻在這時，下令進攻，把吳楚聯軍殺得落花流水，兵敗如山倒，逃亡的逃亡，投降的投降。楚王劉印走投無路，只好自殺。吳王劉濞，逃到東越國，還想聯絡東越王，作困獸之鬥，卻被東越王殺死。

其餘幾國聽見劉濞兵敗身亡，也都沒了鬥志，相繼兵敗，身敗名裂。

總計七國之亂，前後不過三個月，百姓們不肯支持，七國之間也沒有統一的戰略，再加上周亞夫的應對得宜，才沒有釀成更大的災禍。

這次變亂，對漢朝而言，是福不是禍。從此，封國的勢力，完全屈服在皇權之下，漢景帝總結教訓，採取許多削弱諸侯的措施，「諸侯王不得復置國，天子爲置吏。」文武百官，全由中央派遣，諸侯王再也沒有任免官吏的權力，丞相改名爲「相」，並且極力裁減諸侯國御史大夫以下的官吏。

國家行政權力，完全由中央掌控，諸侯王的實際地位，與一個郡縣首長，沒有什麼差異。經過這一次，漢帝國終於成爲一個眞正大一統的國家。

賈誼、晁錯都已不在了，但他們的理想，總算獲得實現。

獨尊儒術

公元前一四一年，漢景帝逝世，太子劉轍繼位，這個人，就是歷史上赫赫有名的漢武帝。

他爲什麼會有名？從他的謚號武帝可以察覺一二。他是第一個被稱作「武帝」的皇帝，在他之後，中國歷史上還有不少皇帝也被稱作「武帝」。大體而言，有著這樣稱號的皇帝，多半評價不高，要不就是窮兵黷武，要不就是好大喜功。在「武帝」御宇之時，老百姓的生活多半十分艱苦，他們必須負擔更多的勞役、賦稅，甚至生命，才能滿足皇帝的慾望。

這些特色，漢武帝兼而有之，然而，爲什麼一般後人提及漢武帝之時，總是強調那時擴張疆土，宣揚國威，經營四方，萬邦來朝的景象，對他的評價也多半趨於正面，強調他的貢獻與建樹，對他長年向外征戰，帶來的巨大民生經濟的破壞，多半避而不談？

這大概是因爲他下令獨尊儒術的關係。後代的歷史記錄者，多半是儒家教育體系培養出來的學者，對於這樣的功業，他們不可能不記上一筆，久而久之，漢武帝成了一個雄才大略，英明有爲的千古明君。

其實，漢武帝劉轍之所以會名垂千古，是因爲內在因素與外在因素交互作用的結果。內在因素是漢武帝本人的性格，外在因素則是他即位之時的政治社會情勢。

繼位之時，漢武帝才只有十六歲，不過這名少年初登大寶，就展現出過人的企圖心，即位第二年，漢武帝便下詔徵求「賢良方正」、「直言極諫」的人才，由皇帝親自考試，考題爲古今治國之道，目的是希望能夠替朝廷招募人才。

漢朝開國至今，已經超過六十年，漢初以來採行清淨無爲的黃老治術，到了漢武帝的時代，已經變得不大適用。文景時代的厚植國力，在漢武帝即位初期，有了良好的成果：府庫充盈，金錢糧秣堆積如山，人丁繁衍，兵強馬壯，政局穩定，是一個富庶的大帝國，可是，在這種富強的表面之下，卻暗藏著許多危機。

首先，北方匈奴的威脅侵擾從未有一天減緩，從前幾代採行的和親政策，不是漢武帝所願意接受的。

其次，雖然君權日益穩固，可是地方上的封國、豪強、鉅富、地主等等勢力，仍然存在著威脅。

第三，由於工商發達，土地兼併的問題日漸嚴重，財富集中在少數人手中，大部分的百姓生活，都很困苦。

最後，長期的穩定，造成學術風氣日漸興盛，學術政治改革的呼聲，一天大過一天。

漢武帝的詔書，有一百多人前來應對，其中，董仲舒的意見，最符合漢武帝的心意。董仲舒是西漢今文經學的創始人，對漢代學術影響甚大，在他的「天人三策」之中，闡述了一套嚴密完整的政治理論，從「大一統」的原則立論，建議漢武帝應當實行大有爲的政治，具體方法有四：第一，振興教化，重整三綱五常之道；第二，改正朔，變更服色；第三，興建太學，並且廣開招才納賢之路；第四，罷黜百家思想，獨尊儒術，使思想統一。

漢武帝讀完這三篇對策，掩卷讚嘆，立即提拔董仲舒擔任江都國相，罷退了許多提倡刑名縱橫學說的賢良人士，並且與朝中儒臣王臧、趙綰等人討論天子巡狩、易服色、改正朔等等事宜。

不料竇太后喜歡黃老學說，討厭儒家繁瑣的禮法，他把年輕的漢武帝叫到面前斥責：「你小小年紀，懂得什麼？我大漢自開國以來，若非以黃老治國，早就要滅亡啦！你不要被你身邊那班儒生矇騙得暈頭轉向，他們只會說些道德仁義的空話，根本不能相信！王臧、趙綰那票人，你馬上把他們給我廢了！」

漢武帝不敢違背老太后的旨意，只好照辦。王臧、趙綰憤而自殺，丞相竇嬰、太尉田蚡也跟著被免職。

遭到了挫折，漢武帝並不氣餒，在他心中，早已爲他的帝國構築一幅理想的藍圖。

公元前一三五年，竇老太后逝世，漢武帝立刻重新啓用田蚡爲丞相。此一舉措，等於宣告了他將獨尊儒術，在太后去世的前一年，他已經設立了五經博士，待太后死去，他又將所有不是儒家的博士員全部遣散，使儒家成爲學術的正統。接著，儒家學說中所提倡的大典，如巡狩、封禪、受命改制、郊祀等等儀式，漢武帝無不一一舉行。

這些儀式所費不貲，卻讓皇帝的威嚴更顯尊貴。

公元前一二二年，漢武帝巡狩壅縣，舉行郊祀，獵得了一隻純白的獨角奇獸，可能是白犀牛，然而當時卻沒有人認識，於是有人猜想，這異獸大概就是傳說中的麒麟吧！

漢武帝聽了很高興，與群臣作「白麟歌」，以表彰這次祥瑞，同時又有官員上奏，認爲應當重定帝王年號。

「天降祥瑞，實乃徵兆！」主管官員報告道：「從前以數目字一二三四來計算帝王御宇之年，實在有失莊重，應當議定年號，以呼應上天所降之異象！」

漢武帝便對隨行官員們說道：「那你們說說看，該定什麼年號好。」

群臣又討論一番，不久作出結論：「今日狩得獨角麒麟，不如訂定年號爲『元狩』吧！」沒有人表示反對，於是，元狩元年，就成了這一年的年號，後來大臣們又七嘴八舌的商量，武帝登基以來，祥瑞不斷，應當從當時開始計算，倒推回去的結果，漢武帝繼位初年爲建元元年，其後有長星出現，爲元光元年，又有元朔元年。

以後，皇帝訂定年號，成爲一項定制，一直到滿清滅亡，都未曾改變。

漢武帝對於建立年號似乎特別感興趣，他在位的五十四年之間，一共建立了十一個年號。這樣做並沒有太大的意義，只不過是爲了討個吉利，或是突顯皇帝的尊貴而已，卻使得中國歷史的紀年，出現了許多困難之處，這大概是漢武帝環繞在歌功頌德的群臣之間，興高采烈地想出一個又一個尊貴響亮的年號之時，所始料未及的事情吧！

推恩衆建

儒家是一個積極的學派，漢武帝對於國家建設，也遠比前幾位皇帝來得積極。選拔賢才、開鑿河道、獎勵耕作、改革經濟，都是漢武帝在位時期十分注意的事。

他的最終目標，是建立一個空前壯盛的偉大帝國，他心中的理想，甚至比秦始皇還要遠大。爲了達成這個目標，他必須要有足夠的財源，足夠穩定的政治局面，才能支持他向外拓張版圖。於是，他把矛頭指向殘存的諸侯王勢力。

歷經無楚七國之亂，諸侯王國的實力已經大爲削弱，不過，還是有些王國的領土，大得讓漢武帝覺得十分礙眼，再加上宗室子弟的素質參差不齊，時間一久，弊病叢生，不少荒唐舉動傳進漢武帝耳裡，讓他很不高興。

淮南王劉安，迷信神仙，召集了方士賓客數千人，讓人懷疑他有圖謀不軌的嫌疑；江都王劉建更是誇張，治理封國，荒淫暴虐，百姓難以維生，他也毫不在意，只在宮中享樂，宮女僕役犯了過錯，便將他們的衣服全部扒光，吊在樹上示眾，甚至放狼咬人，拿來當做尋開心的遊戲。

中大夫主父偃，齊國臨淄人，早年學習縱橫之術，後來才接觸到儒家的典籍，對百家之言，均有一定的了解。他上書建議漢武帝：「從前股帶的諸侯，封地不過百里，容易控制，今日的諸侯，大者連城數十，地方千里，對他們太好，他們就會驕奢淫亂，想要制裁他們，他們就會起而叛變。前朝的晁錯，建議削藩，立即惹來七國之亂，就是一個很好的例子。如今諸侯子弟，多達數十人之譜，只有嫡嗣有資格繼承家業，其他的連尺寸土地都不能分封，於情於禮，都說不過去！陛下何不就現有的諸侯疆域，廣封諸侯子弟，讓他們人人都有領土，各個都能封侯，如此，陛下可以無削藩之名，而得削藩之實，諸侯的力量，不削自弱！」

漢武帝深深認同，立刻下詔「推恩」，列土分封諸藩國子弟爲侯。

這種慷他人之慨的做法，其實是把當初賈誼晁錯的理論加以整合擴充而已，讓每個封了侯的諸侯子弟，都對皇帝感激不盡，還把大國分成小國，將反對力量由集中而分散，再也沒有造反作亂的資本。

與推恩眾建相輔相成的，是「酎金奪爵」的辦法。每年八月，漢武帝都要諸侯前來長安漢室宗廟之中大會一次，舉行祭祀，告慰漢高祖以下先皇在天之靈，依照慣例，諸侯這時候都必須獻金助祭，這種獻金，就叫作「酎金」。「酎」是一種祭祀時所必備的醇酒，名為酎金，意思就是要讓諸侯王出酒錢。

漢武帝在這項規定裡大作文章，他規定，酎金一定要上等成色，成色不足，就要褫奪官爵、沒收封地。後來陸陸續續因為這個理由被奪爵免國的諸侯，多達一百零六人，到武帝逝世之前，漢朝幾乎已經沒有諸侯王的存在了。

如此做法，大大加強了皇權對於地方的控制，沒收來的封國，稅收全歸中央，也增加了財源，讓朝廷的資金更為充裕。

因此，漢武帝終於可以全力進行他向外擴張的霸業了。

拓張疆土

漢武帝建元六年，公元前一三五年，匈奴汗國派了使者前來漢朝，請求和親，這是漢高祖以來的傳統，既然打不過，就嫁個女兒過去，兩邊結為親家，就能維持和平。

可是現在漢武帝怎麼看都不覺得還有和親的必要，他想違背傳統，拒絕和親，卻又不敢貿然行事，便把這個問題，丟給大臣們來討論。

專門負責藩國事務的大行官王恢，對於北方游牧民族的動向知之甚詳，他知道，匈奴如今的力量，已經盛極而衰，多位單于分立，不復再有當年當初冒頓單于的強大興盛。他建議漢武帝：「兩國和親，最多不過維持幾年，匈奴就會背叛，不如趁此時機，拒絕和親，發兵攻打！」

御史大夫韓安國表示反對，說道：「匈奴人生性野蠻，逐水草而居，難以馴服。如果輕起戰端，我軍必須北上數千里，深入沙漠之中，才能與他們爭鋒，到時候，我軍疲乏困頓，匈奴以逸待勞，這……實在是危險萬分！能夠用和親就解決的問題，還是和親吧！」

朝中官員大臣多半支持韓安國的意見，漢武帝沒有辦法，只好暫時答應和親。

這樣的結果並不能讓漢武帝滿意，王恢也知道皇帝的心意，隔了一年，王恢再度上奏，說道：「如今匈奴剛與我國和親，對我國的防備一定鬆懈了下來，我們可以趁這個時候，引誘敵人深入國境，再發動伏兵攻擊，一定能夠造成他們極大的傷害。」

漢武帝又召集了群臣針對這個問題進行討論。

主戰派與主和派進行了激烈的辯論。

兩造的代表人物，仍然是王恢與韓安國。

「匈奴爲什麼會不斷侵犯我國？原因很簡單，就是他們根本不怕我們。」王恢道：「想當初趙、代等地，地處北方，北有胡族，南有中原諸侯，他們卻仍然能夠男耕女織，豐衣足食，原因無他，兵馬強大，戰無不勝所致。如今四海歸一，爲了宣揚陛下威望，臣以爲應當全力出擊！」

韓安國道：「想當年高皇帝被困平城，解圍之後，並不徇私報復，這是聖人的情操！所以他才派了使者，前往匈奴，提議和親，到如今已經獲得五代的和平，因此臣認爲不應該輕言開戰。」

「高皇帝不輕啓戰端，不是因爲能力不足，而是要讓天下人民休養。如今我大漢宇內昇平，人丁滋生，而匈奴南犯，從未有一天停歇，邊境守軍，死傷累累，仁人志士，莫不悲痛萬分，所以臣認爲應當出擊。」

「最上等的作戰，是以逸待勞，以靜制動。」韓安國搖著頭說道：「我軍欲伐匈奴，只有兩種辦法，第一種是用騎兵攻擊，長驅直入敵人腹地；第二種則是以大軍數路齊發，包圍敵人。這兩種方法，恐怕都難以奏效。」

漢武帝奇道：「不是都挺好的麼？怎麼說難以奏效？」

「我中原地區，不產馬匹，即令馬匹充足，體質卻也羸弱，騎兵戰法，勢必難與匈奴對抗。大軍深入沙漠，糧草不濟，更是難以作戰。」

「是嗎？」漢武帝若有所思地點著頭道：「原來我們的馬比不上別人哪？」

王恢見漢武帝似乎有意改變心意，急忙說道：「御史大夫，您可沒有想到另一種戰法吧？」

「另一種戰法？」

「當然！發動攻擊，並非只有主動深入一途，我們可以利用匈奴貪心，把他們引誘進來，再以精兵良將，埋伏戒備，險要之處，構築陣地，待敵人進入陷阱，我軍即可發動包圍殲滅，一旦抓住單于，可保萬無一失。」

這個辦法，連韓安國都覺得還不錯，更遑論漢武帝了。他頻頻點頭，滿口說道：「這辦法實在是太妙，太妙了！」

六月，漢武帝任命韓安國爲「護國將軍」，王恢爲「將屯將軍」，另外命太中大夫李息爲「材官將軍」，衛尉李廣爲「驍騎將軍」，太僕公孫賀爲「輕車將軍」，統帥兵馬戰車大軍一共三十多萬人，埋伏在馬邑（今山西省朔縣）附近的山谷之中，只要匈奴單于一到，立刻包圍殲滅，生擒敵首。

馬邑地方有個土豪名叫聶壹，與王恢是老朋友。在王恢授意下，聶壹前往匈奴汗國處，對匈奴單于軍臣說道：「我可以斬殺馬邑令、丞，全城投降，城中財寶，全都歸給單于！」

君臣單于聽了很高興，整頓軍馬，與聶壹達成協定，準備南下接收馬邑財寶。

聶壹回到馬邑，請縣令交出兩名死囚，砍了他們的腦袋，高高懸掛在城牆之上，對匈奴使者說道：「我的承諾已經做到，現在就等單于大駕光臨了！」

軍臣單于親率十萬騎兵，從武州塞穿過長城，強行南下，朝馬邑前進。

距離馬邑尚有百里之遙，沿路上，看到滿郊都是牛羊牲畜，卻看不見半個人影，心中頓生疑賨，於是攻擊附近的亭障，俘虜了一名小兵，正待處斬之時，小兵張口大呼：「別……別殺我，我有個天大的秘密！」

「說！」軍臣單于道：「如果這個秘密眞的重要，或可饒你一命。」

「此地……此地爲何只有牲畜，沒有人煙？那是因爲，這裡是漢軍埋伏的所在之處啊！」

「我就知道！」軍臣單于冷哼一聲，「幸虧我警覺得早，要不然可眞的要掉進那些種田人的陷阱裡！」訓令全軍，全速撤退。

當漢軍得知匈奴撤退的消息時，匈奴已經全數退出關外，李廣等人連忙下令追擊，算算時間，已經追不上了，只好班師。

依照原先計畫，將屯將軍王恢所率領的兵馬，是用來包圍敗退匈奴軍的，可是如今匈奴並未敗退，十萬大軍依舊陣容堅強，因而王恢不敢輕舉妄動，放著匈奴軍完完整整地退出塞外。

「什麼？扯破了臉，卻一點結果也沒有？」漢武帝聞訊大怒：「該死的王恢，明明有機會攻擊敵人，他卻動也不動，枉費心機不說，還足足給朕丟了個大臉，今日如朕不誅王恢，難以謝天下！」

王恢本想辯解，還花了許多錢，請丞相田蚡替他說情，田蚡不敢做主，拜託太后，漢武帝毫不動容，對太后道：「當初就是聽了王恢的話，才會動員大軍。如今不但沒有捉到匈奴單于，連他的部隊也毫髮無傷，王恢非殺不可，不然，怎麼向天下人交代？」

王恢聞言，自殺而死。

馬邑之謀的失敗，漢朝與匈奴雙方都沒有什麼實際的損失，可是戰端一開，就再也沒辦法停止。元光六年，公元前一二九年，匈奴進犯上谷郡（今河北省懷來縣），大肆搶掠，屠殺官吏與人民。漢武帝決定還擊，派遣車騎將軍衛青取道上谷，騎將軍公孫敖從代郡出發，輕車將軍公孫賀出雲中，驍騎將軍李廣出雁門，兵分四路，各領騎兵一萬發動攻擊。

四路兵馬當中，公孫賀沒有遇到敵人，一無所獲；公孫敖遭遇敵軍，損失七千兵馬；老將李廣孤軍深入，被敵軍俘虜。只有衛青一路，抵達龍城，斬殺俘虜匈奴軍民七百人，算是唯一的斬獲。

李廣身經百戰，大名鼎鼎，匈奴久聞其名，活捉李廣，很是高興，將身負重傷的他，放在一副擔架上面，由馬匹拖拉而行。李廣閉起眼睛裝死，趁著敵人不注意的時候，騰身一躍，搶了一匹馬，狂馳南奔，甩開匈奴追殺，終於逃脫。

這次出擊，算是慘敗，漢武帝非常憤怒，逮捕了李廣與公孫敖，本來想把他們斬首，後來只將他們貶為平民。至於獲得勝利的衛青，則擢昇為關內侯，少年得志，英姿煥發。

這場仗，李廣敗得冤枉，衛青勝得僥倖。李廣以一萬騎兵，對上兵力多過數倍的匈奴鐵騎，戰至最後一人，以致兵敗被俘；衛青因為姊姊衛子夫是漢武帝寵妃的裙帶關係，破格擢昇為大將，沒有遇上匈奴主力，只殺進匈奴的聚落，這才獲得勝利，提拔為關內侯，算是漢武帝的一點自我安慰。

漢武帝知道這一點，所以不久之後，又重新起用隱居的李廣，擔任右北平太守，鎮守戰略要地。

兩年以後的元朔二年，漢武帝再命衛青爲車騎將軍，從雲中郡出擊，大舉北伐匈奴。衛青領著大軍，攻擊匈奴的臣屬樓煩王與白羊王，斬殺首級數千，俘虜牛羊十萬餘匹，將河套地區的匈奴勢力，完全驅逐，並且在當地建立了朔方郡。

次年，匈奴發生內變，軍臣單于逝世，他的弟弟左谷蠡王自立爲單于，軍臣單于的太子於單投奔漢朝，漢武帝封他爲涉安侯，又與匈奴王庭結下樑子。匈奴從此連年攻擊，兩國之間的邊界，雁門、代郡、定襄一直到朔方一代，成了雙方兵馬角逐的戰場，烽火不絕，民不聊生。

元朔五年，公元前一二四年，衛青再度率領三萬兵馬，從高闕（今內蒙古包頭市）出擊，另外，騎將軍公孫賀、輕車將軍李蔡、彊弩將軍李沮、游擊將軍蘇建，同時從朔方郡出發；大行李息、岸頭侯張次公，都被任命爲將軍，從右北平出發。大軍共計十萬，分三路進擊。

衛青把目標放在匈奴的右賢王身上。右賢王的地位僅次於單于，統領兵馬強大，可是，他卻犯了大意的毛病，認爲他距離漢朝極爲遙遠，中國軍隊不可能越過沙漠前來攻擊，因此毫不設防，整天在帳幕當中飲酒作樂。誰知漢兵將領，正是初生之犢不畏虎的衛青，眞的率領大軍，出塞六七百里，趁夜進攻，將右賢王團團包圍。

右賢王喝得醉醺醺，得知漢軍來襲，倉卒迎戰，根本無法抵抗，只帶著一名愛妾以及隨從百餘人，狼狽地逃走。衛青俘虜了匈奴將領十餘人，百姓一萬五千人，牛羊牲口難以計數，凱旋而回。

「衛青又打贏了嗎？」漢武帝笑得合不攏嘴，不等衛青班師，就派遣使節，帶著象徵最高榮譽的「大將軍」印信，前往邊塞，任命衛青爲漢軍的最高統帥，節制漢軍所有兵馬，還把衛青的幾個小兒子，都封了侯，其餘幾名將領，也在衛青推薦之下，都有封賞。

強大的匈奴部落，不願接受自己遭到農業民族擊敗的事實，還是不斷進攻，漢武帝也就不斷派出大軍征伐。元朔六年，衛青率領六名將軍，兩度出擊，斬首一萬多名敵人。

右將軍蘇建與前將軍趙信，率領三千人馬，與匈奴單于主力遭遇，激戰了一天一夜，三千人全部喪失，趙信投降了匈奴，蘇建一個人逃了回來。

軍議郎周霸建議大將軍衛青，應立即將蘇建斬首，以立軍威。

衛青搖搖頭道：「蘇將軍以區區數千之兵，與敵數萬之眾奮戰，力盡而歸，足見其心忠誠，如果今天殺了他，豈不是逼人投降嗎？我衛青治軍，以誠心待人，不必用這種方法立威。」

將領們對於衛青更是佩服不已。

這次出戰，雖然折損兩員大將，卻又培養了另一名軍事天才，此人是衛青的姪兒，名叫霍去病，年僅十八歲，卻勇不可當，獨自率領八百騎兵，離開本陣數百里，深入敵人腹地，斬殺敵人首級兩千多而返回，讓眾將士看得目瞪口呆。

消息傳回長安，漢武帝下詔嘉獎，封霍去病爲冠軍侯。

從此這對叔姪，成了漢朝攻擊匈奴的主力部隊。他們因爲獲得漢武帝寵信，因而總能率領精銳部隊，所向無敵，相對之下，那些老成宿將，則逐漸凋零了。

元狩二年，公元前一二一年春，霍去病拜爲驃騎將軍，率領騎兵一萬，從隴西出塞，一路狂奔，穿越臣服於匈奴的五個小王國，與匈奴遭遇，激戰六天，把匈奴擊敗，又追過焉支山一千多里，再與匈奴大戰於皋蘭山，斬首俘虜敵人八千九百六十多人，金銀財寶不一而足，漢武帝加封霍去病采邑兩千戶。

同年夏天，霍去病再度出師北地，在酷熱之中，出塞兩千多里，孤軍深入，穿過居延海，抵達祁連山，與匈奴展開大戰。仗著兵強馬壯，霍去病的這場戰役打得十分漂亮，俘虜了七十多個匈奴小王，斬殺擄獲三萬多人，贏得開戰以來最大一場勝利。

可是另一路由老將李廣率領的部隊，就沒有那麼順利了。李廣求功心切，領著四千騎兵，脫離大軍單獨行動，不料遇上了匈奴左賢王的主力四萬多人，把李廣團團圍住。李廣派他的兒子李敢領著數十騎兵屠入敵陣，李敢驍勇善戰，左衝右擊，殺得匈奴人仰馬翻，回到軍中，李敢向父親稟報：「匈奴一盤散砂，沒有章法，容易對付！」

於是李廣談笑風生，神情自若，巡視陣地，讓全軍的士氣不至於瓦解，激戰許久，漢軍損傷超過一半，而匈奴的損失多過漢軍好幾倍，好不容易才支撐到援軍趕來，漢軍已經元氣盡失，不能追擊，只好班師回朝。

漢武帝對於霍去病的功績，大爲讚賞，加封給他五千戶的采邑，對李廣的處置，則認爲他損失了太多兵馬，功過相抵，不賞不罰。

經過這次戰役，匈奴已經不再有全面南侵的實力，卻還是經常騷擾邊境。元狩三年秋天，匈奴居然又集合了數萬騎兵，攻入右北平、定襄兩郡，大肆劫掠。漢武帝覺得，有必要作一場最後的決戰，徹底消滅匈奴的勢力，因此在元狩四年，發動一場規模空前的行動。大將軍衛青、驃騎將軍霍去病，以及許多宿將同時出馬，總計發動騎兵十萬，步兵十萬，分爲東西兩路出擊。衛青出定襄，霍去病出代郡，準備進行兩路包抄，徹底殲滅匈奴。

李廣也在出陣之列。他是鎮邊名將，可是近年來許多次戰役，都沒辦法稱心，在他心裡，其實不大瞧得起衛青霍去病這樣的後生晚輩，因此對他來說，這次大舉出兵，是個一顯身手的機會。

他向漢武帝自請擔任前鋒，武帝本不答應，後來因爲拗不過老將軍，才勉強允許，臨行之前，暗地囑咐衛青：「李廣年事已高，最近運氣又不好，還是別讓他抵擋單于吧！」

衛青率軍出塞，捉到匈奴百姓，問清了單于的所在，於是，衛青親自率領精銳前進，命令前將軍李廣與右將軍趙食其，從東面繞道攻擊。

「東面繞道？要我去繞遠路？」李廣非常生氣，當面質問衛青：「我是前將軍，爲何讓我和右將軍一起繞路？老臣從年輕的時候就與匈奴作戰，好不容易有機會對上單于，請讓老臣擔任先鋒，萬死不辭！」

衛青沒有多說什麼，他心中謹記著漢武帝的交代，一方面想要自己立功，所以只對李廣說道：「老將軍求功心切，這點我知道，只求老將軍以大局爲重，全軍獲勝，老將軍也光彩。」

「我光彩？」李廣冷哼道：「只怕你自己想要那光彩吧？」語罷，轉身就走，絲毫不掩他對衛青的輕視與無禮。衛青寫了一封手諭，命人送到李廣帳中，要他不得違抗軍令。

「不得違抗軍令，這需要手諭？」李廣啞然失笑：「想我歷經多少戰役，哪一場戰役違抗軍令？這需要他教？」李廣氣憤填膺，滿懷著委屈與右將軍趙食其共同進發。

衛青大軍與中將軍公孫敖同時啓程，挺進一千多里，發現匈奴伊稚斜單于的蹤跡，立刻擺開陣勢，集中主力，用鐵甲包覆的武剛車環繞爲營，嚴陣以待。佈陣完成，選出五千精銳騎兵發動突襲，匈奴以萬騎迎戰。

一時之間，殺聲震天，從日正當中殺到夕陽西下，忽然，狂風大起，飛砂走石，塵土滾滾，一片昏暗，衛青下令趁機全軍進攻。伊稚斜單于隱約看見漢軍人馬從四面八方包夾而來，驚覺漢軍竟然如此強大，立時慌亂了手腳，連忙率領隨從騎兵數百人突圍而出。

衛青不願讓單于逃跑，命令輕騎追趕，追了一整夜，一直追到了天亮，都沒有發現單于蹤跡，只好班師。

大軍凱旋歸還，本應風風光光，可是，卻始終沒有遇見前將軍與右將軍的部隊。大軍一路退回漠南，才與兩軍聯絡上。原來李廣與趙食其，深入大漠，缺乏嚮導，再加上路不好走，竟然迷失在荒漠之中。

衛青很生氣，派人責問李廣。李廣很自責，也很沮喪，長嘆道：「我李廣平生大小七十餘戰，而今有幸追隨大將軍出戰，沒想到臨時改變路線，又迷了路，這眞是天意啊！如今我已六十歲了，難道還要我蒙受羞辱嗎？」說完拔劍自刎而死。

李廣爲人慷慨廉潔，得到賞賜全都分給部下，自己從來不治家產，就生活在軍營裡，吃住都與士兵一起。李廣一死，全軍痛哭流涕，北平郡的百姓聞訊，也都難過得掉下眼淚，他們認爲，衛青之所以百戰百勝，只是幸運；李廣始終難以建立大功，那實在是時運不濟啊！

至於驃騎將軍霍去病那一路，則比衛青風光得多。他的職位略低於大將軍，因此沒有副將編制，反而讓他少了羈絆，獨自率領大軍從代郡出塞兩千多里，越過沙漠，與匈奴左賢王大戰，斬殺俘虜敵人七萬四千多人，一直行軍到狼居胥山（約在今日大興安嶺），舉行封禪典禮，豪氣干雲。

這次空前勝利，給予匈奴致命的打擊，匈奴不敢再與漢朝相爭，遠走沙漠以北，漠南地區，再也看不到匈奴的蹤跡。

「失我焉耆山，使我婦女無顏色；失我祁連山，使我六畜不蕃息……」匈奴的悲歌，道出了他們的慘狀。

漢朝方面，雖然獲得勝利，代價也不輕。衛青霍去病出塞之時，共有十四萬匹軍馬隨行，回來的不到三萬，而士兵的損傷，更爲慘重。匈奴一時之間無法南下，漢朝也無力遠征，物力、人力與財力的消耗都極爲驚人，情非得已之下，只好出賣爵位，稱爲武功爵，爵位高者，還可以擔任官員。惡性循環，對於民生經濟與國家政治，都有不良的影響。

雖說如此，漢武帝還是欣喜非常。他尤其對霍去病特別賞識，不但將霍去病驃騎將軍的地位，提升至與大將軍相等，還賞賜霍去病許多采邑宅邸。霍去病的聲望，逐漸超過了他的舅父衛青。

可惜好景不常，三年之後，霍去病竟然病逝，死的時候不過二十郎當歲，漢武帝悲痛萬分，替他修築一座華麗的墳墓，爲他送葬。十一年後，衛青也同樣英年早逝，甥舅二人相繼過世之後，漢朝就沒有誰能夠眞正的攻打匈奴了。

北方事業暫時告一段落，漢武帝又將目標轉往其他幾個地方。

從元狩五年至太初三年（公元前一一八至一〇二年），十七年的時間裡，先後征服了朝鮮、東甌、閩越、南粵，併呑大大小小數十個國家，使漢朝的勢力越過五嶺以南，直達南海。在此同時，由張騫率領的使節團，成功地探聽了西域方面的情報，打通河西走廊，並在當地建立了武威、張掖、敦煌、酒泉四個郡。

張騫回國之後，向漢武帝匯報，漢武帝對於西域的狀況十分感興趣，經常詢問張騫。某日談起了馬匹的問題，漢武帝道：「我中國不產好馬，全賴烏孫國進獻，才有良駒可用。」

「恕微臣直言，烏孫國的馬，算不上好馬。」張騫道：「西域大宛國，有種汗血寶馬，這種馬日行千里，健步如飛，即使疲憊，也不喘氣，只會流汗，那汗水是紅色的，有如血絲一般。」

漢武帝聽得悠然神往，立即遣使大宛，請獻汗血寶馬。

使者把馬帶了回來，漢武帝看了看，並不如想像中那麼神奇，扳起臉責問使者，使者回答：「那大宛國有七十餘城，汗血馬只產在貳師城中，大宛王捨不得，所以不肯獻出來。」

「這麼小氣？」漢武帝道：「那種小國，大概也沒什麼寶貝了，我用金馬與他交換，他應當會答應。」遂命令工匠，依照馬身實際大小，鑄成金馬一匹，再命使者前往交換。

想不到大宛王仍舊不肯，與漢使發生衝突，竟然截殺了漢使。漢武帝聞訊大為震怒，命寵姬李夫人之兄李廣利為貳師將軍，率領騎兵六千，步卒數萬，遠征大宛。

這是太初元年，公元前一〇四年的事。

大宛距離中國極為遙遠，途中必須經過許多小國，這些小國，沒聽過漢軍聲威，看見漢軍過境，閉城不出，漢軍一路上缺水缺糧，得不到補給，餓死的餓死，逃亡的逃亡，行軍至大宛東部的郁成城，只剩下幾千兵卒。

郁成王奉大宛王的命令，開城迎戰，漢軍疲憊萬分，難以對抗，死傷慘重。李廣利尋思：「這樣一座小城都打不下來，何況大宛？」只好撤退。回到敦煌郡，數萬大軍只剩下了幾百人。

李廣利上表陳情：「大宛太遠，軍中缺糧，士兵不怕作戰，只怕飢餓；兵力太少，難以與之抗衡，請求皇上開恩，准許班師回京，再作商議。」

漢武帝覽書大怒，派了使節擋在關隘，向李廣利宣旨：「不得撤兵，若有私自入關者，一律斬首！」

很多朝臣都替李廣利說話，漢武帝卻覺得這件事攸關著國家的威儀，茲事體大：「國家出兵，只許成功不許失敗！小小大宛國都打不下來，以後我大漢還想在西域立足嗎？」

他下令廣調邊境各郡步卒六萬，牛十萬，馬三萬，駱駝一萬，前去增員李廣利。還怕兵力不夠，又下令全國增調甲卒十八萬，駐守在酒泉張掖一代，隨時準備支援。

李廣利得到援軍，又知道此番作戰，有進無退，乃鼓起勇氣，全力進攻，仗著兵馬強大，這次只要遇見閉城之國，立即進攻，使之屈服，讓大軍一路沒有斷糧之虞。就這麼奮戰前進，到了大宛，十萬兵馬約莫只剩三萬，李廣利重新整頓，隨即與大宛展開廝殺。

血戰四十多天，李廣利派水工切斷城外水源，終於攻破城池。

大宛人殺了王，開城投降，把貳師城中的好馬全部牽出來，任憑漢軍處置。李廣利讓懂得挑馬的校尉選擇了幾十匹千里馬，普通的馬三千匹，送回長安，並向漢武帝告捷。

這場戰爭十分划不來，漢軍先後傷亡了十幾萬人，只換了幾十匹千里馬。不過，漢武帝還是很高興，至少大漢的面子保住了。西域諸國沒有再敢瞧不起漢朝的國家，他們遣使入貢，與貳師將軍一同返回，漢武帝點著頭，冊封李廣利爲海西侯，八千戶食邑，並命博士官作「西極天馬歌」：

天馬來兮從西極，經萬里兮歸有德；
承威靈兮降外國，涉流砂兮四夷服。

這是漢朝聲威達於鼎盛的時刻，所謂萬邦來朝的景象，正足以形容漢朝國勢的強盛。不過，根本的問題並沒有解決，最強大的敵人匈奴，歷經一場動亂之後，似乎又有死灰復燃的趨勢，而此時的漢朝，漸漸呈現出強弩之末的疲態。

均輸平準

最大的問題就是財政。

漢武帝自從登基以來，四處征戰，達數十年之久，文景時期休養生息所累積的財富，差不多被他耗盡，爲了另闢財源，他第一個想到的，是把鹽、鐵的經營權，收歸國有。

戰國時代，鹽鐵兩項經營，就是極具利潤的行業，不少人因此發了大財，秦始皇時代，曾將鹽鐵國有化。後來，漢朝建立，爲了不與民爭利，也爲了獲得地方勢力的支持，因此鹽鐵的經營，落入地方豪強的手裡。

這些經營鹽、鐵生意的人，如同戰國時代，也發了大財，例如鹽商東郭咸陽、鐵商孔僅，旗下工匠僕役，成千上萬，他們的財富，甚至比王侯還多。

漢武帝眼看著這些商人，錦衣玉食，過著比帝王還要奢華的生活，感到十分刺眼，因此他決定要把鹽鐵收歸國有。可是商人的勢力實在太大，漢武帝不得不先作一番妥協，任命東郭咸陽與孔僅為大農丞，富商桑弘羊為大司農，讓最有勢力的商人取得朝廷官位，然後一步步推行他的政策。

妥協的結果，各地的鹽官、鐵官，幾乎都是原本的鹽商、鐵商，只是把原本屬於私家的商業資本，轉變為政府的資本。這讓老百姓的生活變得更為艱苦，鹽、鐵都是民生必需品，從前商家競爭，人民還有物美價廉的貨品可用，如今商人成了官吏，有政府在背後支持，百姓就倒楣了，經常可以聽說地方上的官吏，把劣質的鹽、鐵提高售價，強迫人民收購。

話雖如此，漢武帝提高國家財政收入的目的，仍然達到了。

其次，還有經濟制度的改變。

原本，各地物價的起伏與貨物的運輸，都操縱在商人的手裡，就連朝廷所需要的物資，都得依靠商人來提供。每每當朝廷需要某一向物資時，商人就會哄抬物價，賺取暴利。

大司農桑弘羊本來就是商人出身，對這一套了解得極為深刻，因此他想出了套極為巧妙的對策，用以壟斷全國的物價，這就是均輸和平準。

首先，地方設立均輸官，在長安設立平準官。均輸官負責經營運輸及貿易，平準官則負責控制物價，每當某個地區的貨物便宜的時候，就由均輸官大量採購，運送到長安囤積，等到這項貨物的價錢提高，平準官再負責將貨物賣出，以賺取利益。

這個辦法替漢武帝增加了極爲可觀的收入，讓漢武帝可以盡情揮霍，而國庫不至完全空虛。

此外，漢武帝還推行新的貨幣「五銖錢」，由政府統一鑄造，成色十足，使用方便，後來一直流傳了七百多年，成爲中國歷史上流通最長久的一種貨幣。

這些政策，都是漢武帝雄偉大帝國的一部份，正因爲政治面的正確，才使得不斷四處征戰的漢朝，仍然能夠維持聲勢不墜。

巫蠱之禍

漢武帝的晚年，可以說是諸事不順。

打敗了大宛，匈奴的勢力又趁勢崛起。起先，匈奴的新任單于向漢武帝表達稱臣的意圖，並且致贈漢朝許多禮物，以示善意。漢武帝被匈奴的誠意打動，派遣中郎將蘇武、張勝擔任使節，帶著厚禮，出使匈奴，答謝匈奴的好意。

想不到蘇武等人到了匈奴，卻面臨到與想像不大一樣的狀況。單于態度傲慢無禮，彷彿蘇武是代表漢朝前來進貢一般，後來，單于甚至扣留了蘇武，把他放逐到北海邊（西伯利亞貝加爾湖）牧羊。

漢武帝於是決定再度對匈奴用兵。

天漢二年，公元前九十九年，漢武帝先後派出貳師將軍李廣利，以及李廣的孫子李陵，出兵攻打匈奴。李廣利以三萬兵馬，斬首敵人一萬多，自己卻損失了兩萬多人，名義上得勝，卻勝得很艱辛。

李陵更是不幸，他以五千兵馬，出居延塞，走了三十多天，遇上匈奴單于親自帶領的三萬騎兵。李陵以堅強的陣勢，以寡擊眾，竟然殺退了單于的大軍。單于十分震驚，集結八萬多人，追趕李陵，將李陵圍困在一座山谷之中。李陵認爲大勢已去，只好投降匈奴。

久未承受失敗打擊的漢武帝，對於這樣的結果大爲震怒，滿朝大臣也都不敢替李陵說話，甚至怪罪李陵作戰不力，戰敗了也不知以身殉國，不是漢朝的忠臣。只有太史令司馬遷挺身而出，替李陵辯護，他說道：「李陵以數千兵馬，對抗數倍敵軍，還能斬殺上萬敵人，如此頑強死戰，即令衛、霍再世，恐怕也不過如此，如今寡不敵眾方才投降，想必是另有所圖，請皇上明鑒！」

漢武帝正在盛怒之中，這樣的話根本聽不進去，厲聲道：「好大膽子，竟敢幫那個叛徒開脫，你收了他什麼好處？」吩咐左右，逮捕司馬遷，交給底下人去處置。

後來，司馬遷被判處了腐刑，而李陵全家，竟然全部遭到屠戮。

此時的漢武帝，已經是個垂垂老矣之人，不復年輕時的英明豪邁，倒是對人處處猜忌。司馬遷與李陵的遭遇，只不過是他變得越來越不可理諭的症狀之一，年老的漢武帝，迷信神仙鬼怪，重用巫覡方士，孤僻多疑，喜怒無常。

對外爭戰的失利使他煩心，家庭的失和更讓他痛苦。

征和元年，公元前九十二年，漢武帝六十五歲，身體狀況大不如前，又整天疑神疑鬼。某天黃昏，漢武帝在建章宮閉目養神，朦朧之間，看見一名黑衣男子，闖入寢宮，準備行刺。漢武帝起身高喊：「來人！有刺客！」

這只不過是漢武帝的幻覺而已，門廊的衛士們聞聲前來，哪裡有看見刺客的蹤影？漢武帝要他們全面搜索，奈何建章宮足足有方圓廿五里，如何找得出一個子虛烏有的刺客？沸沸揚揚的鬧了十幾天，漢武帝狐疑不止，對這件事始終想不出一個合理的解釋。

正巧在這時，有人上書漢武帝，告發丞相公孫賀的兒子公孫敬聲與陽石公主相通，命令巫覡將下了詛咒的木偶埋在皇帝前往甘泉宮必經的馳道之上，企圖讓皇帝早早身亡。

漢武帝把這件事交給廷尉杜周處理，杜周是個只知道奉承皇帝的酷吏，有機可乘，豈會放過機會？經過他的嚴刑拷問，公孫賀父子坦承不諱，案情於是「水落石出」。

「這該死的公孫賀，從朕還是太子的時候，他就是朕的舍人，朕待他不薄啊！他竟然這樣對待朕！」

漢武帝傷心地處決了公孫賀全家老小，從來沒有懷疑這件事的眞實性，另外，衛皇后的女兒陽石公主、諸邑公主以及衛青的兒子衛伉，都在這場巫蠱案中，遭到牽連而被誅殺。

這場獄案牽連得越來越廣，朝中奸佞之人，趁著這個時候大嚼舌根，誣告了許多無辜之人，整個長安城都被搞得人心惶惶，被殺的宮女、嬪妃、官員與百姓，多達數百人，後來連皇后衛子夫與太子劉據都被牽連進來。

太子劉據，聰明好學，受到儒家教育的薰陶，個性溫厚仁慈，漢武帝本來很喜歡他，後來看他越長大個性越與自己不像，對他漸漸冷淡下來。漢武帝表面上推行儒術，實際上採用的治國策略多半是法家的辦法，他也不是眞正的喜歡儒術，只不過是因爲儒家的尊王思想，對了他的胃口而已，現在，太子劉據的仁義溫和，在年老的漢武帝眼中，只不過是柔弱，實在不想把皇帝的位子傳給他。

後來漢武帝又得到了一個兒子，取名劉弗陵，這個兒子聰明伶俐，長得方面大耳，很像漢武帝。武帝越看越喜歡，總覺得若是能夠讓劉弗陵當皇帝的話，那就好了。只不過變更皇太子，是天大的事情，再加上太子劉據也沒有犯什麼過錯，因此漢武帝未曾提及此事。

話雖如此，一些佞臣早就看出了漢武帝的心思。他們知道，如果太子劉據有朝一日當上皇帝，對他們的前途，定有不利的影響，於是藉著公孫敬的巫蠱案，搬弄是非。

漢武帝聽著那些是是非非，嚇得心驚肉跳，原本就很迷信的他，這下子更是快要精神錯亂，有天他在甘泉宮避暑，作了一個夢，夢見成群的木偶，一個個拿著木棒向著武帝亂揮亂打，漢武帝全身冷汗，從睡夢中驚醒，並且生了病。這下他更加堅信有人要陷害他，於是命令他十分寵幸的大臣江充，負責調查。

江充領著巫師，到處迫害異己，京師附近的地區，以及各地的郡國，被他害死的，多達數萬人。太子劉據對江充的作爲非常不滿，但卻敢怒不敢言。

江充認爲，太子對自己不滿，遲早會來對付他，將來如果他當了皇帝，自己一定會倒楣，所以先下手爲強，唆使巫師向漢武帝進言：「宮中有巫蠱之氣，如果不將這股氣消除，只怕皇上的病不會好。」

「好！你快給我搜！搜出什麼來，朕必定有重重封賞。」

江充帶著衛士回到長安城，入宮大肆搜索，把那些平常對他不友善的宮女嬪妃寢宮搜遍，然後才將矛頭指向太子與皇后。

「皇帝聖旨，請見諒！」江充嘴上客氣，態度卻倨傲得很，在皇后與太子的寢宮裡翻箱倒櫃，絲毫不留情面。

搜索過後，江充到甘泉宮稟報漢武帝：「皇上明鑒，太子圖謀……罪證確鑿，東宮之內，查出大批人偶，還有些書帛，上頭寫的字……可有點……大逆不道……」

漢武帝並不震怒，只難過地閉上眼睛，喃喃道：「這孩子……朕……從來沒有說過要奪他太子地位呀！他竟然做出這種對不起朕的事！」
明確的指示並沒有馬上下來，可是紛紛耳語已經傳遍了整個京畿地區。
太子劉據夾在這些傳言之間，痛苦萬分，他向少傅石德詢問，石德建議應將江充先行逮捕：「想當年扶蘇受趙高陷害，因著一份矯詔而死，太子千萬不可重蹈覆轍啊！」
劉據採納了少傅的意見，假傳聖旨，要江充入宮晉見。
江充遭到逮捕，由太子親自監斬。
「我無罪！」江充大叫：「我只是奉旨行事！」
「好個奉旨行事！」劉據恨恨地道：「危言聳聽，蒙蔽我父皇，離間我與父皇感情，又陷害無辜，你還敢說無罪？」他大聲喝道：「斬了！」
殺掉了江充，劉據與石德商量，決定一不做二不休，調遣禁軍以及長樂宮的衛士，命人打開武器庫房，分發兵械。
「太子造反啦，太子造反啦！」
長安城內，一片混亂，謠言滿天飛。
漢武帝在甘泉宮得報，不願相信這樣的事，派人前往調查，可是派去的人根本不敢進入未央宮，便逃回去報告說道：「太子眞的造反，還說要殺臣哪！幸好被臣逃過一劫！」
漢武帝又氣又急：「丞相呢？丞相在幹嘛？」

「丞相不敢擅自鎮壓……」

「都什麼時候了，還什麼敢不敢的？」漢武帝終於相信了兒子叛變的消息：「快傳朕旨意，叛逆者一律殺無赦！」

長安城裡，劉據發布告示：「皇上病重，奸臣趁隙起而作亂，文武百官一律奉我號令，不得違抗！」

大臣們不知道是真是假，不敢妄動。劉據又想調派北軍進京，被軍隊將領所識破。情非得已之下，只好把長安城附近的囚犯，以及城內的百姓武裝起來，在長樂宮西門外，與丞相的軍隊展開激戰。雙方在城裡面你來我往的廝殺了好幾天，街道之上屍横遍地，血流成河。

後來，官員與百姓們漸漸知道，漢武帝還健在，真正造反的人是太子，因此劉據麾下所依附的人越來越少了，相反的丞相方面卻不斷增援。五天之後，太子終於潰敗，帶著兩個兒子逃出城外，躲藏在一處民家之中。

太子之亂大致平定，漢武帝回到未央宮，開始進行大整頓：放太子出城的那個守門官，被處以極刑，北軍使任安雖然沒有聽候太子調度，卻在整場戰鬥中作壁上觀，分明懷有貳心，因此也被逮捕下獄。衛皇后教子無方，且坐視變亂發生，與直接參與叛亂無異，下詔褫奪皇后身分，賜死於宮中。

隨後，又下詔懸賞太子。漢武帝怨恨劉據，已經怨恨到幾乎要發狂的地步，大臣們都很害怕，沒有人敢勸諫。「太子似乎是被逼的啊，沒有那麼大罪過吧？」大臣們議論紛紛，不斷地私底下交換意見。

這番言論當然有傳進漢武帝耳中的一天，漢武帝也隱隱約約覺得這件事情另有蹊蹺，但是，他是皇帝啊！有史以來最大帝國的最高領袖啊！他曾經說過的話，下過的詔，怎麼能夠收回？他只能默默禱祝，希望劉據可以躲過搜索。

只可惜事與願違，太子藏身的地方終究還是被發現，劉據見逃生無望，在房間內自縊而死，兩個兒子也被官兵所殺。漢武帝聞訊，心亂如痲，渾身顫抖，不知道該如何是好。

霍光輔政

征和三年，公元前九十年，匈奴再度進犯，侵入五原、酒泉，殺死兩郡都尉。漢武帝遭逢家庭悲劇，想在對外戰爭中贏回來，於是下令擴大徵兵，三月，命令貳師將軍李廣利率領七萬人從五原出塞，並且另外徵調將近七萬人，以爲後備。這次出征，名義上有著十四萬大軍，實際上與當初霍去病指揮的十萬驥騎根本難以相提並論，大部分都是步兵。

開始的時候，李廣利的表現倒還不錯，行軍至夫羊句山附近的峽谷，遇上了匈奴右大都尉跟衛律所率領的五千騎兵，兩軍展開激戰，匈奴不敵而逃，李廣利乘勝追擊，追到了范夫人城，匈奴一路逃竄，不敢抵抗。

可是就在這時，李廣利得到消息，說長安城裡的巫蠱之禍，已經牽連到他自己頭上，許多親戚，包括妻子兒女，都被逮捕入獄。李廣利十分憂慮，不知所措。

副將胡亞夫，原本就是個罪犯，早就想尋機投降，見這個好機會，便力勸李廣利投降匈奴：「將軍擁兵在外，所以朝廷才暫時不處置將軍的家人，等到將軍回京，便與自投羅網無異，到時想要投降，也來不及啦！」

李廣利有點動心，轉念一想，又覺得如果大敗匈奴，應該可以獲得皇帝的寬恕，於是率軍強行北進，將匈奴左賢王的兩萬騎兵殺敗，戰果輝煌。

漢軍的長史與都尉覺得李廣利的行爲有點怪異，明明已經獲得輝煌戰果，卻還要冒險追殺匈奴單于，私下商議：「李將軍懷有異心，爲了自己立功，，不管全軍將士死活，這樣下去，必敗無疑，不如先逮捕李將軍，押送回京受審，以挽救大局。」

不料他們商議內容竟被李廣利知道，李廣利把兩人都殺了，穩住了軍權，然而，長安城中的大事，已被軍中所知曉，軍心不穩，不能再戰，只好率軍回師。

匈奴單于孤鹿，覺得漢軍突然班師，形跡可疑，派人查探，果然發現漢軍士氣不振，隊伍散亂，於是親自率領五萬名精銳騎兵，追擊李廣利。兩軍大戰於燕然山，雙方死傷都很慘重，最後，漢軍終究敵不過騎兵的衝殺，全部潰散，而動搖已久的李廣利，只好投降。

漢武帝既憤怒又傷心，李廣利是他親手提拔起來的大將，如今竟然投降敵人，而且之前還串通叛逆來謀奪他的地位，一氣之下，下了一道詔書，把李廣利一族人全部屠滅。

這場戰爭損傷過於慘重，漢朝終於再也沒有對抗匈奴的能力，不過，匈奴的能力也被削弱了許多，雙方都沒力量互相侵犯了。

征和四年，公元前八十九年，發生了這麼多紛紛擾擾的事，漢武帝心情極差，正月，他巡遊東方，到了海濱，打算親自下海求仙。偏偏遇著大風，連續十幾天昏天暗地，海水翻騰。

老皇帝看著白浪滔滔，回想自己登基五十餘年來的種種，罷黜百家獨尊儒術，爲後世奠定典範；經營四方，開疆拓土，闢地千里。他御宇的這些年，不能不算是個盛世吧！可是他用兵連年，耗盡了天下資財，使得國家險象環生，幾乎面臨土崩瓦解的命運。「這都是朕的過錯啊！」他深深地感到後悔。

巫蠱之禍，後來漸漸查出眞相，絕大部分都是冤獄，只不過是他底下任用的一批酷吏，爲了一己的私利，才任意陷人於罪。

「現在改過，不知道來不來得及……」漢武帝心中這樣想著。

六月，巡行結束，漢武帝回到長安，一群大臣向他上奏，請求派兵輪台（今新疆輪台）屯田，將當地建造成一個對匈奴作戰的前線基地。

漢武帝搖了搖頭，「還是不要再這麼做了吧！」他說道：「朕爲了一點點風光，動員大軍，出塞外征戰，結果貳師軍團瓦解，死的死，散的散，朕心中悲痛萬分，如今你們又說要到遙遠的輪台去屯田，朕實在是於心不忍哪！」

他下了一份詔書，內容除了譴責自己的罪過，表明今後不再對外用兵，不再與匈奴爲敵之外，還強調從今以後的施政，必須以思富養民爲本，推行「禁苛暴、止擅賦、力本農」的與民修養治國方針。這就是漢武帝晚年的「輪台之詔」。

他以大鴻臚田千秋爲丞相，負責起富民的工作，另外，他還重用賢臣霍光、金日磾、上官桀等人，其中霍光的能力最強，漢武帝對他也特別信任。

重用這批人，主要的目的，是爲了交代後事。那時漢武帝已經快七十歲了，身體也不好，早就應該決定繼承的人選。太子死後，幾個兒子裡，漢武帝仍然最希望把地位傳給小兒子劉弗陵，但是，劉弗陵的年紀還小，如果不把他託付給一個可以信任的大臣，恐怕要出亂子。

漢武帝第一個就想到霍光。

霍光是霍去病的同父異母兄弟，當霍去病當上將軍之時，霍光還是個小孩，霍去病將他帶在身邊教養，等他長大了一點，安排他做個小官。霍去病逝世之後，霍光本著他小心謹慎的性格，一步步升遷，當上了奉車都尉，並且兼任光祿大夫，很受漢武帝的欣賞。

漢武帝命令畫師畫了一幅圖畫，上面有一個老人背著一個小孩，正在接受諸侯參見，名爲「周公負成王朝見諸侯圖」，交給霍光，希望他能像周公輔佐成王那樣，幫助幼小的劉弗陵。

公元前八十七年，一生多采多姿，在位長達五十四年的漢武帝逝世，享年七十歲。遺命霍光擔任大司馬大將軍，掌理國家大政；金日磾擔任車騎將軍；上官桀擔任左將軍，三人接受詔命，共同輔佐幼主。另外，丞相田千秋、御史桑弘羊，也在輔政大臣的行列，年僅八歲的劉弗陵繼位爲皇帝，是爲漢昭帝。

給予臣子過高的權力，對於帝制政權而言，是一件十分危險的事，而漢武帝臨終之前，等於替自己的後代，塑造了一批權臣。幸而漢武帝的眼光，畢竟沒有因爲晚年的不順遂而遭到蒙蔽，他替兒子挑選的人才，都是一時之選。

美中不足的是，幾位顧命大臣之間，並不能夠完全的信任。金日磾輔政不過一年，就一病身故；田千秋年事已高，不願意介入朝中紛爭，沒過幾年也病死了。因此實際上的領導人，只有霍光上官桀桑弘羊三人，其中又以霍光的權力最大。

上官桀與霍光，本爲兒女親家，他的兒子上官安，娶了霍光的女兒爲妻，漢昭帝繼位以後，上官安打算把自己年僅三歲的小女兒許配給皇帝，透過宮中一位名叫丁外人的，幫忙疏通。後來這件事竟然順利完成，上官安相當高興，在霍光面前，推薦丁外人封侯。

霍光不肯答應，道：「高祖有命，無功不能封侯，況且那丁外人……恕我無禮，讓他封侯，實在有失我大漢的顏面！」

原來那丁外人，與漢昭帝的姊姊鄂邑公主私通，這件事在朝廷內外，向來是公開的秘密。霍光從來瞧不起丁外人，要他答應封丁外人爲侯，那是他無論如何也不願意做的事情。

「那就封他當個光祿大夫吧！」上官安道：「看在家父的面子上，成嗎？」

霍光仍然搖頭。

就這樣，霍光同時得罪了上官桀一家人，丁外人與鄂邑公主，同時也怨恨起霍光來。

「那小子，跩什麼？」上官桀很不悅地道：「要不是先帝臨終之前，糊裡糊塗，也不會讓這小子平步青雲！」

於是他與桑弘羊聯合起來對付霍光。

桑弘羊是武帝時代的舊臣，幫著漢武帝制訂了許多挽救經濟的政策，建立許多功勞。他不甘心屈居在霍光這個後起之秀的底下，因此當上官桀父子來找他時很爽快的答應了。

「霍光若不是仗著他哥哥霍去病，也沒那個能耐爬到今天的位子。」他道：「唯今之計，只有與燕王聯繫，才能對付霍光！」

燕王劉旦是漢昭帝的長兄，自從太子劉據死後，漢武帝的幾個兒子，就屬他最爲年長，照理說，應該由他繼位才對，想不到皇帝的地位，竟然傳給了年紀最小的劉弗陵。燕王非常不滿，幾乎要叛變，幸而霍光處理得當，才將他的叛意打消，不過他的不滿情緒，從來沒有一天消失過。

上官桀等人很清楚這一點，就與燕王劉旦聯繫，圖謀誅殺霍光，事成之後，廢昭帝而立燕王。

漢昭帝始元六年，公元前八十一年，匈奴爲了討好漢朝，把拘留了十九年的漢朝使節蘇武釋放回國，爲了嘉獎蘇武的忠義，霍光拜蘇武爲典屬國，賞錢二百萬。很多人都替蘇武抱不平，認爲他在極北之地受了那麼久的苦，只有這麼一點報酬，實在太少。

上官桀等人抓住了這個機會，唆使燕王劉旦上書彈劾霍光，並且暗中布置，準備剷除霍光。劉旦的上書之中說道：「霍光對待功臣，實在不公平，蘇武遭到匈奴扣留十九年，不肯投降，其忠孝節義，天人共鑑，如今回國，只得到一個典屬國的小官。霍光的屬下親信楊敞，沒有功勞，卻擔任搜粟都尉！」又道：「臣聽說霍光以大將軍身分檢閱羽林軍，竟然用的是天子的禮節，其心可誅！臣願意歸還燕王的符節，回宮擔任宿衛，以防止奸臣之變！」

當時，霍光與上官桀輪流當朝，正好輪到上官桀，因此劉旦上書先到上官桀手中，上官桀立刻以此爲由，上了奏章彈劾霍光，希望皇帝能夠下旨查辦此事。

霍光聽說有人彈劾他，上殿晉見漢昭帝，脫去官帽，跪了下來，口稱死罪。

漢昭帝只有十四歲，卻已經十分明理，他微笑道：「大將軍平身。把帽子戴上吧！朕知道這封上書是假的，你一點罪也沒有。」

霍光戴上官帽，整了整衣領，恭謹地問道：「陛下從何得知上書有詐？」

「朕知道大將軍檢閱羽林軍，不是才幾天前的事嗎？燕王遠在北方，這麼短短幾天之間，怎麼可能知道？想必是有人陰謀壞大將軍的名聲！」

左右尚書與霍光都對漢昭帝的明察秋毫深感佩服，遂命人查辦，果然得知這封上書是上官桀串通燕王所假作的。

上官桀得知消息，非常著急，就與丁外人等人出謀策劃，請他用鄂邑公主的名義，在宮中設宴，款待霍光，並在酒宴之中伏兵殺死霍光，立燕王爲帝。

霍光早就對上官桀暗中監視，很快的就知道了上官桀等人的陰謀，立即分別派人逮捕上官桀父子與丁外人，後來查出桑弘羊等人也在陰謀者的行列，於是將這批人全部族誅。

燕王劉旦在北方得知消息，非常害怕，他知道自己並沒有能力與朝廷對抗，因此畏罪自殺。從此霍光的政敵完全剷除，霍光大權獨攬，威震海內，成了名符其實的權臣。幸而他雖然專權，對於政治處理，依然能夠秉持小心謹愼的原則，因此能夠維持漢室的穩定，並且留下一段值得稱頌的政績。

霍光輔政，以漢武帝晚年的「輪台之詔」爲原則，不好大喜功，一意讓人民休養生息。他罷除了鹽鐵酒的專賣，表示不與民爭利，又把賦稅降低，減輕人民的負擔。漢武帝時代消耗的國力，經過他的努力，又漸漸地恢復起來。

至於對外政策方面，霍光則能任用人才，在耗費最小的情況之下，取得最大的優勢，就連對付最爲頑強的匈奴，霍光也能妥善運用漢武帝時期建立的聲威，彰顯漢朝的強大，使得匈奴不敢南犯，兩國之間，維持了一段相當長的和平，另外他還努力屯墾漢武帝時代所拓張的廣大疆土，讓這些地區，都漸漸富庶起來。

在內政、外交都有喧赫建樹的情況下，霍光的聲望一天比一天高，權威一天比一天大，霍光的家人與親信，都做到了朝中的重要人物。由他一手提拔的楊敞，本來當上了大司農，後來竟然成爲丞相，凡事以霍光之命是從；霍光的兒子霍禹、姪孫霍雲，都是中郎將；霍雲的弟弟霍山爲奉車都尉，其他如女婿、外孫、昆弟甥舅一干親朋好友，不是當上大夫，就是給事中、都尉等等大臣。霍家一門權勢薰天，親黨遍佈於朝廷。

漢昭帝雖然聰明多智，頗有名君架勢，只可惜英年早逝，元平元年，公元前七十四年四月，體弱多病的漢昭帝竟然一命嗚呼，死時只有二十一歲，霍光的外孫女上官皇后，只不過十五歲就成了太后。

僅僅十三年，漢朝又面臨了皇帝繼承的問題，不過這時的問題倒小，因爲整個漢昭帝時代，都是霍光在掌理政事，只要霍光決定讓誰繼位，沒有任何人會反對。

霍光先決定讓昌邑王劉賀當皇帝，可是劉賀是個只知道嬉戲娛樂的少年，對於國家大政絲毫沒有概念，整天只知道飲宴歌舞，縱情聲色，任意授與官爵，把朝廷的制度搞得一團亂，看在霍光的眼裡，覺得憂心忡忡，便找來了他最信任的大司農田延年秘密會商。

「大將軍是國家柱石，可以自己作主。」田延年的意見很明確：「國君可以輔佐就輔佐，不能輔佐，只有另立明君。」

霍光有點遲疑：「我贊同你的看法，只是，古時候這樣的事，有先例嗎？」

「怎麼沒有？」田延年道：「想當初伊尹放逐太甲，後世都稱頌他的德澤，如今大將軍能行廢立，就像伊尹一樣。」

霍光大喜，便找來車騎將軍張安世與丞相楊敞商議，楊敞是個膽小怕事之人，不大敢立刻答應，他的夫人在屏風後面偷聽了幾人的對話，悄悄對楊敞說道：「你還猶豫什麼？你的地位都是大將軍給的，今天你不幫大將軍，將來你的頭顱也難保。」楊敞這才允諾。

於是，霍光召集文武百官，群聚於未央宮中，訴說新皇帝行爲昏潰愚昧，危害社稷，應該立即予以廢除，另立新君。

群臣面面相覷，不敢答話。

田延年手按長劍，厲聲喝道：「大將軍受命輔國，身繫劉氏天下安危，如今主上昏亂，眼看著社稷將要傾覆，如不改革，大將軍難以面對先帝於地下！你們還在執迷不悟嗎？別怪我不客氣！」

霍光安撫了田延年，謙遜地對百官們說道：「今日天下洶洶，朝政不寧，都是我霍光輔政無能之罪！」

百官見霍光與田延年一搭一唱，知道已是箭在弦上，不得不發，只好跪下，口中直呼：「大將軍國之棟梁，當唯大將軍命是從！」

霍光乃率領群臣，前往謁見太后，請求懿旨，說昌邑王暴虐無道，不可以承宗廟，要以太后的名義廢了昌邑王。太后正是霍光的外孫女，只才十五歲，自然任憑霍光的擺佈，於是，昌邑王只當了二十七天的皇帝，就被霍光所廢。

「現在，該請誰來主持社稷呢？」霍光端坐朝堂，以大司馬大將軍領尚書事的權力，會同丞相與百官，再度展開商議。

他們想了半天，也想不出合適的人選。光祿大夫丙吉，忽然說道：「臣有一名人選，不知可否？」

「說來聽聽。」霍光道。

丙吉答道：「太子劉據之孫，皇曾孫病己。」

當初巫蠱之獄，太子劉據與兒子都身死其中，劉病己那時還是個身在襁褓裡的嬰兒，就被捉進監獄裡。丙吉當時擔任管理監獄的廷尉監，看嬰兒可憐，就把嬰兒交給他的祖母史氏撫養。後來漢昭帝聽說自己還有這麼一個姪孫流落民間，很是憐惜，便下令恢復了他的皇室資格。

劉病己從小身體不好，體弱多病，才會取名「病己」，他自幼生長在民間，熟知民間疾苦，又聰明好學，喜歡讀書，閒暇之餘，就與街頭巷尾的市井小民交遊，鬥雞走馬，縱遊任俠。

霍光也十分屬意這個人選，於是派了太僕駕車，恭謹地迎接十八歲的劉病己進宮繼位，是爲漢宣帝。

漢宣帝繼位以後，嫌自己的名字太過俗氣，於是改名劉詢。眞正的國家大權，仍舊操縱在霍光的手上，不少大臣爲了巴結霍光，紛紛建議霍光把自己的小女兒霍成君嫁給霍光，霍光當然也樂觀其成，卻想不到漢宣帝不願意。

「朕流落民間時期，已經娶妻，實在不願意忘記當年的恩情啊！」漢宣帝吩咐大臣：「朕的心意，想來大家都知道，大將軍美意，恕朕心領。」

漢宣帝的姿態擺得很低，意志卻很堅定，霍光也就不再強人所難，請人去民間迎接漢宣帝的妻子許平君，立爲皇后。

霍光不堅持，霍光的妻子霍顯卻不那麼容易善罷甘休，她是霍光續弦的妻子，原本是個婢女，因爲會伺候人，得到霍光的喜愛。霍顯與宮中的醫生淳于衍串通，在進獻給皇后的湯藥之中下毒，毒死了許皇后。

漢宣帝悲傷萬分，把淳于衍以及所有曾爲許皇后看過病的醫生全部抓起來，嚴加拷問。

霍顯擔心事跡敗露，把事情的眞相告訴了霍光，霍光怒道：「你呀……怎麼做得出這種事情？這讓我今後要如何立足呢？」

「皇帝是你立的，你去說一說麼！」霍顯道：「如今事情都已經做了，覆水難收，只好拜託你去把事情壓下來啦！」

霍光有種遭到背叛的感覺，當下就想奏明漢宣帝，可是又怕自己被牽連進去，猶豫反覆，後來幸好淳于衍沒有招認，這件事就這樣被壓了下來，而霍光也趁機勸說，請漢宣帝納霍成君爲皇后。

漢宣帝地節二年，公元前六十八年，大司馬大將軍霍光病逝。

原本這時候，漢宣帝終於可以親政，可是霍光雖死，霍家的權力仍舊很大，霍光臨死之前，已經把他的兒子霍禹提拔爲右將軍，死後，漢宣帝還讓他繼承父親的爵位；霍光的姪孫霍雲受封爲冠陽侯；霍雲的弟弟霍山爲樂平侯，霍家的勢力，仍舊遍布朝廷。

這些霍家人的作風與老成持重的霍光大不相同，霍禹、霍雲和霍山都是一批紈褲子弟，整天到處遊樂，不務正事。霍光才去世沒幾天，霍禹和霍山就大興土木，替自己興建豪華宅邸；霍雲整天帶著大批隨從，闖進皇帝的林園裡打獵，該上朝的時候，卻經常假裝生病，派自己的僕人代表他朝見；霍顯則以鍍金的馬車，載著自己到處遊玩，生活奢靡浮華。

他們幾乎沒把漢宣帝放在眼裡，橫行不法，引起漢宣帝極大的不滿。

霍光死後，漢宣帝開始著手佈置自己的人馬，提拔張安世爲大司馬大將軍，第二年封許皇后所生的兒子劉奭爲皇太子，許皇后的父親許廣漢爲平恩侯，並且讓御史大夫魏相擔任丞相，丙吉爲御史大夫，另外，又重用了一批儒生，成爲他的班底。

在此同時，漢宣帝又一步步地削弱霍家的勢力，首先讓霍光的女婿范明友出任光祿勛，免了他未央宮尉的職務；又免去霍光另一個女婿任勝中郎將的職位，改任安定太守；加封霍禹爲大司馬，卻不給他大司馬官印，免去他右將軍的地位。名義上他將許多霍家子弟都升職，實際上卻將他們的兵權都剝奪了。

幾個霍家的人聚在一起，不由自主地埋怨起來，霍山說道：「皇帝信任丞相，把從前大將軍的法令都給廢除了，還放縱那些儒生亂說大將軍的壞話，所有人都把矛頭指向咱們霍家人，哼！要是大將軍在世，哪能容忍這種事情啊！居然還有人說，咱們家人毒死了許皇后，哪有這種事啊？」

霍顯臉上一陣青一陣白，眾人看她臉色有異，連忙追問，她只好將事實眞相全盤托出：「其實，這件事並非空穴來風啊……」

聽完這個消息，霍禹、霍雲、霍山同感震驚，七嘴八舌地說道：「這麼大的事情，您爲什麼不早說哪？皇帝派人對付我們，一定就是這個原因呀！我們從今而後，必須有所準備才行。」

這些紈褲子弟，有野心奪取政權，卻不知道自己的斤兩，尤其當他們的兵權都已經遭到剝奪以後，他們更不應該做出傻事。

可是他們就是這麼傻，完全不珍惜霍光生前替他們安排的地位，開始積極謀畫，一方面請霍皇后想辦法在太子飲食中下毒，毒死不出自他們霍家的太子劉奭，另一方面又計劃由上官太后出面，宴請皇帝的外祖母博平君王媼，再請丞相魏相、平恩侯許廣漢作陪，打算在酒席上謀刺丞相，並趁機罷黜漢宣帝。

這一招沒有一點新鮮，正是當初霍光的政敵，用來對付霍光的伎倆，如今竟被他的家人拿來對付皇帝；至於下毒那一項，漢宣帝早就開始懷疑許皇后的死因，對於劉奭的安危，他自然特別重視，霍皇后根本沒有機會下毒，反而招來漢宣帝更深的懷疑。

漢宣帝地節三年，公元前六十七年，霍雲的舅父李竟私自勾結諸侯王遭到逮捕，受審之時，洩露許多霍家的密謀。漢宣帝立即免除了霍雲、霍山等人的所有職務。

事跡敗露，霍家人的密謀還來不及實行，就已經失敗，當確定了他們的反意之後，漢宣帝調動大批人馬，四處搜捕霍家人以及他們的同黨。

霍雲、霍山與范明友畏罪自殺，霍禹就捕後腰斬，霍顯以及她的全家全族，不論年長年幼，不論是男是女，全部被斬首示眾，霍皇后也因爲牽連其中，被漢宣帝罷黜，打入冷宮。

從此，霍家的勢力徹底被漢宣帝剷除，漢宣帝成了名符其實的皇帝。

盛極而衰

漢宣帝親政之後，重用對他有恩的那批朝臣，如丙吉、魏相等人，並且信賴有加，治理朝政，以「綜核名實，信賞必罰」爲原則，重用各方人才，不像文景時代的無爲而治，也不如武帝時代那般嚴苛，秉持著中庸之道，可以說是漢代政治最上軌道的一個時期。

漢朝的死敵匈奴，也在漢宣帝的時代，因爲遭逢了連年的天災，並且爆發內亂，終於表達對漢朝屈服的意願。

甘露三年，公元前五十一年，匈奴呼韓邪單于率領大批臣屬，來到長安，以臣子的身分，晉見漢宣帝，兩國之間，從戰國末期開始，交戰了兩百年，終於有了結果。西域各國，原本支持匈奴、敬畏匈奴的，現在都轉而向中國朝貢，對中國而言，實在是前所未有的盛事。

不過，漢宣帝時代雖然政治、武功皆有突出的表現，卻也是漢朝開始走向衰落的關鍵。

漢宣帝承襲了一些前代政治上的缺點，第一是重用外戚。

外戚的問題，從漢朝建立以來，就一直存在，從最早的呂姓外戚，到景帝時代的竇嬰，武帝時代的田氏、衛氏、霍氏，尤其是霍光，權力之大，與皇帝無異，若非他對劉氏王朝的忠誠，恐怕劉家的天下，早就變了主人。

漢宣帝雖然剷除了霍家的所有勢力，卻又重用祖母史家的人以及許皇后的家人，另外替朝廷塑造了一批外戚。

其次，則是重用宦官。

從漢武帝開始，就已經有任用宦官主持詔令與奏章出納之事，到了漢宣帝，宦官典掌機要，幾乎成了定制，從此文武百官想要上奏，都得經過宦官這一層，皇帝有什麼命令要發佈，也透過宦官。宦官的權力越來越大，形成一股政治上的隱憂，幸好掌權的外戚，都還算有能力，他們不會給予宦官太大的權力，因此西漢後期宦官的危害，倒沒有那麼明顯。

除了外戚宦官之外，儒生則是漢代朝廷新崛起的一股勢力。漢武帝罷黜百家，獨尊儒術，是一個喊得很響亮的政治口號，實際上並沒有多少儒家學者，在武帝任內獲得重用，反倒是霍光執政之後，儒家學者逐漸在政治上取得優勢，漢宣帝本身並不喜歡儒術，可是如大臣蕭望之、周堪等人，都是儒家出身，宣帝臨終時，他們竟都成了託孤重臣。

因此，後半段的西漢，主要的政治問題，癥結在於內朝官與外朝官的爭奪。外朝官就是以丞相爲首的文武大臣，漢初功臣，多半是外朝官，很受皇帝尊重，因此權力很大。到了漢武帝，他不喜歡丞相的權力太大，因此培養自己身邊的尙書官，典掌機要，這是內朝官崛起的源頭。

後來，外戚與內朝官逐漸結合，「大司馬大將軍領尙書事」成爲政治上的實際領導人，丞相的作用反而越來越小，權臣多以大司馬的地位掌權，這是內朝官的勝利，也是外戚的勝利。

漢宣帝黃龍元年，公元前四十九年，漢宣帝只活了四十三歲，就因病身故，太子劉奭接掌皇帝權位，是爲漢元帝。

從漢元帝開始，一直到西漢的滅亡，還有五十五年，這段時間，雖然漢朝的國勢每況愈下，然而大體上仍維持著四海昇平的局面，主要的變化還是出現在朝廷裡。外戚、官吏與儒生之間的權力角逐，最後以外戚的勝利告終，漢朝的國祚，被外戚出身的王莽短暫地攔腰斬斷。

王莽的故事，是一段非常發人深省的歷史事實，即將呈現出一個理想主義者的企圖、作爲，希望與夢碎。

第二章：王莽——失敗的改革家

從劉邦建國開始，歷經呂后、文景之治，武帝的擴張，直到昭宣的盛世，西漢帝國的歷史，已經走過一百五十餘年了。在這段漫長的時間裡，西漢帝國從統一到興盛，從興盛到強大，終於成為雄峙東方的偉大帝國。

壯盛的外表下，根基開始腐敗。

地方上，富商與土豪壟斷了經濟，兼併土地與資源，並與官方勾結，致使為數眾多的農民流離失所，淪為流民、奴隸甚至盜賊。

朝廷裡，儒家集團大肆興起，他們多半是一些不顧現實，專唱高調的所謂學者，把儒家的學術精神，混雜了陰陽五行的思想，推演出一套天變災異、王朝興衰的說法，用來批評時政，使得皇帝的統治基礎，越來越薄弱。

外戚王氏，在這樣的背景下興起，掌握了內朝的大權。

當時人們心目中，普遍存在著這樣一個問題：也許到了應該要改朝換代的時候了。

關於漢代儒家

故事得回到漢武帝時代說起。

漢武帝親政的第二年，董仲舒與武帝之間的三次對策，奠定了漢武帝決定以儒家作為立國根基的思想基礎。建元五年，罷黜百家的主張成了一道明確的聖旨，儒家思想取得正統的地位，從此定孔孟為一尊，表章詩書六經之藝，並且置五經博士。

這是表面上的情況。

實際上，漢武帝除了對儒家主張的大一統思想與尊王精神感興趣之外，對於什麼仁義禮智的諄諄之言，從來也懶得去聽，他用來治國的工具與方法，多半還是來自於法家的思想。

定儒家思想為一尊，只是漢武帝用來統治思想的手段罷了，這一點上，他與秦始皇的想法十分接近。只不過秦始皇用暴力的手段嚴格禁止，漢武帝則以軟性的手法宣揚儒術經學，結果，秦始皇失敗，落得箝制思想的惡名；漢武帝成功，贏得獨尊儒術的稱譽。

這個時候的儒家本身也起了變化，董仲舒的學說裡，就有許多觀念與先秦的純儒家思想不一樣。

漢武帝讓董仲舒去輔佐江都王，後來又讓他去幫助膠西王，結果兩個王都是驕縱的貴公子，蠻橫無理，董仲舒以一介儒生，實在難以有所作為，也就沒有什麼突出的表現，始終沒機會任職於中央朝廷。不過漢武帝對他仍然相當禮遇，每逢朝廷有什麼大事，總會派遣使者到董仲舒家請益。

漢武帝期間，表彰經術，並且廣設學校，建立太學，查舉孝廉以招募人才，都是採納董仲舒的意見。

董仲舒晚年，不再關心政治，轉而發憤著述，集春秋得失，撰成《春秋繁露》一百二十三篇，其內容倡導大一統思想，復古更化、推論陰陽災異與政治得失間的關係，並有許多光怪陸離的記載，從而開啓了漢代儒學，喜歡用陰陽五行與自然現象附會於經典的研究方向。

這種思想發展得十分興盛，配合著儒家勢力的膨脹，衍生出許多學派。他們大多認爲，天降的祥瑞與災禍，完全是因爲人事的影響，尤其是君主的賢愚勤惰，更是當中決定性的關鍵。

某個地方下冰雹，傳進儒家博士員的耳中，轉述出來，就成了天降災異，歸納出來的結論，往往是因爲皇帝做錯了什麼事，這時候，皇帝也通常會表示表示，沐浴更衣、焚香祭天之類，以表達懺悔。如果哪裡豐收，或是天上出現一朵彩色的雲，即被認爲祥瑞，官員們的祝賀之聲就會迭起，而皇帝本身亦會沾沾自喜。

這種遊戲成了漢代官員的最佳娛樂，祥瑞、災異的記載年年都有，到後來，還出現了所謂的「讖緯」，形成「讖緯之學」，更是荒誕。

讖是一種文字或者圖畫式的預言，出現的方式，往往是某時某地的某人，挖掘出某個銅人，身上刻著預言性的文字，或者某位農夫種菜的時候，發現田邊的大樹被剝了皮，上面寫著某時某地某人如何如何云云，以奇怪的隱語道出未來大事。

緯則是從經書當中取材，以經書當中所記載的文字，用以推算災變祥瑞，等於把儒家的史學哲學學術經典，拿來當作當作巫筮卜卦之書。

不管這些記載的眞實性爲何，當時的人們，不論朝廷與民間，對於這種現象，都相當的信任。

外戚王氏與王莽就在這樣的時代背景下，崛起於漢末政壇。

外戚王氏

王氏家族在漢初沒有什麼名望地位，影響力也不大，王莽的曾祖父王賀，在漢武帝後期，是個中級官員，負責社會治安，權力不大，後來，他罷官回鄉，又與人結下仇怨，因此舉家遷徙到魏郡元城（今河北大名東）。

王賀有個兒子名叫王禁，年輕的時候遊學長安，學習律令判決之法，後來當上了廷尉史，官位不高，生活卻頗爲優渥，喜好酒色，娶了許多位小老婆，生下了四個女兒八個兒子。

這些兒女之中，以二女兒王政君的遭遇最爲奇特。據說她的母親李氏懷著她的時候，曾經夢見月亮飛進自己的懷裡，長大之後，出落得亭亭玉立，溫柔婉約，而且十分懂得爲婦之道，芳齡十八，便有人上門提親，王禁答應了婚事，可是還來不及出嫁，未婚夫就突然一命嗚呼。

皇太子的弟弟，東平王劉宇對於王政君的美色早有風聞，於是也提出要求，想娶她當姬妾，然而，王政君還沒踏進東平王府，劉宇也突然莫名其妙地暴斃而亡。

「怎麼……怎麼會這樣哪？」王禁十分憂心：「這不是人家常說的……剋夫麼？唉！該如何是好啊？」

鄰居對王禁說道：「先別這麼說，是不是剋夫還不一定，我認得一位高人，善於面相，請他幫你女兒相一相，再來斷定是吉是凶不遲。」

「好好好！」王禁道：「那就拜託您去替我說去！」

過了幾日，高人來到王禁家中，王政君早已端坐堂上，高人仔細端詳一番，先是驚呼一聲，接著捻鬚微笑，後來又搔頭皺眉，沉吟不語。王禁在一旁等著，焦急萬分，終於忍不住問道：「您說到底如何啊？」

「嗯……」高人又支唔了半天，終於開口：「這相，實在難說……」

「好說難說，您總得說啊！」

高人道：「大富大貴，大富大貴！」

王禁大喜，又問：「怎麼個大富大貴法？」

「天機不可洩露！」

說完，高人也不收錢，就搖頭晃腦的走了。

王禁非常高興，逢人就說：「我早就知道，我的女兒將來一定不簡單，她還在她娘肚裡的時候，她娘就夢見月亮飛進懷裡哪！」

於是，王禁便花了更多心思教導王政君讀書寫字、鼓瑟彈琴，不再急著將她嫁出去。

漢宣帝五鳳四年，公元前五十四年，王政君被王禁獻入宮中，當作一名家人子。所謂家人子，只不過是宮女的一種，皇宮裡每隔數年，便會挑選一批良家婦女進宮服侍，這些婦女各有各的命運，運氣好的，被皇帝看上，成爲嬪妃；大部分到了一定年紀，就會被送出宮去嫁人；也有不少在宮中孤苦了一輩子，下場悲慘。

人們對於王禁的決定感到十分奇怪，問他：「你不是很看重你這個女兒嗎？怎麼把她送到皇宮裡去了呢？如果……」

「沒什麼如不如果！」王禁信心十足，道：「高人指點，我的女兒是大貴之相，一定不會有錯的，將來有一天……嘿嘿，你們等著看吧！」

王禁的信心令旁人百思不得其解，王政君的命運似乎就這麼被她的父親所決定，然而，也許是因爲精誠所至，進了宮裡的王政君，竟然很快就遇上足以改變她一生的轉機。

過了一年，東宮之中，發生一件大事，皇太子劉奭最寵愛的妃子司馬良娣因病逝世。司馬良娣臨終之前，怨恨不平地告訴劉奭：「臣妾受詛咒而死，死不瞑目！」

劉奭垂淚問道：「告訴我，是誰詛咒你？」

「當然是太子的那些侍妾，她們……她們嫉妒臣妾得太子寵，所以……」

司馬良娣死後，太子劉奭鬱鬱寡歡，茶不思飯不想，也不再接近其他的女人。

宮人將此事稟報漢宣帝，漢宣帝嘆了一口氣，無奈地說道：「這孩子，朕從前就擔心他會亂了我劉家基業，想不到此時他又來讓朕煩心！」揮了揮手道：「你去請皇后替太子挑選幾位合意的後宮家人子吧！看著合意，就納為太子妃，看著不合意，朕也沒辦法了，要是斷了皇家香火，朕可就愧對祖先了。」

皇后挑選了五位家人子，王政君也在其中。

過了幾日，太子向母后請安，皇后趁機叫出她親自挑選的五個美人，讓太子點選，並且耳提面命地訴說著天潢貴胄，必須要傳宗接代，才不會動搖國本那番大道理。

太子劉奭是個好學之人，熟讀儒家經典，深明孝道，自然不會違逆母后的交代，可是他飽受喪妻之痛，對於美色當前，興趣缺缺，看也不看，順手隨便點了一個，立即告退。

皇后以及左右侍從都沒看清楚太子到底點了誰，當時王政君的位子最靠近太子，又穿了一件紅色滾邊的長衣，襯托得那娟秀臉龐亦發楚楚動人，十分顯眼，皇后看了也覺得滿意，以為太子選的就是她了，於是命人將王政君送進太子宮中。

這樣的結果，對王政君而言，也許是一種幸運吧！雖然太子一點也不愛她，然而終究與她有了後代，而且是可以繼承皇位的男孩，更是太子的第一個男孩，也就是所謂的嫡長子，如果將來沒有太大的變化，皇帝的位子總有一天會輪到他身上。

後來漢宣帝死去，太子劉奭繼位，是為漢元帝，嫡長子劉驁立為太子，太子之母王政君受封爲婕妤，王政君之父王禁受封爲陽平侯，三天之後，皇帝親自冊封王政君爲皇后。

乍看之下，王禁當初的信心與期望，似乎就此得到圓滿的結局，可是事實並不如預期一般順利，王皇后的地位，還存在著不安定的因素。

事實上，王政君能夠順利成爲皇后，完全是母以子貴，在她生下太子劉驁之後不久，就已經遭到冷落，當上了皇后，這種情況絲毫沒有改變，之所以能夠受封皇后，是因爲當初漢宣帝非常喜歡劉驁這個小孫子的關係。

「朕能夠順利繼位，也是託了這個兒子的福。」漢元帝心想：「只要他能給朕好好地，就讓他的親娘當皇后也無不可。」

可惜這個年少的太子一點也不爭氣，開始的時候還表現得寬博恭慎，又聰明伶俐，喜歡讀書，可是時間久了，隨著年齡漸長，太子變得貪酒好色，時時放縱飲宴，弄得太子東宮烏煙瘴氣，漢元帝十分氣惱，因此興起了想要更換太子的念頭。

對王政君與整個王家而言，這無疑是最大的危機。

幾年之後，王禁死去，長子王鳳繼承了陽平侯的爵位，還擔任起負責宮廷治安的宮衛尉侍中，看上去似乎王皇后的地位穩了一些，可是危機並未解除。

漢元帝的身體不好，對於繁雜的政事又沒有興趣，把軍政大權都推給了朝臣，自己則寄情於絲竹音樂之間。他十分欣賞一種名爲鼙鼓的樂器，只不過左右宮人對於這項樂器的技巧都難以掌握，只有他的小兒子，定陶王劉康，對於這種樂器十分擅長。

漢元帝很喜歡這個兒子，經常說道：「這個孩子有才氣，眞是個人才，讓他來接朕的位子，想必不壞。」

這種玩笑出自皇帝金口，那可眞是非同小可。漢初以來，曾有許多次因爲換太子而鬧出的風波，因此，太子的老師，駙馬都尉史丹義正辭嚴地反駁道：「啓稟陛下，恕臣斗膽，所謂人才，當溫故而知新，敏而好學，這一點上，皇太子不會輸給任何人！如果只會些樂器，就能被稱作人才，那宮中的樂師陳惠、李微那些人的才學，只怕比丞相高得多，可以治理國家了。」

漢元帝聽了，笑了笑，沒有多說些什麼。

隔了幾年，漢元帝的幼弟中山王劉竟忽然生病死去，皇帝親自替這個小弟發喪。劉竟的年紀，與太子劉驁差不多，從小在一起長大，讀書嬉戲，形影不離，名爲叔姪，情同兄弟。太子來到劉竟的宅邸之中弔唁，依照禮法，舉行祭祀，臉上半點表情也無，看不見一滴淚水。

漢元帝看了，勃然大怒，說道：「中山王與你感情何等深厚？你竟無半分傷心，實是鐵石心腸！如此不慈不仁，何以繼承廟堂？」又對太子師傅史丹說道：「好好一個太子，讓你管教成這樣，你該當何罪？」

史丹脫去官帽以示謝罪，誠惶誠恐地說道：「啓奏陛下，臣見陛下哀慟中山王，有損龍體，建議太子不要在陛下面前哭泣，以免陛下更加傷心，此非太子不慈，實乃臣之過錯，臣罪該萬死！」

「是這麼說的嗎？」漢元帝斜睨著史丹，沉聲說道：「如果這是你教的，你是爲了朕好，你沒有錯，教太子欺瞞朕，卻是你的錯，功過相抵，不罰！」

漢元帝嘴上如此說，心裡還是想更換太子。

漢元帝竟寧元年，公元前三十三年，體弱多病的漢元帝，終於一病不起。在病榻上，一直受他寵愛的傅昭儀，以及他最喜歡的小兒子定陶王劉康隨侍在側，王皇后與太子卻很少接受傳喚進宮參見。

「廢立太子之事，前朝所在多有……」漢元帝把尚書官找來，虛弱不堪地說道：「景帝立武帝，也是廢掉了原本的太子，才創下我大漢朝的天威……可是，廢立太子，終究是一樁大事，朕……實在難以抉擇啊！」

尚書官一句話也不敢說。

消息傳出，京師議論紛紛，太子劉驁、王皇后與陽平侯王鳳等人，也都驚懼不安，卻是束手無策。

眼看著他們王家的地位就要不保了，這時候還是史丹跳出來仗義執言。他趁著傅昭儀與劉康母子不在皇帝身邊的時候，涕泗縱橫地向漢元帝進諫：「皇太子是嫡長子，名正言順地立爲太子十餘年，在民間素有聲望，如今皇上對定陶王情有獨鍾，似乎有意動搖太子，如今外頭已是人聲鼎沸，如果眞的如此，公卿以下，必定會有人以死相征。陛下如果不信，臣今日就死在陛下面前！」

「好了好了……別衝動！」漢元帝爲人本來就很軟弱，看見史丹這般模樣，只好打消廢立的念頭，他道：「朕本來就知道，如果改立定陶王，那是亂了祖宗章法與先帝遺旨，唉！現在聽你如此說，朕就更不應該亂作主張啦！」

同年，漢元帝病逝，太子劉驁繼位，是爲漢成帝。

王氏外戚集團的地位，這才穩固下來。

不只穩固，而且勢力迅速竄升，成爲權力核心。

王政君被尊稱爲皇太后，王鳳則成爲大司馬大將軍，兼領尙書事，受詔輔政，另外，王政君的同母弟王崇受封爲安成侯，領萬戶食邑；庶弟王譚、王商、王立、王根、王逢等五人，也受封爲關內侯，除了早死的王曼以外，太后一家人，幾乎都封了侯；力保太子、功勞最大的史丹，馬上擢昇爲長樂衛尉，封關內侯，不久又晉升爲左將軍，還獲封爲武陽侯。

王家的權勢，使他們如同一群政治暴發戶，當然有很多人看不順眼，「太后的家人可眞是了不起啊！自大漢建國以來，什麼時候出過一家五人同時封侯的啊？」不少人冷嘲熱諷地說著。

一些朝臣開始找機會打擊王氏。建始元年，公元前三十二年夏季，長安城郊外忽然出現了黃霧，瀰漫四野，久久不散。甫即位的漢成帝向大臣們詢問道：「城外的這些怪霧，是什麼災異？

是吉是凶？」

大夫楊興、博士員駟勝等人，趁機借題發揮，答道：「黃霧乃陰盛陽衰之象！想當年高祖皇帝與群臣約定：非劉氏者不王，非功臣者不侯。如今，太后諸弟，無功封侯，這是違反高祖約定之事，故天降異象，以為警惕！」

「不錯，不錯！這都是輔政者無能的關係。」

「該有人要負責吧？」

朝臣開始廣泛地討論起來，紛紛將目標指向王家，尤其是王家最有權勢的王鳳。

王鳳見苗頭不對，以退為進，連忙上書稱罪，道：「天降災異，皆臣為德不足之過！如今大局已定，皇上還是親自理政，以順應天意！」

他知道，如今自己初掌大權，王家勢力雖大，還不到能夠專擅專為的地步，只有暫時擺出低姿態，贏得朝臣的好感，未來再作打算。

他也知道這個新皇帝的個性。

漢成帝對於權力的掌握，興趣不高，可以說胸無大志，這一點在他還是太子的時候就已現出端倪，果然他當著眾臣的面，對自己的舅父展開慰留：「朕委託大將軍掌理事權，無非是希望大將軍能為朕分憂解勞，並且彰顯祖先的成就，今天，城外起黃霧，那是上天告訴朕不可以鬆懈！希望大將軍能夠全心全力輔佐，以彌補朕的疏漏之處！」

王鳳以難以察覺的得意之情，向底下的文武百官掃視一眼。

他的地位穩固了，王家的勢力，遍佈朝廷，沒過多久，就將朝中的一切權柄掌握於手。王鳳總攬朝政，不論大事小事，幾乎都由他來裁決，漢成帝形同傀儡，想要決定點什麼，都沒有辦法。

朝臣對於這種現象已經無力回天，紛紛轉而支持王家，向他們龐大的勢力低頭。

有一次，漢成帝召見光祿大夫劉向的兒子劉歆，請他誦讀詩賦，劉歆的才華洋溢，學識淵博，漢成帝十分讚賞，任命他爲中常侍，卻不料一旁的陪臣進言道：「陛下，這樣不大好吧？還沒有稟報大將軍呢！」

漢成帝皺了皺眉，說道：「這等小事，何必告訴大將軍呢？」

「大將軍總攬朝政，事必躬親，朝中官員，理應先讓大將軍知曉，方才妥當，請陛下定奪！」

「這……好吧！」漢成帝莫可奈何：「就去請示大將軍吧！」

請示的結果，王鳳給了拒絕的答案：「像這種儒生，都是只會說不會做的人物，陛下不要相信他們！」

王鳳堅持不允許，就連皇帝也一點辦法都沒有。

不過從這次的事件，讓王鳳瞧出了漢成帝的底細，他了解到，漢成帝雖然縱情於酒色，生活極爲奢侈，然而絕對不是一個才智平庸的皇帝，想要完全控制他，必須得有更激烈的手段才行。

當初，定陶王劉康雖然差一點搶了漢成帝的寶座，可是漢成帝一點也不記恨，反而與他十分親近，「你留在長安陪著朕吧！」漢成帝對劉康說道：「朕沒有子嗣，將來萬一有個什麼好歹，總要有個人接替朕的位子！」

漢成帝想把劉康當作皇儲，這個決定對於王家是一項絕對的危害，劉康與王家非親非故，一旦成了皇帝，王家的利益將完全遭到剝奪。於是，王鳳藉著一次日蝕作爲藉口，說這是陰盛侵陽的現象，「定陶王不就藩國，留在京師，這就是天象示警的原因，望陛下好自爲之，敦促定陶王就國！」

漢成帝與劉康兄弟二人哭著道別，成帝道：「大將軍不喜歡你留在朕的身邊，朕只好……唉！」

京兆尹王章向來以正直敢言著稱，他看著皇帝傷心的樣子，對於王鳳的跋扈十分不滿，過了幾日，以此事爲由，上書彈劾王鳳，說天降異象並非因爲定陶王不就國，而是因爲權臣專擅，方才造成陰盛侵陽，並且直指王鳳「不內省自責，反歸咎善人，推遠定陶王……不可令久典事，宜退使就第，選忠賢以代之。」

「愛卿的意見，朕明白了！」漢成帝點著頭：「愛卿忠誠，朕十分感動，就請愛卿舉薦賢才，以爲朕之股肱吧！」

王章受到鼓勵，很是高興，於是推薦了中山王的舅舅馮野王。

「此人名號，朕也曾經聽聞。」漢成帝道：「讓他來代替王鳳，也許不壞！」

君臣二人的談話，被侍中王音盡數偷聽，連忙轉告王鳳知悉。王鳳乃故做姿態，再度用他以退爲進的老招式，上書請辭。他故意大張旗鼓，一下上表，一下朝見，說自己連年有病，奉職無狀，使陰陽失調，災異叢生云云，鬧得連皇太后都知道了這件事。

太后親眼看見了王鳳措詞哀怨淒婉的上書，讀得她涕淚縱橫，既傷心又憤怒，對左右侍女說道：「去告訴皇帝，如果他眼中沒有我這個娘，就去把他的親舅舅給開革了吧！」說完，接連幾日不吃不喝。

漢成帝慌了，幾次求見母后，都遭到拒絕，「這該怎麼辦才好？母后不吃飯，餓壞了身子，那可是朕的罪過呀！」漢成帝尋思：「一個是舅父，一個是母后，眞令人爲難！唉！想當初朕能順利繼位，大將軍也是出力不少，朕今日想要罷黜他，恐怕眞是有些對不起他了啊！」

漢成帝親自下詔慰留，王鳳又重新掌握朝政。王章遭到尙書官彈劾，說他推薦馮野王，分明是想要阿附諸侯王，其心可異！王章全家都被逮捕，最後在監獄裡遭到殺害，成爲政治鬥爭之下的犧牲品。

通風報信的王音，王鳳以御史大夫之職，表示酬謝。從此，朝臣們對於王鳳就更加敢怒不敢言了，更有許多官吏投奔到王鳳的陣營，極盡阿諛諂媚之能事。

王鳳專擅朝政，長達十一年之久，王氏家族權勢薰天，賄賂珍寶從四面八方湧來，財產難以估計，王家子弟，個個窮奢極侈，姬妾奴僕成群，居所雕梁畫棟，甚至比皇宮還要豪華。人們對於王家的所作所為雖然感到不齒，卻也只敢背地裡指指點點而已。

不過就在此時，王氏家族之中，竟然出現了一位與眾不同的角色，他的氣質與格調，與王氏子弟的腦滿腸肥相比，顯得高貴而出眾。

這個人就是王莽。

王莽的崛起

公元前四十五年，漢元帝初元四年，王莽出生在魏郡元城，當時的王家，還沒有發跡。後來，王氏家族一個個在政壇上出任要職，掌握權力，王莽卻沒有從中得到任何的好處。他的父親王曼，是皇太后王政君的二弟，可是因為年紀輕輕就死了，來不及與他的兄弟一同拜官封侯，因此，王莽成了王氏家族之中極為少數的布衣平民。

也許是因為家境的關係，相較於那些養尊處優的親戚，王莽從小就格外勤奮好學，雖然生活相對之下比較困苦，他卻能夠擅用自己的境遇與身分，磨練出成熟的心智。

他拜沛郡的大儒陳參為師，學習禮經，對於古代的制度、習俗與道的規範，了解得十分透徹，同時有著一種孺慕之情。常樂少府戴崇、侍中金涉、中郎陳湯、上谷都尉陽並以及胡騎校尉箕閎等當代名士，都與他十分親近。

他們時常在一起討論時事，對於當時的政局與社會，都有獨到的看法。

王莽似乎是比較食古不化的一個，他總認爲，如今天下百姓，飽受土地兼併、貧富不均之苦，都是因爲爲政者沒有依照古書之中記載的體制執行，只要在上位者，能夠明辨是非，依尋古禮，必定能夠撥亂反正，重回上古時代的清明政治。

朋友們都笑他不切實際，他也微笑著自我解嘲，心裡卻想：「你們等著看吧！將來有一天，我一定會證明我的想法！」

雖說王莽的想法有時令人難以接受，不過，他的魅力，似乎是與生俱來的。他長得英俊挺拔，才學又出眾，更重要的，是他孝順母親，侍奉長輩，都能發自內心而禮儀周到。飽讀聖賢書，使他散發著儒者的氣質，跟那群紈褲子弟比起來，王莽簡直就是鶴立雞群。

因此，他的姑母，太后王政君對他非常欣賞，常常當著家人的面誇獎他。

漢成帝陽朔三年，公元前二十二年秋，大將軍王鳳病況惡化，躺在床上起不來。王家子弟全都忙著商討接班人的問題，沒有人眞心希望王鳳病癒，只有王莽，連著幾個月，衣不解帶，蓬頭垢面，日夜陪伴在王鳳身邊，親奉湯藥。

「所謂久病床前無孝子……」王鳳虛弱地對王莽道：「想不到這種時候，你這個姪兒卻比我的親兒子還要孝順！」

「姪兒自幼無父，沒能盡做爲人子的孝道。」王莽道：「王家的柱石，就是叔父您，在姪兒心目中，早就把您當作親生父親啦！」

王鳳對於王莽展現出來的眞誠，絲毫不曾懷疑，這時候的他，溫暖的親情，比起任何權力地位，都要來得重要，即使他明白王莽別有居心，仍然會十分感激的。所以，他趁著病情稍稍好轉的時候，拖著虛弱的身子，進宮晉見太后與皇帝，說盡了王莽的好話，「王莽大才大孝之人也！」他說道：「這樣的賢才，如果不重用，將是國家社稷的損失。」

漢成帝沒說什麼。

太后則點了點頭，嘆了口氣道：「想當初他的父親英年早逝，留下這個兒子，哀家竟然沒有想到他，讓他封侯，每每思量至此，便覺得耿耿於懷……不過這樣倒好，這孩子成器了，是應該重用他了。」

沒過多久，王莽就被保舉爲黃門郎，再遷射聲校尉，成功踏出政治生涯的第一步。

幾天之後，王鳳薨逝，大司馬大將軍的地位，由王鳳的堂弟王音接任。

王莽還只不過是一個射聲校尉，官卑位輕，沒有什麼影響力。不過，他絲毫不氣餒，依然努力累積自己的聲望，禮賢下士，事親至孝，他的幾個叔父，平阿侯王譚、成都侯王商等人，都對於他讚譽有加。

王商上書，表示願意把自己的采邑，分一部份出來，封給王莽。

侍中、侍郎、都尉等等文武官員，連名上書，讚頌王莽的賢德。

漢成帝永始元年，公元前十六年，平阿侯王譚逝世，太后傷心之餘，想起了早已死去的王曼，也想起了王莽。同年五月，皇帝下詔，追封王曼為新都哀侯，並由其子王莽嗣位為新都侯，領食南陽新野都鄉一千五百戶，同時任命王莽為光祿大夫侍中。

王莽成為王家第九位侯爵。

雖說如此，王莽飛揚的野心卻從未停歇，有人認為他欺世盜名，但他只是表現出一個儒者應該有的態度。受封侯爵，擺脫孤貧的生活，王莽並不像他的那些同輩一樣，很快的奢靡起來，相反的，他更加戒慎恐懼，恭謹謙卑，努力營造他苦心建立起來的形象。

王莽時常接濟族人，也花費許多心思結交名流，振施賓客，把財產都拿出來，使得他家無餘財，博得許多人的好感。有一次，他替兒子與姪兒同時舉辦婚宴，典禮之中，賓客高朋滿座，正在此時，奴婢前來稟報：「太夫人身子不適，大人覺得該如何用藥才是？」

王莽一聽這話，也不等婚宴進行到一半，便急忙起身離去。良久，才返回宴席，向在座賓客告罪：「家母有病在身，恕不能全程奉陪，失禮之處，尚請海涵！」

一直到典禮結束，王莽數度起身，前往探視母親，神情憂心且掛慮，留給來訪賓客一個良好的孝子形象。

又有一次，王莽私底下買了一個美貌的婢女，被他的同族兄弟們知道，竊竊私語地說他壞話：「王莽不是很清高嗎？還不是貪圖美色，逼良爲奴！」

王莽聽說此事，立即跳出來解釋道：「此女並非我所貪圖！後將軍朱子元尚無子嗣，這個姑娘，我請高人替她看過相，是宜男之相，因此，我才替朱將軍把這位姑娘買了下來！」

當晚，他就把那名婢女送進後將軍的府邸。

他就是這樣步步爲營，謹慎地維持他的名聲。

安陽侯王音擔任大司馬大將軍，輔政期間大致平穩，沒有發生什麼大事，八年之後病逝，由成都侯王商代之而起，王商死後，又輪到曲陽侯王根。王根輔政四年，年邁體衰，心力交瘁，多次上書請求罷職就第。

這對王莽而言，是一個很好的機會。

只要稍加努力，他就是下一任大司馬大將軍的人選，即將爬上權力的頂峰。

只不過，這條路並不順遂，在他前面，還擋著一個淳于長。

淳于長的母親，是太后的姊姊，憑著這層關係，淳于長得以在宮中任職，後來漸漸平步青雲。他的發跡，與王莽如出一轍，也是靠著禮賢下士、結納朝臣同時與當權者保持良好關係，因而備受讚譽，飛黃騰達。

除此之外，淳于長還做了兩件事，對於漢成帝幫助很大，讓他的地位更加穩固。

首先是漢成帝修建陵寢所引發的事件。依照慣例，每個皇帝生前就必須決定自己將來的陵寢位於何處，漢成帝的陵寢「壽陵」也不例外，原本早已選定，可是後來，他又看中了漢文帝霸陵南方的一塊土地，命令將作解萬年主持興建，並且命名爲「昌陵」。

解萬年爲了討好皇帝，上書建議皇帝效法當年漢武帝的氣魄，徙民設邑，在陵寢附近興築一座城池，讓百姓臣民可以永遠做爲皇帝死後的拱衛。「三年之內，必定完工！」他向漢成帝保證。

可是過了五年，這座夢幻中的陵寢仍舊沒有完成，反而耗費了大量的人力物力，致使許多人民流離失所，死者相望，慘不忍睹。在大臣們的壓力之下，漢成帝只好宣布停止昌陵的修築，並且把解萬年流放到遙遠的邊疆。

可是這樣做並不能平息輿論，老臣劉向便慨然上書，指責漢成帝的不是，他認爲，這整件事都是漢成帝所決定，懲罰解萬年，並不能彌補皇帝所犯下的過錯，一定要漢成帝負起責任。

在當時，這樣認爲的人，爲數不少。

漢成帝的回答是：「當初朕與眾臣討論，侍中衛尉淳于長就曾經多次諫阻，朕也覺得如此，若非解萬年一再向朕保證可以在三年之內完工，朕也不會輕易答應，因此，朕乃遭到小人所蒙蔽！這一點，眾卿可以向淳于長對質。」

淳于長當然幫著皇帝說話，因此，得到了漢成帝的信任。

第二件事，則是因爲漢成帝寵愛美女趙飛燕，想要將她立爲皇后，因此，藉口把元配許皇后給廢掉了。然而，太后卻覺得，趙飛燕的出身不好，不願意漢成帝把這樣狐媚的女人立爲皇后。淳于長在太后面前，說了許多趙飛燕的好話，才讓太后同意漢成帝的請求。爲此，漢成帝十分感激淳于長，因此將淳于長封爲定陵侯，成爲王家親戚之中第十個封侯的。而他的官職爲水衡都尉侍中，位列九卿，在王莽之上。

這樣的人物，當然被王莽視作大敵。

王根打算退休，虛懸下來的大司馬大將軍地位，依照慣例，應由外戚擔任。如果照官職的順序排的話，應該會輪到淳于長來擔任。不過王莽早就想好了對付他的辦法。他在淳于長身邊安排了自己的眼線，隨時可以掌握他的一舉一動，淳于長又有一項絕對比不上王莽的缺點，那就是他容易得意忘形的個性，封了侯，就開始廣蓄姬妾，大肆鋪張，沉浸在富貴的氣息當中，難以自拔。

不久，王莽就把足以扳倒淳于長的證據，蒐集齊全。

他去晉見大將軍王根，與他客套一番之後，便把話轉入正題：「大將軍久病，我卻聽說不少閒言閒語，不知道該不該說……」

「但說無妨！」王根微笑著：「咱們是什麼關係？你還有什麼好瞞我的啊！」

「好吧！」王莽嘆道：「最近淳于長知道大將軍有辭退的意願，高興得很哪！常常對別人說，他就是下一任的大將軍了，還到處承諾要給別人官職呢！」

「什麼?」王根板起了臉:「有這種事?」

「還有,淳于長與許貴人之間,好像有什麼曖昧不明的關係……這事可千萬別亂傳……許貴人自從被皇帝冷落,就經常請託淳于長替她在皇上面前說好話,時間久了,他們也變得親密起來,這眞是……」

許貴人就是當年漢成帝所廢掉的許皇后,在宮廷裡,調戲皇帝的女人,是一件罪大惡極的事,王莽輕描淡寫,就讓淳于長背負了這樣的罪狀。

「你爲什麼不早說?」王根豁然起身,因爲身體不好,搖晃了兩下,卻奮力站定,說道:「這……這可是天大的事呀!」

「我其實早就知道這些事,只不過不敢妄加揣測大將軍的想法,才一直拖到現在……」

「眞是豈有此理!」王根很快將這件事稟報太后,太后要求皇帝追查,果然罪證確鑿,淳于長先被遣返封國,後來遭到逮捕,死在監獄裡。

這件事情了結了以後,朝廷之中,再也沒有人能夠阻礙王莽的前途。漢成帝綏和元年,公元前八年,皇帝批准了大將軍王根的請辭,並且接受王根的推薦,以王莽的「忠直有節」爲由,宣布由王莽繼任爲大司馬。

年僅三十八歲的王莽,便已位極人臣。

不過,他並不會就此滿足。

他更加愛惜羽毛，希望能夠累積更高的聲譽。他任用賢良，克己不倦，以自己食邑的所得，當作接納賢士與犒賞儒生之用，生活上，更加勤儉樸素。

某一次，王莽的母親生病，王公大臣都派人前去王莽府上問候，王莽的妻子親自出來迎接，由於穿著過於樸素，一開始甚至被誤認爲王莽家裡的僕人，等到知道她就是大司馬夫人之時，人人都覺得驚訝不已。

王莽的好名聲，又多加了一項。

權力鬥爭

綏和二年，公元前七年，漢成帝由於縱慾過度，病逝於未央宮中，四月，皇太子劉欣繼承皇位，是爲漢哀帝。

漢哀帝並不是漢成帝的親生兒子，而是定陶王劉康的兒子，所以，死去的劉康被尊稱爲定陶恭皇，養育漢哀帝長大的祖母傅氏，被尊稱爲傅太后，母親丁氏則爲丁太后。原本的太后王政君，則尊爲太皇太后。

傅太后是個政治慾望十分強烈的女性，利用她的孫兒是皇帝的關係，一面擅權宮禁，一面干預朝政，不斷要求皇帝替她自己上尊號，又抑制太皇太后的地位，在公開的文書與言詞當中，直接稱呼太皇太后爲「嫗」，儼然想要在王家的權力受挫的當下，塑造出一個以她爲核心的外戚集團。

漢哀帝即位之時，王莽曾以避哀帝外家爲由，上表請辭，漢哀帝則以王莽的聲譽高，予以慰留。

於是，王莽與傅太后之間的衝突，搬上了檯面。

有一次，未央宮中擺設酒宴，內侍將傅太后的位子，安排在太皇太后旁邊。這顯然是出於傅太后的意見，她想要拉抬自己的身分，使自己與太皇太后並駕齊驅。

太皇太后王政君，在當時朝中上下，德高望重，向來有著「至尊」的稱呼，因此王莽以大司馬身分巡視座次之後，立即把內侍叫了過來，當面訓斥道：「定陶太后不過是個藩王的侍妾，怎麼可以把她和至尊的座位排在一起？」

內侍囁嚅著不知道該說什麼好。

「撤了！」王莽下令：「給定陶太后另外安排一個位子！」

結果傅太后的位子被安排在偏席。傅太后看了，幾乎氣得要發瘋，大罵道：「我是當今聖上的祖母，誰把我安排在這樣的位子上？」

內侍連忙趕來解釋：「是……是大司馬的意思！」

「大司馬？」傅太后從喉間迸出令人打顫的寒意：「他的大司馬位子坐不坐得穩，還是個問題哪！如今竟來安排我的席位？」堅持不肯就座。

當初傅太后一直要求漢哀帝替她上尊號的時候，王莽就曾經公開表示反對，如今又發生這件事，使得傅太后心裡，再也容不下王莽的存在，處心積慮想要陷害王莽，可是，王莽的表現實在讓人抓不到一絲把柄，傅太后不得已，只能建議皇帝，把王莽遣返回他的封國。

漢哀帝對王莽倒是很夠意思，賞了他黃金五百斤，准其進位給事中；出入宮禁，朝見皇帝的禮節，可以比照三公；皇帝出巡乘車，他可以乘坐王室成員才能乘坐的車輛隨行。然後，才解除了王莽的大司馬職務，讓王莽賦閒在家，兩年之後，又把王莽遣返回封國。

王莽的遭遇，許多人都爲他抱不平，認爲他明明沒有做錯事情，爲什麼要解他的職？朝臣與名流賢良紛紛上書譴責皇帝的作爲，認爲他不講情義，實在應該感到愧疚。

不過不管怎麼說，漢哀帝的目的達到了，好不容易排除了王氏的勢力，就算底下吵翻了天，他也不會那麼輕而易舉的改變決定。

王莽被趕回南陽，一住就是三年，這段時間，長安城裡，一片烏煙瘴氣。漢哀帝是個沒有什麼能力的君主，雖說不是十分奢靡鋪張，卻有著異於其他帝王的癖好，他不喜歡女色，而寵幸一個容貌姣好的男子董賢。從漢哀帝還是太子之時，董賢就是太子舍人，繼位以後，漢哀帝不停升董賢的官，對他大加封賞，更爲寵愛了。

他們平常就睡在一起。有一次，漢哀帝先醒了過來，想要起身，他的袖子卻被董賢壓住了。看著董賢睡得香甜，漢哀帝不忍心吵醒他，於是拿了一把小刀，把袖子割斷，這才起身。「斷袖之癖」一詞的由來，就在於此。

如果董賢只甘心於當個皇帝的男寵，這樣問題倒小，可惜不然，董賢貪財好權，廣收賄賂不說，還不停要求漢哀帝替他加官進爵。年僅二十二歲，董賢便已貴為三公，領尚書事，常給事殿中，並且身家財產難以數記。

許多人對這種現象看不過去，甚至包括丁、傅外戚家中的人。他們只要上書訴說董賢的不是，就會惹來漢哀帝極度的憤怒。丞相王嘉，向來以正直敢言著稱，上奏彈劾董賢，說這樣的佞臣小人，掌握大權，敗壞朝綱。漢哀帝對王嘉動了殺機，責罵王嘉迷國罔上，最後命令使者帶著毒藥，拿著皇帝符節，強迫王嘉自殺。王嘉不肯，下獄，二十多天以後，絕食身亡。

除了外朝的丞相以外，內朝的大司馬，雖然都是漢哀帝的親人，卻也都不能為哀帝所信用。繼王莽之後的三個大司馬，師丹、傅喜、丁明，一是哀帝的老師，一是傅太后的弟弟，一是哀帝的親舅舅，他們都是才智德行不錯的臣子，卻因為一些小事，而被漢哀帝罷黜。

連這樣的人都被遭到罷免，其他企圖有所作為的官僚，會有什麼下場，可想而知。最後，漢哀帝竟然還是任用了他最心愛的董賢，來承擔大司馬的重責大任。

看在一般人的眼裡，朝廷之中所發生的一切，簡直是一場鬧劇。

相反的，王莽在南陽，卻還是秉持著他那種堂堂正正的君子形象，謙恭自持，靜心沉思，檢討過去，策劃未來。

在此期間，他的兒子王獲殺了一個奴僕，王莽把兒子叫來痛罵：「你以為奴僕就可以隨便殺害嗎？當今天下，多少人流離失所，投身為奴？這些人裡頭，比你有才學有見識的，不知道有多少！你竟然不把他們當人？很好，一命償一命，我也不用多說什麼了。」

王獲不敢相信自己的耳朵，更不敢相信自己的命運，因為一個奴僕，他的父親，竟然強迫他自殺。

有人認為，王莽沽名釣譽，做過了頭，王莽卻自有他的想法。在他心中，奴婢的問題，始終是漢朝最大的問題之一，他也經常把他針對奴婢問題所制訂的構想，提出來與朋友們討論。如今，他的兒子首先不能瞭解他的苦心，讓他怎樣不心寒？

他仍然廣泛結交名流，累積名聲。適逢朝廷昏暗，把丁、傅外戚的所作所為，拿來與王莽相比，更顯得王氏外戚的清高。對於王氏外戚的同情之聲，以及對於丁、傅外戚的撻伐之聲，同時並起，形成一股擋不住的潮流。

政治上一無所能的漢哀帝，日益受到嚴重批評，為了擺脫困境，只好一步一步的妥協。元壽二年，公元前二年，傅太后死去，百官上書替王莽喊冤，認為像王莽這樣的大賢，應該讓他總攬朝政。由於阻力全去，漢哀帝也只好心不甘情不願地，徵召王莽返回京師。

這一年王莽四十四歲。

回到長安，王莽並沒有辦法立即奪取權位，漢哀帝仍然有意地將他排除在外，他很著急，四處請託，希望能夠得到一個官位，此時，九卿之首的太常一職正空缺著，王莽拜託前將軍何武，請他在哀帝面前推薦自己，何武知道漢哀帝排拒王莽，所以沒有答應，從此兩人結下樑子。

一年多以後，年僅二十五歲的漢哀帝逝世，沒有留下子嗣，朝中陷入奪權之爭。王氏集團以太皇太后爲核心，展開嚴密的部署。

漢哀帝臨死之前，把皇帝的符節玉璽交給了他的親密愛人董賢，太皇太后駕臨未央宮，召見董賢，把玉璽收回，並且問道：「皇帝身後之事，有沒有什麼安排？」

董賢唯唯諾諾的答不上話，他只是個佞臣，雖然貴爲大司馬大將軍，掌握權柄，可是在失去靠山的時候，他就一點能力也沒有了。

於是太皇太后說道：「新都侯王莽曾經主持先帝喪禮，通曉禮儀規範，哀家就命他來輔助於你吧！」說完也不等董賢回話，就派遣使者召見王莽。

王莽進宮，首先便是以太皇太后的名義，彈劾董賢，說他沒有善盡大司馬的職責，照顧好皇帝，因而禁止董賢進出大司馬府，進而奪取了他的大將軍印信。

董賢自知鬥不過王莽，畏罪自殺。

後來董賢被抄了家，總共抄出價值四十三萬萬的家產，足見董賢貪污的嚴重性。

太皇太后王政君入朝主政，召見公卿大臣推薦大司馬人選。

大司徒孔光、大司空彭宣等人，聯名上書，推薦王莽擔任大司馬，只有前將軍何武、左將軍公孫祿抱持反對意見，認爲外戚專權，危害社稷，應當從親信大臣之中挑選合適人選。

「那麼，你們二位覺得，誰才合適啊？」太皇太后冷冷問道。

何武道：「左將軍公孫祿比較合適！」

公孫祿道：「前將軍何武，爲人忠直，是大司馬的不二人選。」

「是嗎？哀家明白啦！」太皇太后不理會那兩個不識相的人一搭一唱，逕自宣布：「那就由新都侯王莽，出任大司馬大將軍，領尙書事，主持朝中大計！」

王莽被罷黜了六年，重新掌握大權。

掌權以後，王莽與太皇太后共同決議，由年僅九歲的中山王劉衎繼承皇帝位，是爲漢平帝。這項決定的目的十分明顯，王莽決定親自控制朝政，不再讓人有機會將他趕下台。

這次執政，與上次很不同，王莽開始明確地樹立黨羽、打擊敵人。

以大司徒孔光爲首的一批知識份子，是他最主要的班底。孔光字子夏，是孔子第十四代孫，爲當代著名大儒，王莽對他十分尊敬，連他的女婿，都予以重用。經學家劉歆與王莽的私交甚篤，也被王莽委之以重責。王音之子王舜、王商之子王邑，都成了王莽的重要心腹。另外像劉歆的兒子劉棻、涿郡崔發、南陽陳崇等人，也都是王莽可以信賴的屬下。

至於那些反對派，王莽則毫不留情的打擊。最早倒楣的就是前將軍何武與左將軍公孫祿，他們因爲沒有推薦王莽擔任大司馬，就被王莽彈劾而丟官。丁、傅外戚也在報復名單之列，「執亂賊之謀，殘滅繼嗣以危宗廟，悖天犯祖」，十惡不赦，與丁、傅外戚相關的人，不是被殺被廢，就是遭到流放。

王莽報復的心太過熾烈，到後來似乎有點失去理智。他對這幾年所受到的「屈辱」耿耿於懷，可惜罪魁禍首傅太后已經身故，但是王莽還是想要報復，於是上書太皇太后，說傅太后與丁太后兩人明明只是藩王的姬妾，如今卻安葬在皇帝身邊，陵寢的高度，甚至與元帝相等，有違禮制，希望能掘開她們的陵墓，把她們送回定陶，葬在定陶恭王身旁。

「人都死了，何必……？」太皇太后有點不以爲然。

「非也！」王莽道：「禮制，乃國之根基，丁、傅兩人，非禮僭越，這是國家社稷的危難，只要我王莽身爲大司馬，就不容許這種事情發生！請太皇太后成全。」

「好吧！隨你愛怎麼做，就怎麼做吧！」

掘墓當天，朝中大臣爲了討好王莽，有錢出錢，有力出力，派他們的門生子弟前往協助，爲數多達十餘萬，經過二十天，才將兩座墳墓剷平。

王莽企圖剷除一切政敵，就連王氏家族裡面的人，只要對他的政治前途有威脅，他也絕對不會放過。

紅陽侯王立，是太皇太后僅剩的一個親弟弟，在朝中沒有什麼官職，可是論輩分，是王莽的叔父。王莽心存忌憚，於是慫恿他親信的大司空孔光，上表彈劾王立，說他當初明明知道淳于長有罪，還與之親善，分明是收受賄賂，請太皇太后遣返王立回到封國。

太皇太后不願答應。

王莽於是親自上表：「如今漢室衰微，幼主在位，太后一人秉政，應公正無私，以為天下人表率，莫為一己之私，引發禍患！」

太皇太后找來王莽詢問：「他是我唯一的親兄弟啦！我真要把他趕回封國去嗎？」

「人言可畏！」王莽道：「太后不如先將他遣返，等局面安定，再接他回來也不遲啊。」

局面永遠安定不下來。

回到封國的王立，沒過幾年，就被王莽藉口強迫自殺。

這時的王莽，勢力已經盤根錯節地鞏固起來，連太皇太后都控制不住。

奪權的藉口

漢平帝元始元年，公元元年，小皇帝繼位。

這時，忽然有一批蠻族，嘴裡講著嘰哩咕嚕的土話，吵著要晉見大司馬。幾經翻譯，才知道這些人來自益州，他們自稱為「越裳氏」，準備要進獻一隻白雉與兩隻黑雉，作為祝賀。

王莽向太皇太后報告此事，太皇太后著令以白雉獻祭宗廟。

這無疑是一樁祥瑞。當初，周公輔政之初，也以白雉獻祭宗廟，造就了周朝八百年的興旺。

如今，王莽輔政，是不是也會讓大漢繼續興旺呢？聞武百官連忙稱頌王莽的功德，並且指出：「自古以來，盛名君王治國法則，有功勳之臣屬，必定有對等之美稱。王莽有安定漢室之大功，宜進爵為安漢公，以上應古制，下順人心。」

這無疑是王莽自導自演的戲碼，益州到底有沒有一個「越裳氏」，誰也不曉得，這麼做，只不過是為了烘托王莽四海歸心的威望。

「不錯啊！」太皇太后被這炫目的把戲迷惑，認為應當封賞王莽，並且令尚書們一同討論。王莽卻表示：「孔光、王舜、甄豐、甄邯四人，與我一同決議迎立當今聖上，在這件事上，他們的功勞比我大，要封賞，先從他們開始，別把我算進去，請不要因為我是王家的人，就把我的功勞誇大了。」

「真不錯，懂得謙讓，這才是大司馬的風骨啊！」太皇太后道：「好吧，就依大司馬的意思，對孔光等四人，各行加封。」

孔光成了太師，安陽侯王舜成為太保，甄豐擔任少傅，奉車都尉甄邯立為承陽侯。

王莽的意見得到採納，自己沒受半點封賞，卻忽然生病起來了。

文武百官終於了解王莽的意思，於是再度上表，希望不要把最該封賞的人遺漏。如今三公之位，尚缺太傅，王莽眾望所歸，建議應該由王莽擔任太傅，並且進號安漢公，不要讓天下百姓失望。

太皇太后終於弄清楚她這個擅長權謀的姪兒在玩什麼花樣，眼見他的支持者還眞是不少，只好順著他們的意思，下詔封王莽爲太傅、進位安漢公，同時賜予采邑兩萬八千戶。

「唉呀，唉呀！」王莽掙扎著從病床上坐起來，嘆道：「我推辭一次，官爵又更多一級，如果我不趕快接受，只怕又要封給我更高的官了，這樣怎麼行？太傅、安漢公什麼的，我可以接受，采邑兩萬八千戶就免了，百姓豐衣足食，才是最重要的啊！」

這樣惺惺作態的程度，就算是他的支持者看了，只怕也會雞皮疙瘩掉一地，然而王莽所得到的，卻是更高的稱頌，認爲他虛心謙讓的美德，實在是前無古人後無來者，連聖人也比不上。

整個朝廷沉醉在一片歌功頌德之聲當中，就連太皇太后，也被這波聲浪給沖昏了頭，對王莽大加讚賞，說道：「你不要采邑沒關係，你的俸祿，我要給你增加一倍。」

漢朝最高的官職，俸祿不過一萬石，如今王莽的俸祿，高達兩萬石，倒眞的是前無古人了。

王莽知道，太皇太后年紀大了，對於政治雖然掌握著最高的權力，可是興趣不大，於是鼓動許多官員上奏建議道：「從前的官吏，因爲功勞的累積，一步步升到兩千石的大官，還有地方上州郡刺史推舉的官員，往往才幹難以勝任他們的職務。今後爲了愼重起見，這些官吏在任用之前，應當先由安漢公審核，以區分良莠。太后年歲已高，應以貴體爲重，不要再過問這些繁瑣之事了。」

太皇太后眞的老了，就算她知道王莽是在削弱她的權力，只怕也會答應。她下詔道：「今後，只有封爵這類事，才需要告訴我，官員任用，一律交給安漢公與太師、太保他們去處理就行了。」

掌握了人事任命權，王莽已經與皇帝相去不遠，自此以後，朝中一切官員任用，都必須通過王莽，地方官員進京述職，也必須先經過大司馬這一關。對於每位新進官員，王莽都親切地加以問候，並提供一切需要，久而久之，那些原本不認識王莽的人，也都成爲王莽的人馬。

第二年，青州一帶，發生嚴重的旱災，又爆發蝗災，百姓流離失所，苦不堪言。王莽藉由此事，來彰顯自己愛護百姓的心情。他建議太皇太后，暫時穿著素服，以簡樸示天下，並且捐錢百萬，獻田三十頃，交給大司農辦理，作爲賑濟災民之用。

公卿百官見狀，群起效尤，紛紛捐錢獻田。以後遇著了水災旱災，王莽一律比照辦理，贏得了百姓一致的好評。

另外，王莽還在長安城興建兩百所房屋，收容無家可歸的難民與貧窮的可憐人；又下令賞賜天下鰥寡孤獨及老年人衣食布帛，以示體恤；婦女除非本身犯罪，不受株連；男子七歲以下，八十歲以上，除犯大逆不道之罪以外，不得拘捕。

這些做法，顯示出王莽心目中的理想，他是個人道主義者，意圖將他所治理的天下，回復到儒家經典當中記載的那種上古社會的大同世界，也預示著將來他掌握了更大的權力以後，會進行什麼樣的改革。

正因爲他還沒有掌握至高無上的權力，所以他的改革，還能基於現實面考量，因此能夠獲致良好的成效，短短幾年，社會上那些積重難返的問題，似乎有了和緩的趨勢，文景時代的安和樂利，彷彿就要在他的努力之下重現了。

現在不只官員公卿，就連一般的老百姓，都開始稱頌王莽的德澤了。

王莽很開心，也很有信心，他能作得更好。可是另一方面，他也有些擔心，擔心他的權力不夠穩固，無法繼續推行他的理想改革。他的權力來源，只依靠姑母太皇太后王政君一個人，太皇太后已經七十好幾了，哪天突然有個萬一，新的外戚必將趁機崛起，王莽也將地位不保。

他不願意見到這種情況。

於是他上奏：「皇帝繼位至今已經三年了，以往國家有難，往往是因爲皇帝沒有子嗣，爲防患未然，應提早準備！現請依據五經，考定天子娶后之禮，早點替皇上覓得良配，以傳續宗廟香火。」

王莽原本的用意，是希望能把自己的女兒，嫁給漢平帝，這樣，將來才能保證他的地位穩固。不料，漢平帝準備徵選皇后的消息傳出，立時便有許多人前來競爭，幾乎所有王氏家族的女兒，都在名單之列，王莽的女兒，別說是皇后，就連妃子的順位，都可能不保。

王莽嘆了一口氣，頗不是滋味地說道：「我爲德不卒，小女又不成材，難以擔當母儀天下之大任，還是退出徵選吧！」

這是他以退爲進的謀略。朝中上下，哪一個不會幫他說話？在王氏家族裡，他的女兒也許排不上，在朝廷裡，可沒有人比得上王莽的權力！

果然此語一出，百官譁然，紛紛上書反對，認爲皇后人選，除安漢公之女，還有誰足以堪任？令王莽欣慰的是，甚至也有平民百姓，替他叫屈，跪在各地的官署前面，異口同聲說道：「安漢公的德澤，風行天下，爲何選立皇后，偏偏要排斥安漢公之女？」

王莽心裡暗自高興，表面上還是派了人到處去制止公卿百姓繼續上書，然而他越制止，上書的人越多。到後來，太皇太后逼不得已，只好採納意見，選立王莽之女爲后。

王莽又推辭：「嗯……臣以爲還是博選眾女，才能挑出一個眞正合適的。」

「不用挑了吧？」太皇太后對於姪兒的那套表演模式已經有點厭煩，說道：「就你的女兒最合適啦！還挑什麼？」

王莽仍然搖著頭：「不妥，不妥！」忽然又道：「這樣吧！我去請大司徒大司空祭告宗廟，再派人卜上一卦，看看是吉是凶，再決定不遲。」

卜卦的結果，當然是「大吉」，王莽的女兒，成爲皇后的唯一人選。

朝廷裡一再上演百官稱頌，王莽辭退，百官再稱頌，王莽再辭退，最後不得已只好接受的戲碼，從這種往復的過程之中，王莽仔細地觀察，哪些人是眞正對他忠心的人，哪些人將會成爲他的權力絆腳石。

只要被他發現有異樣，他就會毫不留情，予以剷除。

這其中甚至包括他自己的長子王宇。

王宇擔心，父親長久以來，不讓漢平帝母親衛氏方面的外戚掌政，將他們排除在外，等到平帝長大成人，必定會對王家展開報復。

王莽有他的考量。猶記得哀帝即位之時，原本位居大司馬的王莽，遭到丁、傅外戚排擠，落得辭官歸野，整整六年。現在，爲了避免同樣的事情再度發生，漢平帝一繼位，王莽就派了他的心腹，前往中山國，拜平帝之母衛姬爲中山孝王后，平帝的舅舅衛寶、衛玄爲關內侯，其餘親屬，各有封賞，唯一的要求是，不得踏入長安城半步。

王宇看不慣父親的做法，便與老師吳章與妻兄呂寬共同商議。吳章認爲，王莽剛愎自用，難以勸諫，不如用鬼神之道，嚇阻王莽，於是讓呂寬半夜到王莽府邸門前灑狗血，以爲這樣，就會讓王莽恐懼惡靈附身。

如此愚昧的辦法，自然一下子就露出馬腳。王莽憤怒至極，殺掉了包括王宇在內的幾個爲首之人，還藉機以衛氏外戚與其勾結爲由，誅滅衛氏，牽連甚廣。

這下子讓官員們都嚇著了，怎麼一個彬彬有禮，謙虛爲懷，具有儒者風範的太傅大司馬，一翻臉起來竟然這麼可怕？虎毒不食子，他卻連自己的兒子都殺！頓時，反對的聲音再也無法響起，剩下的只有一片歌頌之聲。

元始四年，朝廷封安漢公王莽爲「宰衡」。

宰衡這個官名，漢朝並沒有，是王莽結合了古代的「太宰」、「阿衡」兩個官名，再由他的親信聯名上奏而來的。商朝初期，賢相伊尹輔國，功高蓋世，被人稱作「阿衡」。至於太宰，則是商周時代均有的官名，最有名的一位太宰，就是輔佐成王的周公。

因此，王莽的用意很明顯，想要藉由「宰衡」這個尊號，來表明他想成爲伊尹、周公再世的心跡。

身繫「宰衡太傅大司馬」這樣響亮的名號，王莽得意萬分，卻仍然不露喜色。

不久，又有議加九錫的呼聲。

所謂九錫，指的是九種賞賜，包括車馬、衣服、樂章、朱色大門、屋外設台階、武裝衛士百人、弓矢、斧戎與祭祀用的美酒。封建時代的封國國君有了良好的品德，又建立蓋世功業，天子便會加九錫，以示無與倫比的榮寵。

「當今天下，九族親睦，萬國和諧，祥瑞畢集，天下太平，都是安漢公的功勞！安漢功德配天地，應加九錫，以顯尊榮。」

王莽又象徵性地謙讓了一番，最後還是接受了九錫。

九錫的實際意義，遠不如背後代表的涵義重要，從王莽之後，歷代權臣，在篡奪皇位之前，總要先來一套「加九錫」的把戲，象徵著他們即將代天受禪。

這時候王莽心中，是否決定要代天受禪，尚未可知，只不過擺在他面前的，還有一個大問題，就是小皇帝漸漸長大，漸漸不聽話了。

元始五年，漢平帝十四歲了，漸漸懂得自己的身分地位，也懂得自己是如何遭到王莽所利用。他最不滿的一點，就是母親衛氏一族，遭到王莽的殘酷對待。對此，王莽開始擔憂，雖說現在皇帝還很弱小，可他畢竟是劉氏血脈啊！僅僅這樣的身分，影響力就已經不容忽視，萬一將來長大成人，與那些反對勢力結合起來，王家前途堪憂……。

冬季，依照慣例，舉行臘日大祭。皇帝喝下了據說可以驅魔避邪的椒酒，忽然腹痛如絞，哀嚎不斷。

大臣們都很擔心，王莽更是帶頭祭告天地，撰寫祈禱辭，向上天請求，希望能以自己的生命，來換回皇帝的生命。這又是在學習周公，當初周武王生病，周公便曾撰寫祭辭，表示願以身代，並將祭辭鎖在金櫃之中，後來周成王時代，周公被人陷害，因爲發現了這些祭辭，才誤會冰釋。王莽也將祭辭鎖進金櫃，不讓別人觀看祭辭內容，大約是希望將來有朝一日如果發生什麼萬一，自己可以以此脫罪。

幾天之後，漢平帝病死在未央宮中。

有人懷疑根本就是王莽下毒害死了皇帝，之後的那些裝模作樣，是王莽擔心日後東窗事發，替自己鋪的一條退路。只不過，沒有直接證據來證明這一點。

皇帝死後，太皇太后坐鎮宮中，召集文武官員，商討繼任皇帝人選事宜。此時，漢元帝的後裔都已經死光了，而漢宣帝的曾孫，與漢平帝同輩分的，還有五位親王與四十八位侯爵。

「人選頗多，可以從當中挑選一位啊！」太皇太后這麼說著。

王莽堅決反對，他道：「同輩兄弟之間，繼承皇位，此事不吉！」

他的眞正意圖大家都明白。宣帝的曾孫，幾乎都已經長大成人，當上了皇帝，不好控制。王莽現在的權力，與皇帝無異，犯不著找一個年長的皇帝來與自己作對。「皇帝必須由下一代的人繼任，才合道理，宣帝的玄孫，比較合適！」

王莽看中了一名人選，漢宣帝玄孫之中，年紀最爲幼小的孺子嬰——今年只有兩歲。「經過占卜，孺子嬰的相貌，大富大貴，大吉大利，最適合成爲繼位的人選。」

就在此時，任職前輝光的謝囂，前來稟奏道：「武功縣孟通，在掘井之時，從井底撈起一塊白色的圓石，上面寫著紅色的字：『告安漢公莽爲皇帝』，請大人定奪。」

王莽遣人將此事稟奏太皇太后。

「胡說八道！」老太太憤怒異常：「這種欺騙天下人的手段，難道以爲我會當眞嗎？」

「太后……」太保王舜在一旁勸道：「事情到了這個地步，已經沒有辦法阻止啦！況且，王大人也沒有別的意思，所謂『爲皇帝』，應該只是想代行皇帝的職權，以鎭服天下而已。」

「算了，算了！」老太太揮了揮手，「你們這些人，總來欺負我年老！愛怎麼樣，就怎麼樣吧！只要別玩火自焚就好。」

由於皇帝人選年齡太過幼小，因此沒有正式繼位，只立為儲君，由王莽攝政，年號就叫做「居攝」。

王莽已經與皇帝沒有差異，人人都知道，他奪取劉氏天下，只是時間上的問題而已。不久，他自稱為「攝皇帝」，南面聽政，一切節儀制度，全部比照天子，一般官員在他面前，必須稱「臣」，他處理政務發布命令時，完全按照皇帝詔書的形式，稱為「制」。只有在晉見太皇太后與皇帝皇后之時，才需要恢復臣子的身分，在官署、宅邸、采邑與封國之內，可以自行施政，比照古代的諸侯王，不必受到天子約束。

皇族之中，還是有人反對。

安眾侯劉崇，不願意劉家天下，拱手送人，於四月間，起兵反抗，率眾進攻宛縣，結果不到幾天，就被平定。

居攝二年，公元七年，東郡太守翟義起兵反叛。

翟義的父親翟方進在漢成帝時期曾經擔任過丞相，後來因罪被賜死，家人沒有受到牽連，翟義卻認為父親之死，與當時擔任大司馬的王莽很有關係，因此懷恨在心。王莽居攝，翟義對王莽的言行十分痛恨，王莽選立幼兒為君，自己仿效周公輔佐成王，翟義認為那不過只是在試探天下人心，篡位的意圖已經十分明顯。

因此翟義聯合了一些漢朝宗室，例如東郡都尉劉宇、嚴鄉侯劉信、武平侯劉璜等人，在九月間率眾起事，殺掉觀縣縣令，在當地徵調士兵，並立嚴鄉侯劉信爲天子，翟義自號爲「大司馬柱天大將軍」，向各國傳遞檄文，號召共同對抗王莽。

這番舉兵的規模，遠較安眾侯劉崇的起兵規模浩大，到後來，軍隊輾轉攻進山陽郡（今河南省修武縣），已經發展出十幾萬人。

王莽在長安，十分擔憂，飯也吃不下，連忙嚴密部署，同時調派大軍圍剿。至於他自己，則整天抱著三歲的小皇帝在郊廟裡焚香祈禱，希望上天能夠保佑自己的安全，又仿照周公作〈大誥〉的故事，自己也寫了一篇文章，表示自己現在居攝只是暫時，將來總有一天會把大政奉還給皇帝。

太皇太后知道了王莽的反應，微微一笑，對左右道：「我就知道王莽會嚇個半死！」

上天並沒有立即對王莽的祈禱作出反應，反而開了他一個玩笑：槐里（今陝西興平縣東南）人趙明與霍鴻，趁著翟義起兵，也發動起義，打算趁著王莽的大軍全力對付翟義的時候，領著大軍一舉攻進長安。

王莽對於政治權力的掌握十分了解，對於軍事可就不大熟悉了。趙明霍鴻起兵之後，王莽更是擔心得不知道該如何是好，除了加強長安城的防禦以外，就只知道焚香祈福，希望他所信仰的周公可以顯靈來幫助他。

他對自己這樣懦弱的表現很不滿意，深怕大臣會因此而瞧不起他。可是他眞的很害怕，一介手無縛雞之力的儒生，面對兵戈鐵馬，往往會顯得膽怯，王莽只能從周公的舊典故裡，尋求一點慰藉。

周公似乎眞的顯靈了。有一天，王莽靈機一動，抱著孺子嬰來到殿前，召見群臣，對他們說道：「昔日成王幼弱，周公攝政，而管蔡爆發叛亂！今日翟義之亂，豈不是當年管蔡之亂的翻版嗎？連周公那樣的大聖人，都會恐懼管蔡的勢力，何況我王莽這樣的小角色！」

大臣們相互對望了幾眼，連忙回答道：「是啊！這場變亂，實在是上天爲了顯示攝皇帝陛下的聖德啊！」

王莽與眾人乾笑了幾聲，覺得這樣還不夠，又到宗廟裡面，焚香祈福了半天，這才安心。

對王莽而言，這樣焚香祈禱，想必是非常有幫助的吧！因爲那迅速竄起的叛亂之火，不到三個月，就被迅速撲滅。他們只是一群烏合之眾，難與漢朝正規軍作戰，是其中一個失敗原因；再者，他們分頭起兵，卻又不懂得相互支援呼應，淪於單獨作戰，讓漢軍有機會個個擊破；第三，他們以反對王莽作爲號召，在民間，沒有足夠的吸引力。當時的百姓，對於漢朝政府，早已覺得失望，反而對王莽改革的意圖，期望甚高。

不管怎麼說，王莽這一方面，最後獲得勝利。王莽欣喜萬分，把當初焚香祈禱時對上蒼所做的保證，全部拋諸腦後，宣布大赦天下，又把有功的五十五位將領，全部封侯。

這幾場叛亂，不但沒有讓王莽政府崩潰，反而強化了王莽的統治基礎。剩下來的，只有王莽如何從劉家接掌皇帝地位的問題了。

代漢立新

正當王莽與他的親信汲汲營營策劃著受禪稱帝事宜的時候，又發生了一件令王莽感覺到十分棘手的事情。

居攝三年九月，王莽的母親過世。依照以往的體制，父母過世，官員必須卸下所有職務，返回家鄉，丁憂三年，以示哀悼。王莽向來以一個大孝子的姿態面對世人，母親死了，如果不回家守制，對他的形象，將是一個嚴重的打擊。可是，三年畢竟不是一段很短的時間，如果這段期間，發生了什麼變故，王莽過去幾十年來的心血，只怕將付諸東流。

正感到難堪之時，大儒劉歆聯合七十八位儒生博士員共同上書，認爲王莽繼承的是皇室正統政權，所以奉祀的是漢的宗廟，上有天地社稷之重，下有元元萬機之憂，不應當爲了私情，拋棄上天所賦予的重責大任。

因爲這個緣故，王莽可以不必以人子身分，棄官回家守喪，而以天子的身分，穿著天子悼念諸侯國軍的喪服，到母親的靈位之前祭拜一次，巡視兩次，交代了重要的事項，囑咐孫兒王宗爲喪主，服三年的喪。

對王莽來說，母親的死，只不過是一場小插曲，現在問題解決，他便與他的黨羽積極謀劃繼位之事。

這年十一月月初，廣饒侯劉京前來報告：「啓稟攝皇帝陛下，齊郡有祥瑞！臨淄縣昌興亭長辛當夜裡作夢，夢中有天上使者，告訴他說：『攝皇帝當爲眞天子』，還說如果不相信，可以前往查看，亭中必定出現新井。」

「後來呢？」王莽微揚著嘴角問。

「後來，辛當起床後，前往亭中查看，果然發現那裡出現一口新井，約莫百尺之深。當地可從來沒有掘井的人出現啊！可是這口井卻在一夜之間出現，必定是預兆。」

王莽點點頭。

十一月九日冬至，車騎將軍帳下千人扈雲也稟奏道：「巴郡發現石牛，請攝皇帝定奪。」

「喔？」王莽頗感興味：「什麼樣的石牛啊？把它運來長安看看吧！」

十一月十五，太保屬臧鴻奏稱：「右扶風郡雍縣，發現仙石！其上刻有奇異古文，不知應當如何處置？」

「也運來長安吧！」

巴郡的石牛先運送到，放置在未央宮前殿，不久，仙石也運到了，放在石牛的旁邊。

王莽與安陽侯王舜上前觀看，忽然，狂風大作，捲起飛砂走石，天昏地暗，王莽以下諸人，幾乎站不穩腳根，風停下來，大家定神一看，仙石之前，出現一幅銅符帛圖。

王莽假裝不敢靠近，命令騎都尉崔發：「你過去看看那是什麼玩意兒！」

崔發上前探視，驚呼：「上面有寫字！」

「寫的什麼？」

「天告帝符，獻者封侯……承天命，用神令！」

「是嗎？」王莽點著頭：「這件事一定得要稟報太皇太后知曉才是。」當下，他便將整個事情的經過，巨細靡遺地稟報，並且說道：「如今陛下的處境艱困，劉氏國祚，已傳十二世，享國正逢『三七』之數，也就是兩百一十年。預言書上說，這樣的數字不吉利！臣王莽奉天旨意，行攝皇帝之職，實感戰戰兢兢，不曾有片刻懈怠。如今，各方祥瑞並至，臣怎敢不奉行天命？」

「你說的天命，到底是什麼？」

「嗯……請准許臣今後以『假皇帝』稱之，不再稱作『攝政』，並且奉正朔，改居攝年號，本年應為居攝三年，請改為始初元年，以順應天命。」王莽道：「臣將盡心竭慮，輔佐孺子，使太皇太后恩澤，傳播萬國。待孺子行冠禮，必將政權歸還，一如當年周公攝政之事。」

「囉唆了一堆，不過就是要當假皇帝嗎？」已經八十多歲的太皇太后，意興闌珊地，還是那句老話：「你愛怎樣做，就怎麼樣做吧！」

所謂的假，就是代理的意思，假皇帝，就是代理皇帝，比原先的攝政皇帝，又更高了一級。

所有的人都知道王莽的目的，因此，朝中官員不斷上書稱頌，希望他能把「假」這個字去掉，成爲名符其實的皇帝。

長安城裡，有個從巴蜀梓潼（今四川省梓潼縣）前來求學的人，名叫哀章。此人向來沒有什麼眞才實學，只愛說大話，他眼看著王莽的所作所爲，知道這正是自己平步青雲的機會，於是自己製造了兩個銅櫃，並且寫了兩封書簡，其中一封題名爲「天帝行璽金匱圖」，另外一封題名爲「赤帝行璽某傳予黃帝金策書」，內容大意是說王莽爲眞命天子，太皇太后應該要順從天命，又在圖文之中加了八個王莽親信大臣的名字，還把自己的名字也加在裡面，說這些人才，都是眞命天子的輔佐大臣。

一天黃昏，哀章打扮了一下，穿著黃色的衣服，抱著兩只銅櫃，來到太廟，將兩只銅櫃交給負責管理太廟的僕射。

「這是什麼？」僕射問道。

「此乃天機不可洩露！」哀章故做姿態：「速速稟報，休要多問！」

僕射也眞聽話，抱著兩只份量不輕的銅櫃，衝進未央宮，報告給王莽知道。

王莽站起身來，驚道：「眞有此事？」

「千眞萬確。」

王莽悠然長嘆：「天命不可違，天命不可違啊！」

王舜在一旁慫恿道：「假皇帝不應再推辭了，應該順應天意，成為真皇帝。」

「事已至此，就算再推辭，也沒有用了。愛卿以為，該當如何？」

王舜答道：「當先稟明太后，取得傳國玉璽，再親至太廟，告祭天地，繼承大寶。」

「稟明太后嗎？」王莽猶豫了一會兒。這些年，王莽覺得那個老不死好像對他越來越具有敵意了，可是自己的所有權力，都是慢慢從她身上得來的……此時的王莽，對於太皇太后，已經心存幾分畏懼，因此道：「就由愛卿代為轉達吧！」

王舜接受了命令，前去晉見太后，說明來意，希望能夠取得傳國玉璽。

太皇太后顯露出難以掩飾的憤怒，說道：「我們王氏一族，靠著大漢的恩典，幾代下來，享盡榮華富貴，如今不圖報恩，還要趁著人家力量薄弱的時候，篡奪他們的地位！你們這些傢伙，既然自己造出一大堆符命，讓王莽當新王朝的皇帝，就應該自己去造一顆傳國玉璽，讓它流傳萬世啊！要我身邊這個不祥的亡國之物作什麼？」老太太流下了眼淚：「我這把老骨頭，剩不了幾年了！將來，哀家要將這顆傳國玉璽帶進墳墓裡，你別打主意了，我不會交出來的！」

老婦人的這一番話，透露著她對漢朝最後一絲的效忠，在場之人，無不潸然落淚。

王舜也哭了，只不過他一直沒有說話，過了良久，他才開口：「太后此言，我無話可說。可是，假皇帝一定要把這個傳國之寶弄到手，難道，太后可以不順從嗎？」

太皇太后深深地嘆了一口氣，放棄了抵抗的念頭。王莽想要得到的東西，不管使出任何手段，都要得到，爲了傳國玉璽，他根本不會在乎這個行將就木的老姑媽。

「拿去，拿去！」太皇太后從床頭的金盒子裡，小心翼翼地捧出那顆雕工十分精美的傳國玉璽。王舜伸手想要接過，太皇太后忽然憤怒地將玉璽丟在地上，怒道：「哼！要就自己撿。我老太婆馬上就要死了，可惜呀可惜，看不到你們將來遭到報應！」

得到玉璽，王莽恭敬地捧著，來到太廟，告祭漢王朝列祖列宗，正式拜領銅櫃，接受禪讓，成爲皇帝。

公元前九年，傳國兩百一十四年的西漢帝國，宣告結束，政權和平地轉移，王莽稱帝，國號爲「新」，年號「始建國」。

托古改制

王莽從「赤帝」劉邦那裡，合法且和平地轉移了政權，自然又安排了許多符命祥瑞，來強化他的統治基礎。依據五德終始之說，當初赤帝子劉邦斬殺了白帝子，於是因此有漢取代了秦，赤帝屬火德；如今，火德已衰，土德生於火德，顏色尙黃，因此，王莽是黃帝，新朝奠基於土德。

即位大典上，王莽按照金櫃圖書上的說明，他的輔政之臣共有八人，王舜、劉歆、平晏等人，自然在名單之中；那杜撰圖書的哀章，由於獻圖有功，被封爲國將，進位美新公，靠著逢迎拍馬，竟然擠上了官爵最高的「四輔」之列。

比較有趣的是，哀章假造的圖書之中，爲了討吉利，編造了兩個人名：王興與王盛，意寓著「王氏興盛」的意思，可是，王莽旗下的大臣裡，並沒有這兩號人物。爲了迎合圖書之說，王莽竟然派人去京師尋找，找來十幾個同名同姓的人，再加以相面卜卦，最後選定了原本是守城門小官的王興，以及原本在街上賣餅的王盛。大概他們自己也不敢相信，只因爲取對了名字，也能讓他們進入新王朝的權力核心吧！

王莽是個標準的漢代儒者，他的理想時代，存在於上古的傳說社會；他的政治抱負，體現在儒家的經典；他的偶像，正是制禮作樂的周公，因此，當今天下，是屬於他王莽的，他由衷的希望能把他的天下，塑造成他夢中的那個美好世界；當他掌握了百分之百的權力，他終於可以開始毫無顧忌的實現他的理想。

他的一切改革，都是以「復古」作爲依托。

儒家最重視正統，他必須替自己的地位，建立一個合法的道統，以便在天下臣民的心目中，樹立起自己絕對正統的形象，以消除部分臣民對於漢王朝的思念之情。

即位典禮當天，他便向臣民宣布：他的祖先，正是黃帝，而王氏一脈，則是從虞舜的那一支系統傳承下來，因此他的政權，絕對是受命於天。由於血統高貴，與王氏家族相關的親屬，自然也必須上承天意，所以他下令盡封王氏，只要是與王家有關的人，不論叔姪甥舅，不論堂兄表弟，不論外孫女婿，不論男女老幼，一律封爵。

如此一來，王氏家族成為中國歷史上最為龐大的貴族世家。

「天無二日，土無二王，這是千古不變的道理。」王莽宣布道：「漢朝的諸侯，均以王自稱，這違反了古代的典籍，也對天下的一統，造成極大的危害！因此，從今以後，諸侯王均改為公爵，至於四夷之中僭越稱王的，一律更改為侯爵。」

這是他企圖建立一個以自己為核心的政制禮想，主要的目的，在於抑制劉氏的殘餘勢力，最終建立一個完善的政治體系。

只不過，他的這個決定，將會帶給他多大的困擾，此時他尚未發現。

他把孺子嬰封為「定安公」，賞賜一萬戶采邑，並准許建立漢朝歷代帝王的宗廟，延續漢代的正朔，表面上對於孺子嬰仁至義盡，實際上卻是將他軟禁起來，誰也不能與他接觸，使得孺子嬰長大以後，什麼都不懂，連六畜都分不清楚。

各級政府單位的職掌與官名，也在王莽「托古改制」的前提之下，全盤更動。

除了前面提到的「四輔」之外，王莽又依照《尚書》之中的記載，設立了「大司馬司允」、「大司徒司直」、「大司空司若」，號曰「三孤」；大司農改名「羲和」，後來又改名「納言」；管理司法的大理改名「作士」管理祭祀的太常改名「秩宗」，管理藩屬的大鴻臚改名「典樂」；又設立二十七個「大夫」，八十一名「元士」；地方的郡太守定名為「大尹」，都尉改為「大尉」，縣令與縣丞都改名為「宰」，其餘變更、增補的官職爵位，多達百餘種，而且時常又有新的改變，連王莽自己都記不清楚，更不用說底下執行的官員了。

地方行政區劃方面也有重大更動。

爲了迎合《尙書》之中的「九服」之說，王莽硬是把天下劃分成九個部分，除京畿之外，還有內郡、近郡、邊郡、甸服、侯服、采服、任服、賓服以及所謂的九州之外；京師分爲前輝光、後承烈二郡，長安改名常安（編按：爲方便閱讀，下文提及仍稱長安），常樂宮改名常樂室，長安城四周劃爲六鄉，各置帥一人，號稱六尉；東都洛陽則劃爲六州，各置州長一人。其他郡縣改名重劃者，難以數記，有些行政區的名稱，甚至一年之內改變好多次，到後來根本沒有人記得，逼不得已，只好又恢復了古地名。

撇開充滿了迷信的思想與食古不化的作風不談，王莽的新朝，在當時其實是有許多人樂觀其成的。

因爲，比起許多人，王莽的眼光都算獨到，他很清楚地認知，漢王朝滅亡的原因，並不在於國勢衰弱，而在於財富分配的不均。許多人睜大了眼睛，期待王莽的改革。

爲此，王莽發動了兩項天翻地覆的改革計畫，第一是改革土地制度與奴隸制度，第二是改變貨幣制度與金融制度。

在土地制度方面，傳說中周朝的井田制度，一直是漢儒心目中的理想美夢，王莽也憧憬已久，如今他要憑藉著他的權威，來完成這個理想，同時，也要對不合理的奴隸買賣制度，加以取締。

「上古時候，每個人有一百畝田，繳十分之一的稅，國用充足，人民富裕！」王莽說道：「可是到了秦代，破壞了聖人制度，廢除井田，又徵收重稅，供奉自己，才讓人心不古，生出了兼併貪鄙的壞念頭。強大的地主，田地有幾千畝那麼多，貧窮的人，連站都沒地方站啦！只好去賣妻子，賣兒子，把人當成牛馬畜生一樣，關在籠子裡，連生死都不能自己掌握！《孝經》裡說『天地之性人爲貴』，這樣的局面，根本違反了這個道理！」

王莽向來很同情奴隸的，因此他說這樣的話時，人人點頭稱是，想當初他自己的兒子擅殺奴僕，他竟然讓自己的兒子一命償一命，足見奴隸問題在王莽心目中的迫切性。

「後來，漢朝建立了，名義上與民休養，只徵收三十分之一的稅，實際上不斷有追加，連老弱殘疾都不能倖免。再加上那些個地主土豪，欺壓迫害，百姓一年的收入，只怕有一半以上都繳了出去！」王莽說道：「這讓那些豪門世家，財產多到沒地方花，就去幹一些邪惡的勾當，危害政府，貧苦的小老百姓呢？連糟糠都吃不到，只好去當小偷，當強盜，搞得全國上下，有錢人也犯法，窮人家也犯法，監獄都關不下啦！」

基於這個理由，王莽下詔：「天下土地，一律收歸國有，稱爲『王田』，不許任意買賣；奴隸與婢女，不准自由買賣，他們的身分，是主人的『私屬』，不可如同牲畜一般買賣！男丁一人分配田地一百畝，八人合耕九百畝，一家八口以下，而田地超過九百畝的，一律將超過的數目，分配給族人，本來沒有田地的，由政府授田，大小規模，比照辦理。」

他特別囑咐負責執行的官員：「朕這麼做，正是在恢復從前的井田制度，如果有人膽敢議論，就是對我朝不忠，一律發配邊疆，去和妖魔鬼怪作伴！想當年，我的祖先舜帝，正是這麼做的。」

第二項重大的改革是所謂的「六筦」。

有關於「六筦」的詔令，則陸續頒佈了很多，內容也十分的複雜，總而言之，六筦就是六種經濟事業，這六種事業與人民生活息息相關，因此由政府負責經營。六種事業分別爲：鹽、鐵、酒、名山大澤、泉布冶銅與五均賒貸。

鹽、鐵、酒是百姓生活必需品，漢武帝的時候就曾經實施過專賣制度，如今王莽自然將它列爲專賣的第一項。

名山大澤是指礦產、森林與漁業資源的開發；泉布冶銅則是指貨幣的鑄造。私人如果掌握，容易獲得暴利，十分危險，因此王莽也將它們收歸國營。

始建國二年，公元十年，國師嘉新公劉歆對王莽說道：「周代有所謂的泉府之官，專門負責收購市場上賣不出去的貨物，售出人們需要的東西。《易經》有云：理財正辭，禁民爲非，也就是說，只要財產得到公平公正的分配，人民就不會貿然犯法！」

「嗯！」王莽道：「很有道理。」

他不久即下詔：「《周禮》之上，有賒貸的記載，《樂語》之上，有五均的記載，各有職司管轄。如今，朕下令設置五均賒貸，派駐於天下各地，目的就是希望能夠幫助平民，抑制富豪兼併。」

於是，王莽分別在長安、洛陽、邯鄲、臨淄、宛城與成都等六座天下最大的城市，設置「五均市司」與「錢府官」，每一季評估物價，訂定出上、中、下三個標準價格，保持物價穩定。只要物價超過標準價格的十分之一以上，政府便會以標準價拋售商品，如果低於標準價格，就可以自由買賣不干涉。對於五穀、布帛、絲棉之類的民生必需品，凡是賣不出去的，政府便以成本價收購，不使生產者賠錢，也保護這些重要商品的生產。

至於賒貸，則由五均市司下轄的錢府官掌管。所謂的「賒」，是指老百姓從事喪葬祭祀等活動時，政府對他們的無息貸款；所謂「貸」，則指人民需要置產，卻缺乏資金之時，政府所給予的低利貸款，一般來說年息不超過百分之十，月息不超過百分之三，可以限制私人高利貸的膨脹與地主的惡意兼併，立意可稱十分良善。

王莽實施的另一項劇烈的改革，則是貨幣改革。至於為什麼要實施貨幣的改革，則又是王莽個人的一種理想。他認為，古代通行許多種貨幣，人民使用起來也很方便，而且，財富流通，生活自然富裕。他並沒有料想到，漢武帝推行的五銖錢，已經在民間根生蒂固，貿然改變，只會帶來混亂。

他的貨幣改革其實從他還沒有登基的時候，就已經展開。居攝二年，公元七年五月，他以周代貨幣有大小錢之分爲理由，下令鑄造一種直徑一寸二分，重量十二銖的大錢，名曰「大錢五十」，又造「契刀五百」的契刀錢與「一刀直五十」的錯刀錢，與五銖錢並行使用，共有四品。

即位之後，因爲漢朝的國姓「劉」字拆開來，爲卯金刀三字，因此，停止了契刀與錯刀的使用，並且把五銖錢也加以廢除，另外鑄造一種只有一銖重的小錢，名爲「小錢直一」，與「大錢五十」並用。

到了始建國二年，大錢小錢的發行都不成功，人民不願意使用，仍然流通著五銖錢，王莽與眾臣討論：「錢幣的份量太重、太輕，用起來都不方便，只要能有適當的發行，使用起來方便，人們一定會樂於使用吧！」

於是他十分天眞地替百姓著想，發行了六種貨幣，名曰「寶幣」，分別爲金幣、銀幣、龜幣、貝幣、錢幣與布幣，這六種錢幣以下，又有細項。金幣就只一種，銀幣分爲朱提銀與雜銀二種；龜幣分爲四種，貝幣分爲五種；錢幣分爲值五十銖的大錢、值四十銖的壯錢、值三十銖的中錢、值二十銖的幼錢、值十銖的么錢與值一銖的小錢六種；布錢取其分佈流行之義，分爲十種。

如此一來，市面上各種不同面額的貨幣，林林總總共有二十八種之多，乍看之下，或許面額多，選擇多，使用起來應該會很方便，然而，使用這些錢幣的老百姓，大多是不識字的農民，他們看不懂錢幣上複雜的標示，根本不知道應該如何使用；此外，錢幣的面額與價值，也分配得極不合理，例如只值一銖的小錢，重量就是一銖，可是價值五十銖的大錢，重量只有十二銖，只要湊出十二個小錢，把它融化了重鑄，就可以造出一枚大錢，因此民間私鑄錢幣的風氣很盛。

王莽眼見自己的好意竟然遭到如此對待，十分氣惱，卻又不知該如何是好，剛巧許多地方官紛紛反映寶幣使用上的不便，帶來人民極大的困擾，王莽因此下詔停止寶幣使用，只保留原本通行的大錢與小錢。

可是這樣仍舊無法制止盜鑄錢幣的猖獗，王莽只好下達嚴格的懲罰命令：「只要一家盜鑄，隔壁的五家也要連坐，六家人口，男爲奴，女爲婢。不論官員與人民，外出之時，都必須在通行證上註明攜帶多少錢，有註明不實的，沿途旅店，禁止收留，各級關卡，也必須嚴密查核。」

爲了落實這項指示，王莽規定，以後三公以下的官員，進宮朝見，都必須繳納檢驗這種證件，以向天下宣示其重要性。

此令一發，人民怨聲載道，懷念從前的五銖錢，對於現行貨幣毫無信心，紛紛傳言：「如今發行的錢幣，只怕不久就要廢除！」沒有人願意接受，更沒有人願意儲存。

王莽很生氣，又下命令：「以後誰膽敢使用五銖錢，並且造謠生事，說大錢即將廢除的人，一律比照毀謗井田制的罪狀，發配蠻荒！」

結果，地方上的惡劣官員，紛紛以此爲理由，濫加逮捕使用五銖錢的老百姓，結果因而流放邊疆、犯法下獄的人，不計其數，造成全國經濟崩潰，人民沒有金錢，也沒有糧食，孤苦無依。

貨幣制度的紊亂，成為王莽的新朝早早夭折的主要原因之一。

理想與現實

從王莽進行的各項改革內容來看，不難看出王莽的用心良苦。他的每一項措施，都是站在老百姓的立場出發，都是希望天下百姓，從此可以過著幸福快樂的生活。

只可惜，他把自己關在瓊樓玉宇之間，以一個高高在上的姿態，從書本裡面學來的那些教條，作為他改革的依據；又以一個儒者的眼光，來看待存在於廣大百姓之間的各種問題，在這種情況下訂定的政策，只能流於空想，根本無法落實與推動。

貨幣制度的紊亂，已經帶來警訊，王莽似乎還沒有發覺。

地名與官名的不斷改變，讓官員與百姓不勝其擾，弄到後來，一份下達給地方上的詔書，往往得同時存在好幾種地名與官名，用古地名來說明今日的所在位置，用古官名來表示今日的官爵名稱，例如《漢書》王莽傳當中，記載的這份詔書：「制詔陳留大尹（太尉），以其益歲以南付新平（新平，故淮陽），以雍丘以東付陳定（陳定，故梁郡），以封丘以東付治亭（治亭，故東郡），以陳留以西附祈隧（祈隧，故滎陽），陳留已無復有郡矣，大尹（太尉）皆詣行在所。」

這篇詔書，不過是為了要劃分陳留郡，卻表達得如此複雜，令人啼笑皆非。

六筦的實行，算是王莽最富有理想性的政策，當年，漢武帝在桑弘羊的主持下，實施均輸平準，通過貨物買賣，平抑物價，並實施鹽鐵專賣，主要目的是爲了增加政府稅收，與民爭利；王莽的目的，則不在與民爭利，而在抑制兼併，安定社會。

可是六筦實施了十二年，不但沒有達到安定社會、平抑物價的目的，反而造成更大的混亂，逼不得已之下，王莽只好在地皇三年，公元二十二年的時候，宣布廢除六筦之法。

六筦之所以會失敗，主要原因不在於立法不善，而在於用人失當。

負責主持與推行六筦之法的人，大多出身自地方豪強，如洛陽薛子仲、張長叔身家財產高達一萬萬；臨淄的偉氏，身價高達五千萬，這批富商豪強，本來就是囤積居奇壟斷市場的高手，加上了官爵，有著政府作爲後盾，行徑更加肆無忌憚。

他們與地方勢力相互勾結，中飽私囊，貪贓枉法，替國家增加了不少帳面上的收入，卻沒有實際上的儲存，一般貧困的百姓，遭到雙重剝削，生活更加困苦不堪。

本來想要用來安定百姓的制度，卻成爲一項擾民害民的制度，王莽的政府與老百姓，都是受害者。

影響最大的政策，莫過於禁止販賣田地與奴婢。

土地問題與奴婢問題，是同時而起的。

一個社會的工商業發達以後，自然會有窮有富，古代中國衡量財富的標準，往往在於土地擁有數量的多寡，經營工商致富的人，多半會購置大量土地，因此形成了所謂的土地兼併；而貧窮之人，為了維持生計，只好變賣祖產，把原本擁有的土地房舍轉賣給富有之人，賣到後來沒有東西賣了，只剩下孤身一人，只好連自己也賣掉，進入富有之人的門下當奴僕，這就是土地問題與奴隸問題興起的大致經過。

王莽沒有看清楚問題的根本，在他生長的時代，兩個問題都已經發展到難以挽回的地步，而王莽卻只是直覺地認為，土地兼併是不對的，買賣奴隸是不道德的，因而片面地宣布土地與奴隸的禁止買賣政策。

這個政策當然直接衝擊了既得利益者的權益，那些擁有大量田產的富豪，多半是地方上極具勢力的人物，他們第一個起來反對，所持的理由是：「我的田地，是我的祖先代代相傳，再由我辛苦經營，才能擁有如今的輝煌成就，新政府憑什麼一道命令，就讓我家幾代的心血全部泡湯？」

窮困的人也起來反對，他們認為，自己就算有一點土地，也沒有能力獨立耕種，為什麼不能變賣給有錢的人，換取一點溫飽？「就算到後來，真的沒有辦法，只好投身為奴，總還可以活得下去呀！」有些百姓這樣說著：「現在，新政府把我們唯一的一條生路都給堵住了，教我們以後該怎麼生活呢？」

制度本身也有很大的缺陷，王莽的命令之中，提到男丁每人可授與百畝田地，可是並沒有說明奴隸可不可以授田。如果可以授田，那麼奴隸就不再是奴隸，與王莽只禁止奴隸買賣，不禁止奴隸存在的想法相悖；如果不能授田，那些富豪也只能有一百畝地，又不能變賣奴隸，如何能夠養活這許多的人口？

這些問題，再加上執行王田令的官員又沒什麼好樣的，貪污受賄，營私舞弊，王田制不但沒有解決土地問題，反而引發了社會危機，造成農商失業，食貨俱廢的混亂局面，大批大批生活不下去的人，因爲買賣田地與奴婢，遭到逮捕，受到刑罰。

始建國四年，公元十二年，中郎區博功上書建議王莽，廢止王田制的實施，他在上書中說道：「王田之制，違反民心，惹起民怨，流於理想，就算是堯舜復起，恐怕也沒有辦法實行吧！」

王莽只好下詔：「今後持有王田之人，可以自由買賣，私自買賣人口，也不再加以處罰。」朝令夕改，不但沒有得到任何結果，反而惹來詬罵，而土地兼併與奴隸買賣仍然存在，而且越演越烈。

王莽改革的失敗，與他個人的性格，也有很大的關係。他是個絕頂聰明的人物，可是卻沒有政治的智慧。對於許多事項，他都相當頑固地堅持己見，不肯接納別人的建議，也不願意相信別人。即便他最爲親信之人，他也不會推心置腹，只給予高官厚爵，而不給予實權。

他不能建立一個分層負責，任用賢能的政府，大權獨攬，事必躬親，大小事情都要經過他的同意與裁示。宮殿之中，經常徹夜燈火通明，王莽整夜不眠，連夜批示那些永遠批示不完的公文，刑獄案件，往往多年不能判決；官吏調動，經常三年無法交代。認眞的官員，爲了傳達皇帝聖旨，經常到處走動，忙裡忙外，不可開交；投機取巧之人，卻常常袖手旁觀，不負責任，還嘲笑那些認眞的官員道：「那麼拚命幹嘛？皇帝又不會特別注意你！再說，皇帝日理萬機，根本不需要我們這些底下人忙和啦！」

王莽的勤政與愛民，是無庸置疑的，可是他卻不能親近民眾，老百姓的眞實呼聲，他從來不能聽見，有了委屈也無從申訴，結果他把自己給累垮了，卻養出一大群貪官污吏，害慘了可憐的百姓，也激怒了地方的豪強。

如果說內政的失策，是新朝從體內發作的疾病，那麼，外交上的失策，則無異於用一把尖刀，狠狠地砍向王莽的脖子。

王莽曾經說過，「天無二日，地無二王」，爲了實現他的這種說法，他開始降低周邊藩屬國的地位。

始建國元年的秋天，長安城的官道上，出現四支奇怪的隊伍，分別向著四個方向出發。車隊的中心，是一輛用六匹母馬拉著的車，車身畫著滿天星斗，居中而坐的車隊首領，號稱「五威將」，背上以雉雞的羽毛作爲裝飾，衣著鮮麗，威風凜凜。

五威將之下，又有五威帥，分爲前中後左右；五威將持節，號稱太一之使，五威帥則以大旗做為前導，號稱五帝之使。

他們出發的目的，是為了前往各郡縣與藩屬，宣揚所謂的《符命》四十二篇，這符命四十二篇的內容，以讖緯之說來解釋漢朝滅亡，新朝代起的原因，並展現了四十二種祥瑞，包括五種品德方面的祥瑞、二十五種文學方面的預言與十二種器物方面的異象。

除此之外，他們還帶著各式各樣的印信，準備要收回漢王朝所授與的印信，換發新朝的印信。

前往東方的隊伍，將以東方的樂浪郡（今朝鮮平壤市）、玄菟郡（今朝鮮端川）以及藩屬國高句驪（今遼寧省新賓縣）。

向南出發的隊伍，將經過益州郡，改封當地的土王為侯爵。

向西出發的隊伍，目標是西域，把各國的國王，全部改封為侯爵。

向北出發的隊伍，將前往臣服已久的匈奴王庭，收回當初呼汗邪單于入朝之時，漢朝所賜與的舊印信，改發新王朝的印信。

前往匈奴宣傳符命的五威將是王駿，至於五威帥則分別是甄阜、王颯、陳饒、帛敞與丁業。他們帶著豐厚的禮物，抵達匈奴王庭，將來意簡單的報告了以後，便表示要更換單于的印信。

此時的單于名叫欒提知，號稱烏珠留單于，對於中國向來很順服，於使打算拜領詔書與印信。

單于的手下大將左姑夕侯在一旁悄悄說道：「咱們還沒有看見新的印信上面刻著什麼，還是別把舊的印信交出去比較好，以免對方有詐。」

烏珠留單于不相信中國會玩這種小花樣，哂道：「你別多心了，印文上面能有什麼變化？」便將舊印信繳回，領受了新的印信。

單于不曾料到，這時中國的皇帝，正是玩弄文字遊戲的高手，他把原本漢朝所賜與匈奴的「匈奴單于璽」改變為「新匈奴單于章」，貶低了單于的地位，同時更加強調新朝與匈奴之間的主從關係。

那金印包裹在華麗的盒子裡，未曾拆開審視，單于設下酒宴招待，五威將與單于飲酒作樂，賓主盡歡，直到午夜，方才結束。會後，右帥陳饒對眾人說道：「剛才，匈奴的姑夕侯已經懷疑印文的內容，如果今天晚上，單于發現印文有變，必定會來討回舊的印信。如果我們把舊的印信交回去，那就沒法達成任務，皇上知道了必定生氣。」

五威將王駿問道：「那你覺得應該怎麼辦？」

「依我之見，不如將舊印敲碎，永絕後患。」

「這個嘛……」王駿猶豫著，不敢斷然決定，徵詢其餘幾位五威帥的意見，也沒有結論。

「囉唆什麼，聽我的便是！」陳饒是燕國壯士，行事勇敢果決，抄出斧頭，對準舊印，幾斧下去，印信已經碎成好幾塊。

第二天，單于發現了印文上的變化，果然派人前來索取舊印。王駿捧出舊印的碎片，支吾其詞，不知如何應對。

陳饒說道：「新朝順應天命，製作新印，舊印交還之後，我們沒人去碰它，它卻自己損壞了。這就像是四十二符命之中所說的，單于應當接受上天的旨意，遵照我朝規制！」

使者回去將話轉告單于，單于恨得牙癢癢的，卻無可奈何，說道：「我們受了那麼多新朝的禮物，總不好就這麼翻臉，哼！我先上書給新朝的新皇帝，讓他明白這件事，再看看他如何處置！哼哼，到時候如果那個皇帝眞打算騎到我們頭上來，管他新朝舊朝，我一樣不會讓他好過！」

第二年，宣揚符命的使節團回國，王駿將事情經過告訴王莽，王莽很高興，對於陳饒的判斷力十分欣賞，封爲子爵，其餘幾人，也都受封爲男爵。

在此同時，匈奴的使節團也已來到長安，使節團的首領是匈奴右賢王，帶了牛羊馬匹前來進貢，並且表示想要索取漢代賜予的印信。

「什麼印信？」王莽道：「舊印信早已隨著舊王朝而毀滅，新朝已經賜予新的印信了啊！」

右賢王索印不成，回國稟報，烏珠留單于憤怒異常，發兵一萬騎，南下屯兵朔方郡城外，構築堡壘，一副想要侵犯的模樣。

嚴重的局勢帶來很大的震動，當地的守軍甚至有逃亡投降匈奴的情況。

西域諸國，也因爲同樣的事件，而思考著究竟是不是應該繼續效忠中國的問題。

西域都護但欽奏稱：「匈奴單于置新朝法令不顧，南將軍即將出兵西域各國，請皇上定奪。」

王莽覺得新朝的國庫充盈，正好可以把國威展現在匈奴身上，於是下令把「匈奴單于」的名稱，改爲「降服單于」，還把匈奴的土地劃分爲十五個部分，派遣中郎將藺苞、副校尉戴級領兵萬騎至雲中郡（今內蒙古托克托東北），以大量珍寶引誘呼汗邪單于的子孫，企圖在匈奴的統治階級造成爭奪。

結果，匈奴的右犁汗王在藺苞等人的威脅下受封爲孝單于，他的兒子受封爲順單于。

烏珠留單于聞訊，大怒道：「這個什麼鬼皇帝欺人太甚！想當年呼汗邪接受漢宣帝的冊封，我們後代子孫，不可以辜負！如今中國的皇帝，又不是漢宣帝的後代，我爲什麼要聽他的命令，任他宰割？」

他一聲令下，匈奴的鐵騎兵大舉進攻邊塞，大加殺戮官員百姓，擄掠牛羊牲畜，使得多年屯墾所獲致的成果，瞬間化爲烏有，自從漢宣帝以來，漢朝與匈奴之間數十年的和平，就被如此愚昧的政策所打破。

王莽似乎有意挑起戰爭，他認爲，匈奴的存在，是中國永遠的禍害，必須加以根除，因此，始建國三年，王莽盡發各地勇士，組成了三十萬大軍，兵分六路，向各個邊塞出發。

第一路由五威將軍苗欣、虎賁將軍王況率領，進駐五原；第二路由厭難將軍陳欽、震狄將軍王巡率領，出兵雲中；第三路由鎮武將軍王嘉、平狄將軍王萌率領，駐軍代郡；第四路由相威將軍李棽、鎮遠將軍李翁自西河出擊；第五路由誅貉將軍楊俊、討穢將軍嚴尤從雲陽出塞；第六路由份五將軍王駿、定胡將軍王晏屯軍張掖。

浩浩蕩蕩的大軍，東起漁陽，西到張掖，綿延三千里，後勤支援隨即展開。無以數計的物資，沿著長江淮河，一路從南向北的運送，直到北方的邊塞；爲此，王莽又動員了天下囚徒、丁男、甲士三十萬人，負擔起運輸這些物資的工作。

如此浪費民力，自然天下騷動，再加上當時各地又爆發了許多的天災，澇旱交替，官員們又以大軍出征爲藉口，恐嚇百姓，勒索錢財。百姓們再也生活不下去，只好拿起鋤頭棍棒，紛紛起義，反抗暴政。

而出征的軍隊，由於數量太過龐大，竟然過了一年，仍然沒有集結完畢。

對此，討穢將軍嚴尤曾經上書表示，如今天下連年饑饉，西北邊陲地區，尤其嚴重，此刻徵調大軍出征，實在非常困難。「臣聽說，驅使人民，假如超過人民承受的地步，就沒有辦法成功，所以，臣覺得憂心忡忡！」他在上書中說：「如今，大軍既然已經動員，臣建議，不如讓率先抵達的部隊，先行發動攻擊，深入敵陣，重創匈奴！」

這個意見，也許是挽回局面的最好辦法，如果趕快出兵，對於民眾的騷擾就會暫時降低，假使得勝，也可以振奮一下人心。只可惜王莽一意孤行，不願意接受這樣的意見，堅持要等大軍集結完畢，方才發動攻擊。

集結了幾年，前線始終不能達到正式開戰的規模，而國內政情越來越混亂，王莽也被搞得焦頭爛額。

事情並非毫無轉圜的餘地，始建國五年，公元十三年，烏珠留單于欒提知病逝，烏累單于繼位，當時匈奴朝中權臣大多主張與中國和平相處，因此，向新朝提出了和親的要求。

王莽很快的同意，可是，他卻仍然要擺架子。「從今以後，匈奴必須要服服貼貼的！」他要求使者轉告匈奴：「以後匈奴一律退回漠北，並且進貢馬一萬匹，牛三萬頭，羊十萬隻！這幾年攻佔的土地，全部都要歸還！」

他甚至又下一道詔書：「今後，匈奴的單于，改名為善不，匈奴的國號，改名為恭奴！以後永遠恭恭敬敬服事新朝，永為臣屬。」

匈奴當然不同意，和親沒有成功，兩國之間繼續交戰。

戰況持續膠著，沒有進展。西南方面的益州與東北方向的高句驪，也因為王莽的錯誤認知與錯誤政策，起來反叛。經營百餘年的西域，也被王莽的強制勒索與不合理的要求，逼得他們和中國斷絕了關係。

內憂外患交相困擾著王莽，使他百思不得其解，「朕一心一意，只為恢復上古的和樂生活，爲什麼沒有人願意認同呢？」

爲了早日獲得對外戰爭的勝利，王莽突然下達一個命令：「徵求身懷奇術絕技之人，以功取匈奴！」

不久之前才有哀章獻圖，進位封侯的老故事，一些想要攀龍附鳳，卻沒有眞才實學的人，這時紛紛出籠，希望自己提出來的奇術，可以獲得皇帝的青睞。

「我來領軍，可以不必依賴舟船，凌空飛渡，帶領百萬雄師渡河襲擊匈奴！」有的人這樣說道。

更有人瞎扯道：「三軍將士由我帶領，不需要攜帶糧食，只要服用我精心配製的神奇藥物，就可以幾個月肚子不餓！這樣，也就不用再爲糧食不足而發愁了。」

「那樣根本不算什麼！」也有人這樣胡說道：「我可以在天上飛翔，日行千里，只要我領軍飛進匈奴王庭，殺了他們的頭目，匈奴就會大亂！」

王莽似乎對最後一個奇術特別感興趣，追問道：「要怎麼飛上天去呢？」

那人道：「只要在身上插滿了羽毛，就可以和鳥兒一樣自在飛翔。」

「好！」王莽道：「你飛給我看看！」

那人從沒想到，這樣天花亂墜的胡說，也能得到皇帝的注意，如今騎虎難下，只好硬著頭皮，任憑王莽手下官員在他身上綁了羽毛，頭上與身上也黏滿了羽毛，看起來眞的像一隻鳥。

「試飛」的結果，當然是那隻大鳥摔個四腳朝天，鼻青臉腫。

「這……也許是天氣的關係！」

王莽竟然也不生氣，微笑道：「嗯，大概是因爲天氣吧！你很好，你們都很好，知道該替我朝想辦法……」

這群胡言亂語之人，通通封了官位。

王莽大概瘋了，他已經弄不清楚自己到底在幹什麼，也弄不清楚天下那些作亂反抗的人們，心裡面到底在想些什麼；以往從官場中崛起時的那股聰明勁，現在全都被紛擾的亂象，消磨得一乾二淨。他既灰心又絕望，他隱約知道，自己的朝代，大概無法傳承下去了，自己的名聲，將永遠被「竄位者」這樣的罵名所掩蓋。

如果人生可以重來一次，他大概不會選擇成爲一個皇帝吧！

新朝的覆滅

不知是王莽最相信的天人感應之說使然，亦或是某種巧合，劇烈的天災，往往伴隨著不良的政治環境。漢平帝起，黃河便不斷決堤，造成極大的災害，當時擔任大司馬的王莽，便曾徵招治河專家商議對策，可是沒有結果。

天鳳四年起，國內連年發生旱災，尤其以青州、徐州與荊州一代，災情最爲嚴重。地皇二年，函谷關以東的地區，又爆發嚴重的蝗災，導致嚴重的飢荒，飢民之間，不斷爆發人吃人的慘象。

王莽很心痛，卻拿不出辦法，天眞的他，派了使者前往各地，教導老百姓煮草根樹皮成爲「酪」，用以充飢。百姓吃了，不但不能飽足，反而疾病纏身。

之後的幾年之間，關東幾十萬飢餓的百姓，放棄他們的家園，一批批流入富庶的關中，離鄉背井，又遭人欺騙，妻離子散，痛苦不堪。王莽派人發放救濟物資，又被那些不肖官員從中剝削，中飽私囊，餓死的百姓，不計其數，災民的哭聲傳遍四野，慘絕人寰。

如此情況，怎不會有人起來暴動？

從天鳳四年，公元前十七年，王莽統治的第八個年頭起，饑民的暴動便已經展開。瑯琊郡（今山東省諸城縣）海曲縣的一個姓呂的小官，被貪污無道的縣官所冤殺，呂姓小官的母親，人稱呂母，性格剛烈，家中又有錢，氣憤不過，乃散盡家產，結交地方豪傑，收買兵器，聚集一百餘人，打進海曲縣城，殺了縣官，把縣官的人頭割下來，替自己的兒子祭墳。

事情鬧大了，一發不可收拾，呂母帶著亡命之徒，逃往海濱，成爲海盜，後來聚集的人數越來越多，發展到一萬人左右。

不久，同樣在瑯琊郡，又有樊崇等人聚眾起兵，樊崇生性勇猛，爲人豪爽，聚集了許多徒眾，從莒縣起兵，轉戰進入泰山，其後又與瑯琊人逢安、東海人徐宣、謝祿與楊晉等人旗下的數萬人馬結合，聲勢日漸浩大。

後來，呂母病死，旗下黨羽也加入了樊崇的行列。他們四處征戰，攻城掠地，爲了與官軍區別，把眉毛染成紅色，人們稱之爲赤眉軍。

另外，荊州地區（今日河南省南部至湖南省北部一帶）也爆發大饑荒，當地的饑民，逃進山林沼澤，挖掘野草樹根呑食。由於野草不夠而饑民太多，爭執不過，打起架來。新市（今湖北省京山縣）人王匡、王鳳，爲人仗義，主動出面替大家排解糾紛。人們看他們處理得公正，便道：「咱們也算不打不相識，以後也不見得遇得上這兩位公正之人！官府不照顧咱們，讓咱們爲了搶這些不是人吃的玩意大打出手，乾脆咱們就聚集起來，請兩位帶領我們，替大家找一條生路吧！」

王匡、王鳳成了這伙人的首領。最初只有幾百人，後來，又有南陽（今河南省南陽縣）人馬武、穎川（今河南省禹縣）人王常、成丹等等亡命之徒，率眾投奔，劫掠鄉村小鎭，盤據在綠林山（今湖北省當陽縣境內）爲盜，幾個月間，發展到七八千人，人們將其稱做綠林軍。

這只是其中較大規模的反抗，還有許多零星的暴動，在各地發動攻擊，只爲了一口活命的飯。

王莽聽說赤眉、綠林作亂，起初不以爲意，派遣地方官就近征剿，可是綠林、赤眉行蹤飄忽，剿不勝剿，且人數越來越多，王莽這才心急，召集群臣商議解決對策，有人說道：「這些人並非有意造反，實在是政令過苛，讓他們無法生活，只好去做強盜。」

王莽大怒道：「朕受命於天，這些人不知感懷，還起來造反，這明明是悖天行事，你竟然說是朕的錯？朕看你才是心懷不軌吧？」

立刻有乖覺之人，在一旁說好話：「陛下，小小刁民作亂，不久必定伏誅，何須陛下煩心？」

王莽轉怒為喜，問道：「這些人打的什麼旗號？」

底下上奏道：「這些人沒有旗號，青徐一帶為禍者，以朱墨染眉，人稱赤眉軍；荊州一帶作亂者，大多盤據山林田野為盜，因此人稱綠林軍。」

「沒有旗號？」王莽面露懼色：「想當年三皇五帝起兵平天下的時候，也沒有旗號啊！這些人……這些人難道自比為三皇五帝麼？」

「皇上不必掛慮！這些烏合之眾，只不過如同犬羊相聚，哪裡能夠想出什麼旗號？」

其實，這樣說倒也沒錯，樊崇為首的赤眉軍，稱號最尊貴的，不過是「三老」，其次是「從事」、「卒史」，他們只是一群目不識丁的饑民，從來沒聽過什麼王公貴族的稱號，只知道一些地方官的名稱，便拿來作為劃分階級的稱呼，同時互相約定「殺人者死，傷人者賠償」，沒有什麼太大的野心，哪裡曉得還有什麼旗號的問題？

王莽派出太師王匡與更始將軍廉丹，領兵十萬，討伐赤眉。

這位太師王匡，剛好與綠林軍的領袖王匡同名，他與廉丹二人，分兵向東出擊。他們所帶領的官兵，毫無軍紀可言，所到之處，姦淫擄掠，燒殺搜刮，行徑比起赤眉的搶奪，更加兇狠。善良的百姓，作了一首歌謠，消遣官軍的殘暴，苦中作樂：

寧逢赤眉，不逢太師；
太師尚可，更始殺我！

官軍來到東方，但見滿目瘡痍，四處都是盜賊，也分不清到底誰才是他們眞的要討伐的赤眉，大軍按兵不動，停留了兩個月，一無所獲。

王莽下詔指責道：「糧食耗盡，府庫空虛，你們身負朕的委託，討伐叛逆，如果不能效死沙場，怎能報答國家對你的大恩？」

更始將軍廉丹震恐萬分，把詔書拿給幕僚馮衍觀看。

馮衍建議廉丹：「如今天下大亂，人心思漢，將軍不如駐紮大軍於關東，安撫訓練，並且廣爲招納英雄豪傑，延攬有才有德的人士，興社稷之利，除萬民之害，則將軍必可永垂青史！何必讓大軍葬送在這裡，落得身敗名裂，惹人恥笑呢？」

廉丹不肯接受。

恰巧此時，無鹽（今山東省東平縣）人索盧恢聚眾起兵，攻佔縣城，響應赤眉，廉丹便與王匡合力攻陷無鹽，並且乘勝進攻梁郡。

堅守梁郡的，是赤眉軍底下十分驍勇善戰的別將董憲，擁有數萬部隊。他奮力迎戰官軍，一戰之下，竟把官軍殺得大敗。王匡僅以身免，廉丹奮戰而死，手下二十多員大將，同時陣亡，大軍折損過半。

王莽聞訊大駭，詢問手下意見。

國將哀章表示，當年黃帝大敗蚩尤，就是因爲手下大將中黃直奮戰立功。「今日，臣身居中黃直之位，必能爲陛下破賊立功。」

王莽立即派他領兵與太師王匡會合。後來他們幾次反攻董憲，都遭到敗北的命運。

這個時候，荊州的局面，出現變化。

綠林軍初起之時，發展十分順利，還打敗官軍，佔領不少地盤，後來軍中發生了瘟疫，死亡人數接近全軍的一半，各個首領又意見不合，就拆夥分成了幾股：王常、成丹一部，流竄至南郡，號稱下江兵；王匡、王鳳馬武一部，率兵進入南陽，號稱新市兵；平林人陳牧、廖湛等人，趁勢聚眾數千人，號稱平林兵。

地皇三年秋，南陽郡舂陵縣的豪族劉縯劉秀兩兄弟，率領族人起兵。他們是漢宗室後裔，與新市兵平林兵聯合，攻城掠地，勢如破竹地佔領許多大城市，並且擁戴宗室劉玄登基稱帝，年號更始，國號漢。

從此之後，各地起兵者，皆以恢復漢朝作爲號召。有了明確的組織與目標，果然就完全不同了，他們不再是暴動的饑民，而是起身革命的勇士，各地聞風響應，官軍絲毫不是對手，節節退縮。

王莽眞的害怕了，他打出最後一張王牌，派遣司空王邑，趕往洛陽，與原本屯駐當地的司徒王尋會合，並且盡發州郡之兵，合計四十二萬人，號稱百萬大軍，前往昆陽，消滅更始皇帝的漢軍。

至於他自己，則不再眷戀人世。

他聽說，黃帝晚年，娶了一百二十女，最後羽化登仙，決心仿效，便在此時，下詔徵選天下淑女，選了一位杜陵史氏當皇后，又娶了一百二十名美女。

正奇怪自己爲什麼還不羽化登仙之時，前線回報軍情，說四十二萬大軍，已在昆陽遭到慘敗，全軍覆沒，王尋陣亡。

「四十二萬大軍……全軍覆沒？怎麼會……」王莽征征地，半天說不出話，良久，才問道：

「敵人有多少？」

「只有三千。」

「三千人？」王莽喃喃自語：「三千人可以把四十二萬人打敗啊？那敵人的將領，叫什麼名字？」

「聽說是漢室的後裔，名叫劉秀。」

「劉秀？劉秀……」

不久，王莽又接到漢軍發佈各地討伐他的檄文，當中指控王莽毒殺漢平帝的事情。王莽大驚，坐立不安，忍耐不住，召集百官，叫人把當年漢平帝去世的時候，他所做的那只金櫃搬出來，取出他所寫的那篇祭辭，當眾宣讀。

「我當年如此忠心耿耿，這班賊人竟然還要亂造謠言！」王莽泣不成聲地說著。

對王莽的這一套，百官早已心知肚明，他是怎樣的「忠心耿耿」，天下人有目共睹，如今坐在皇帝寶座上的，不就是他嗎？看著王莽的那副模樣，百官想笑，卻笑不出來。

漢軍如同摧枯拉朽，所到之處，人人響應，長安城危如累卵，王莽憂懼不知所措。此時有個侍臣崔發奏稱道：「周禮與左傳都說，國有大災，哭以可以用哭聲來化解，因此，易經上說，先嚎啕而後笑；事到如今，我們只有向上天哭訴求救了。」

王莽眞的相信，領著文武官員，來到長安城郊，陳述符命的來龍去脈，並且禱告說道：「臣王莽既然受命於上天，上天就應該幫助臣消滅群賊！如果是臣王莽的罪過，王莽願意接受五雷轟頂的懲罰！」祈禱完畢，放聲大哭，伏地叩頭不已。跟著一同前來的官員百姓，也得跟著一起跪下，扯開了喉嚨大哭，一定要使那哭聲直達天際，響徹雲霄，才能感動上蒼。接連幾天，都是如此。

這個短命朝代，因爲統治者本身的迷信，處處透著不可思議的奇妙現象，王莽下令，替這些哭號的官員百姓，準備了飧粥，好讓他們哭餓了，可以吃點東西，以便繼續哭號。凡是哭得悲痛的，特別大聲的，全都拜爲郎官，短短幾天之內，一共有五千多人拜爲郎官。

地皇四年，玄漢更始元年，公元二十三年八月，更始皇帝劉玄，派遣定國上公王匡攻打洛陽，派遣西屏大將軍申屠建與丞相司直李松，直下武關。大軍尚未開抵武關，便已聽說當地有人名叫鄧曄、于匡，自稱輔漢大將軍，起兵響應更始，先行攻入了武關。武關不守，長安難保。

王莽聽說前線緊急，連忙調派九員大將，冠以虎號，號稱爲九虎侯，前往東方迎敵。疑心病起的王莽，怕這些人叛變，把他們的妻子兒女全部扣留在皇宮之中。據說，王莽在皇宮的櫃子裡，藏了六十箱的黃金，每箱重達萬斤，其餘還有數不清的金銀財寶，卻捨不得拿出來犒賞將士，只發給九虎侯每人四千銅錢。

九虎侯還沒出發，鬥智就已經喪失殆盡，與鄧曄、于匡軍隊交鋒，慘敗身死。鄧曄、于匡打敗了九虎，隨即迎接李松與申屠建的大軍入關。大軍長驅西進，勢如破竹，直指長安城。

長安附近的豪族，紛紛聚眾響應，自稱爲漢將軍，表示願意追隨，其聲勢如野火燎原，一發不可收拾。

此時，李松、鄧曄等人的軍隊，已經抵達華陰（今陝西省華陰縣）長安城下，四方民兵也都紛紛出現，他們聽說，還有一批更大的軍隊即將抵達，因此人心振奮，人人爭相入城搶頭功，同時搶奪那傳說中的金銀財寶。

王莽在城中，已經亂了方寸，他病急亂投醫，把監獄裡的罪犯通通放出來，發給他們鎧甲武器，並與他們歃血爲盟，與他們約定：「你們一定要效忠朕！如果作出對不起朕的事，你們必定會遭到上天所懲罰！」

更始將軍史諶，是王莽的岳父，史皇后的父親，他負責帶領這批囚犯軍隊，前去迎敵，可是這批囚犯就如同脫韁的野馬，管也管不住，走出長安不遠，到了渭橋邊，囚犯大軍一鬨而散，史諶只好空手而回。

城外，那些激憤的民眾，把王莽的祖墳挖開，焚燒他的父親、祖先的屍體與棺木，又放了一把火，將城外那些華麗雄偉的九廟明堂辟雍等等建築，一起焚毀，烈焰沖天，火光映照城內。

九月一日，宣平城門被攻破，兵民如潮水般湧入城中，大司馬王邑，率領著王林、王巡等將領，帶兵四處攔阻民兵攻勢，展開激烈巷戰。亂兵毫無紀律，被官軍所阻，就打家劫舍，殺人放火，城內如同人間煉獄，天色漸暗，城中的官府及住宅，都逃亡一空。

第二天，民兵繼續進攻，城內一些年輕人，也加入了民兵的行列，他們用斧頭劈開未央宮敬法殿的小門，大聲喝問：「反賊王莽何在？快快出來投降！」

大火迅速竄燒蔓延，延燒到後宮的承明殿，那裡是王莽長女，即那位漢平帝皇后的居所，她與王莽不同，忠於漢室，不滿王莽篡漢。眼見天崩地裂，仰天長嘆道：「我有何面目再見漢家天子？」說完，縱身跳進火海。

王莽來到未央宮宣室前殿避火，被頭散髮，狼狽不堪，火舌隨即跟蹤而至，許多宮人，哭哭啼啼，王莽怒道：「有朕在此，哭什麼？」他強自鎮靜，抱著玉璽符命，手持虞舜匕首，坐在天文官占卜出來最吉祥的方位，口中喃喃自語：「上天生德於朕，漢兵能奈我何？」

又撐過一夜。

到了第三天，天色微亮，宮外已經殺聲震天，左右扶著王莽，從宣室逃往白虎門，乘車奔向四面環水的漸台，希望能藉由水勢阻擋亂兵。

王莽已經神智不清，只抱著他的符命，喃喃自語。

大司馬王邑，連日血戰，左右士卒死傷殆盡，只剩下一些精疲力盡的殘兵，也跟著退到了漸台四周，剛巧遇見他的兒子侍中王睦，打算變裝逃走，王邑高聲制止：「我們父子承蒙皇帝大恩，如今皇帝有難，我們怎可以不效死保護皇帝？」於是，父子二人一同進入漸台，保護王莽。

民兵攻入皇宮，又高聲喝問：「反賊王莽何在？」到處搜尋，不見王莽蹤跡，有宮人指了指白虎門的方向道：「已經跑到漸台那裡去了。」

一大群人呼嘯著，隔著水池，重重包圍漸台，雙方互發弓矢，你來我往，不久，漸台上的弓箭射完，亂軍繞到台後，與守衛軍隊短兵相接。王邑父子、王巡等人，都在激戰中身亡，國師苗訢、太傅唐尊、王盛，也都被亂兵所殺，而民兵仍然找不到王莽的行蹤。

有個商縣出身的屠戶，名叫杜吳，也在亂兵之中殺進殺出，到處搶略。他在漸台後方，發現一道密門，推門而入，有間暗室，走入室內，看見一名古怪老人，手中抱著一些不知為何的物事，渾身發抖，口中叨叨唸唸。

「你就是王莽嗎？」杜吳高聲問道。

老人沒有回答。

杜吳不管那麼多，揮手就是一刀，將老人砍死，把他懷裡的古怪物事，全部搜走。正拿在手中把玩，迎面遇見了校尉公賓就，公賓就認出杜吳手中的其中一件東西，正是象徵天子地位的玉璽，連忙問道：「你這印璽是從哪裡得來的？」

杜吳隨手往小門指了指：「那兒。」

公賓就順著方向找去，看見王莽倒在血泊之中，便將王莽的頭顱割下。其他的人，也發現王莽的蹤跡，蜂擁而至，亂刀齊下，把王莽的屍體砍成碎塊。為了爭奪王莽的遺體邀功，他們甚至兵刃相向，又死了數十人。

公元二十三年，王莽死，享年六十八歲，新朝滅亡，立國凡十五年。

第三章：漢朝的守成與衰落

短短十五年，新莽就滅亡了。

王莽登基的時候，還是個天下太平的時代，到了新朝滅亡之時，又成了天下大亂，民不聊生的混戰景象。

各地的起兵者，似乎一時之間，將以更始帝劉玄作為他們的領袖，然而，更始帝實在一點作皇帝的樣子也沒有，最後，赤眉字綠林，也展開激烈的爭奪。

這場爭奪，後來以漢宗室劉秀的勝利告終。

劉秀胸無大志，卻極得人心，繼位之後，定都洛陽，恢復了大漢的旗號，史稱東漢。

名義上，漢朝的國祚延續了，實際上，東漢與西漢，畢竟有所不同。

想要恢復過去的大漢帝國，已經不大可能了。

昆陽之戰

南陽郡的舂陵，住著一群劉姓宗親，他們與皇帝的親屬關係已經很遠了，不過，倒也不失爲地方上頗具聲望的豪族。南頓縣令劉欽，是這一家族的族長，他生下三男三女，長子劉縯，次子劉仲，三子劉秀。劉欽很早就去世了，遺下的兄妹六人，由他們的叔父劉良撫養長大。

兄弟裡面，以大哥劉縯與三弟劉秀較爲出色。劉縯爲人豪爽灑脫，喜歡交朋友，在當地頗有名氣。劉秀相貌堂堂，個性溫和，循規蹈矩，安分地在家讀書種田。

劉縯的企圖心很早就展現出來了，他總是嘲笑劉秀：「像你這樣安分守己是很好，可是，現在是亂世啊！這樣怎麼能創立功業呢？」

劉秀每次聽著，總是微笑不說話。

他以前曾經去過長安，看見軍隊先導執金吾的威風八面，心中羨慕萬分，心裡覺得，這輩子能夠當上這種官，那眞是不錯；過了不久，他在新野姊夫家附近，遇見一位美貌女子，名叫陰麗華，讓他一見傾心，很希望能夠娶她爲妻，卻又不敢開口。

「仕宦當做執金吾，娶妻當得陰麗華！」他的平生志願，不過如此。

由於陰麗華就在新野，劉秀便常常藉口往姊夫家跑。

姊夫鄧晨好客，有一天在家中設宴招待親友，席間有位蔡少公，談起當時最流行的符命讖緯，說道：「我在關中的時候，經常聽說以後會友個叫做劉秀的人當天子！咱們的國師，不正是劉秀嗎？說不定以後他會變成皇帝呢！」

國師劉歆，本名就叫做劉秀，與春陵劉秀同名。

劉秀在一旁聽著，微笑道：「說不定當皇帝的劉秀是我哩！」

「就憑你啊？哈哈！別開玩笑了！」在座之人，全都笑得前仰後合，劉秀也跟著他們笑成一團。

幾年後，果然天下大亂，荊州一帶，綠林軍紛紛起事，劉縯素懷大志，眼見機不可失，便在家中囤積糧草，招納亡命之徒。官府經常派人前來搜捕，搞得劉家雞犬不寧。

劉秀不想隨兄長造反，收拾細軟，帶著一些稻穀，以做買賣爲理由，前往南陽郡首府宛城躲避。到了宛城，才知道天下大亂，沒有什麼地方是安全的。

在宛城，劉秀有兩個朋友，他們是兄弟，哥哥叫李通，弟弟叫李軼，是南陽地方的大戶人家。

「這種世道，你還想賣米呀？」李通笑著對劉秀道：「不被搶光就不錯囉！」

「唉！我又何嘗願意呢？」劉秀嘆道：「還不是我那老哥，整天在家裡說要起兵，弄得官府天天來抓人，家裡住不下去，要不然我也不會離家遠行啊！」

李通李軼相視一眼，李通道：「令兄所爲，未必不對啊！新莽禍國，人人得而誅之，値此亂世，正是英雄豪傑出頭的時刻啊！」

劉秀苦笑：「我可不想陪我老哥當什麼英雄豪傑！」

「可別這麼說啊！」李通道：「時勢造英雄，你又怎麼知道，自己不能在這亂世之中，嶄露頭角，成就一番偉大事業呢？」

「是啊！」李軼道：「你爲人向來謹愼，與你兄長聯合，一定可以號召不少人跟隨的。況且……」

「況且？」

「咱們家裡有親戚在長安，聽說最近出了一道讖文，說是『劉氏復興，李氏為輔』，說的是不是咱們，也未可知啊！」

經不起兄弟二人一再勸說，劉秀終於同意。他們並與劉秀的姊夫鄧晨相約，劉秀在舂陵，李通在宛城，鄧晨在新野，三地同時起兵。

劉秀與李軼一同回到舂陵，那時劉縯已經起兵，而劉氏宗親，大多抱持觀望態度，一見到素來安分守己的劉秀，竟然也開始自稱大將軍，勇氣倍增，紛紛投入他們的麾下，後經劉縯整編，約得七八千人，號稱柱天都部，並與新市軍、平林軍聯合，正式接起反抗新莽的旗幟。

這一年，劉秀二十七歲。

一開始，起兵並不順利，李通、鄧晨的舉事，都失敗了，兩人僅以身免，逃來舂陵投奔劉家兄弟。

得到新市平林軍的相助，舂陵子弟，準備進攻宛城，然而事機洩露，被南陽前隊大夫甄阜取得先機，在一場大霧中，兩軍相遇，一場混戰，舂陵兵大敗，二哥劉仲陣亡，姊姊劉元也死在亂軍中，劉縯與劉秀收拾殘兵，退守棘陽，新市兵與平林兵見舂陵兵失敗，為求自保，打算收兵回山。

劉縯正在爲難之時，聽說下江兵遭到納言將軍嚴尤與秩宗將軍陳茂所攻擊，從南郡轉進棘陽附近，五千多人馬，能征善戰，便與李通前往下江兵營，請求協助。下江兵首領王常一口答應，部下表示反對，王常道：「南陽劉氏，以興復漢室作爲號召，名正言順，我看劉縯等人，並非等閒之輩，將來必定有大作爲，有他們的帶領，必定成功，各位就不必多言了。」

王常在下江兵之間素有人望，他的命令，沒有人敢不聽。

而新市、平林兵看見下江兵願意幫助劉縯，聲勢大振，又轉而願意與之合作。有了強力的後盾，劉縯信心十足，決定再度對甄阜發動攻擊。

劉縯探聽清楚，甄阜大軍的糧草，存放在藍鄉，便派了一批部隊，趁夜奇襲，奪取了大批糧草輜重，於是士氣高漲，對甄阜軍發動猛攻，獲得全面勝利，斬首兩萬餘人。

嚴尤與陳茂聞訊，急忙前來支援，準備進駐宛城，全力對抗劉縯，結果在淯陽城下，與劉縯軍發生激烈戰鬥，陳茂、嚴尤敗逃，死傷兵卒三千餘人。

經此戰役，劉縯兄弟聲名大噪，進兵圍困宛城。這是地皇四年年初的事。

劉縯感覺到，如果要繼續獲得勝利，就必須要有統一的指揮權，不能再像現在一樣各自爲政，因此他提議，推舉一位人選，擔任他們的領袖。

在他心目中，自己就是領袖的不二人選。

下江兵的王常也支持他。

可是，新市兵與平林兵就不這麼想了。他們的軍紀渙散，向來隨便慣了，知道劉縯為人公正，治軍必定嚴格，他們不樂意看見這樣的結果。他們比較屬意的，是劉縯的另一位遠房族兄，號稱更始將軍的劉玄。

劉玄這個人，個性平庸，甚至有些儒弱，正符合新市兵與平林兵的要求，便共同推舉劉玄來當漢帝。

劉縯十分不悅，卻因為新市兵平林兵人多勢眾，難犯眾怒，因此說道：「各位能推劉姓宗親為盟主，我深表感謝，但是，如今天下紛擾，起兵者何止南陽一地？青、徐一帶的赤眉，聽說有數十萬，要是我們立了皇帝，他們也要立皇帝，到時候群帝相爭，只怕王莽還沒垮，我們已經先垮了！何不暫且先稱王，等滅了王莽，再上尊號不遲。」

下江兵出身的將領，大多同意這個看法，紛紛點頭稱是，新市兵平林兵方面的人，就大表反對。新市兵首領王鳳旗下大將張卬，拔出佩劍往地上砍，高聲喝道：「說要立頭目的是你，反對上尊號的也是你，一件事情，早已經決定了，怎麼能再這樣三心二意？」

劉縯無話可說。

劉玄受推舉為皇帝，年號更始，史稱更始皇帝。即位大典上，沒見過什麼大場面的他，緊張得直冒冷汗，很多人看在眼裡，都有點瞧不起這個皇帝。

不過不管怎麼說，至此，終於有了一支打著復興漢朝旗號的軍隊出現，他們自稱爲漢軍，用的是粗略的漢朝軍制，新市軍平林軍出身的將領，成爲軍中的骨幹。

劉縯被任命爲大司徒，劉秀則爲太常偏將軍。

成軍之後，士氣大振，更始皇帝命令上國公王鳳與劉秀率領一批隊伍，去攻打潁川地區，結果，這支軍隊勢如破竹，一路攻陷了昆陽（今河南省葉縣）、定陵（今河南省郾城縣西北）與郾城（今河南省郾城縣）。

王莽的反應很激烈，他派了大司空王邑銜令前往洛陽，調動屯駐在當地的司徒王尋大軍，並徵召附近各個州縣的民兵，合計四十二萬人，號稱百萬雄師。這支軍隊聲勢浩大，旌旗輜重綿延近千里，並且帶了許多虎、豹、犀牛、大象等猛獸助威，更以粗豪勇猛的長人巨無霸擔任壘尉。

王邑、王尋領著大軍南下，與嚴尤、陳茂的大軍會合，並以排山倒海的態勢，攻向王鳳劉秀駐紮的昆陽。

昆陽漢軍，人心浮動，全部退進城內，緊閉城門，甚至想要各自逃命。

劉秀對著那些憂慮惶恐的將領們說道：「如今敵眾我寡，城裡的糧食也不夠，可是，如果同心協力，或許還有一絲希望！假如大家都不肯抵抗，只想分散逃命，到時候一定被個個擊破。如今，宛城還沒有攻破，我大哥無力增兵來救，昆陽假如失陷，各路人馬休想保全性命！難道，你們只想保全妻兒身家，不想建功立業嗎？」

「你以爲你是誰啊？敢說這種大話！」

城裡只有八九千人，敵人卻號稱百萬，實力太過懸殊，劉秀的話，當然會被認爲是大話。

劉秀被罵，沒多說什麼，笑著走出帳外。

忽有探子來報：「新莽前鋒已到城外，大軍壓境，只見其首，不見其尾！」

所有將領慌成一團，有人道：「剛才劉秀不是說得信心十足嗎？把他找來，看他有什麼辦法！」

王鳳乃派人請回劉秀，詢問計策。

劉秀道：「敵人雖號稱百萬，實際上虛張聲勢，將領之間並不能同心協力。我軍欲一戰得勝，就必須要上下一心，如果與定陵、郾城守軍聯絡，裡應外合，必可成功！」

這話說得空泛，大家都不大願意相信，不過由於情況危急，一時之間也別無他法，只好採納他的說法。

「現在，必得有人冒險出城，與定陵郾城聯絡。」王鳳朝部下之間掃視一眼，問道：「諸君誰願意去？」

人人面面相覷，不敢回話。

劉秀道：「末將願意趁夜殺出城去，前往兩地調發援軍。」

「嗯……就這麼辦吧！」王鳳停了停，說道：「李軼，你跟著一起去，保護偏將軍。」

李軼道：「是！」

那李軼與其兄李通本爲劉氏兄弟好友，然而如今已逐漸偏袒新市平陵一方。王鳳派他同去，名爲保護，實爲監視。

劉秀何嘗不知？卻也不說破，便趁著夜裡，率領李軼等十二騎，直奔定陵郾城。兩地留守將士，貪戀財物，不願意發兵。劉秀一點也不吃驚，誘之以利，說道：「你們如果願意一試，擊敗了敵人，將來打進長安，那金銀財寶何止萬倍？今天你們如果爲了眼前的一點小利益，不願發兵，到時候連腦袋都保不住，守住這些財寶要幹什麼？」

守軍聽了劉秀的話，覺得很有道理，乃拔營而起，跟隨劉秀前往昆陽。

六月，劉秀的援軍來到昆陽城外，他自己率領千餘兵馬擔任前鋒，在距離王邑王尋大軍四五里處，布下了陣式。

王邑方面，決定全力攻城。

起初，嚴尤曾經勸說王邑道：「這昆陽城雖小，可是我看倒是堅守得頗爲完備，若要強攻，只怕損傷不小。倒不如直接轉往宛城，集中兵力，把那僭號稱帝的反賊一舉擒住，則昆陽必可不攻自破。」

「將軍，想當年我曾奉命討伐叛徒，只因爲沒能生擒敵將，因而被朝廷斥責。今日且看我血洗昆陽，一報當年之恥！」

他一面下令大軍緊密包圍昆陽，一面積極準備攻城。

小小一座城池，被包圍得水洩不通，金鼓之聲震徹天際，萬箭齊發，射入城內，城中守軍，死傷狼籍。王鳳堅守得異常辛苦，也不顧先前與劉秀作了什麼約定，射出一封降書，請求王邑罷兵。

「大司空，既然叛賊已經願意投降，就應該放緩攻擊啊！」嚴尤道：「兵法書上說，圍城攻擊，必定得要給敵人留一條生路，要不然，敵人的反擊是很可怕的！」

「哈哈！將軍也忒膽怯了。」王邑笑道：「我軍人數，多於敵軍百倍，就算那些毛賊困獸之鬥，又能動得到我軍的一根汗毛嗎？」

他嚴令大軍，加緊攻擊。

忽然有戰報傳來，說敵軍已有援軍，從郾城定陵方向趕來。王邑問道：「人數多少？」

「不到兩千。」

「哈哈！不到兩千的人馬，能叫援軍嗎？傳令下去，調撥五千兵馬截擊！」

結果這五千人馬，被不到兩千人殺得四散潰逃。

敵人的「困獸之鬥」，顯然已經展開。

援軍的將領，就是劉秀。

劉秀領著前鋒，奮不顧身，一馬當先，僅他一人，便斬首敵將數十名。跟在一旁的戰士都看傻了眼，相對嘆道：「平常看劉秀溫文儒雅，遇到小股的敵人，也往往畏畏縮縮，可是今日大敵當前，卻反而如此勇敢，這眞是奇怪啊！」

「什麼奇怪，這正是大勇的表現。眞正的勇敢，只有在面對最強大的敵人之時，才能展現得出來。」

將領們對於劉秀佩服得五體投地，跟隨著他，奮力殺敵，殺死新莽軍千餘人。王邑、王尋被迫後退，劉秀再度發動攻勢，城中也派了援軍前來接應，乘勝追擊，連戰皆捷，直逼新莽軍中軍本陣。

這時候，宛城方面的戰況已傳捷報，劉縯早在三天前就已經攻下了宛城，只不過這時劉秀並不曉得。爲了激勵士氣，他謊稱劉縯已經率領大軍，全速趕來，還僞造了一封書信，故意掉落，讓王邑等人拾獲，惹得他們人心惶惶。

劉秀此時的兵馬經過增援，約莫三千，他們從城的西邊，沿著小河邊上一直衝進王尋的陣地，那態勢如同餓虎撲羊，銳不可當，王尋雖有爲數眾多的大軍，卻根本排不出陣式。

王邑、王尋急忙披起戰甲接敵，奈何營外亂成一片，人馬廝殺之聲鼎沸，刀光血影，無論如何也壓制不住。

城中守軍見狀，歡欣鼓舞，立即隨著吶喊的吼聲，開城廝殺。

王邑帶來的那些虎豹猛獸，被雷一般的吼聲嚇得驚駭萬分，四下亂竄，踩死了許多士卒。而大司徒王尋，也在這場混亂之中戰死。

新莽軍謠言遍傳，誰也不相信四十二萬大軍可以被三千人殺成這付模樣，人人都說漢軍已有大批援軍抵達，也不知道數量究竟有多少。他們陷入恐慌，沒命地逃跑，互相踐踏而死之人，難以估計，到處屍橫遍野，更多人溺死在昆陽城旁的河裡，河水都流不動了，景象無比悽慘。王邑、嚴尤和陳茂，踩著部下的屍體，渡水逃生，四十二萬大軍，全軍覆沒，丟棄的糧草輜重，讓漢軍整整一個月都搬不完。

這場昆陽之戰，打響了劉秀的名聲，也讓漢軍的威名更盛。自此之後，各地豪傑，聞風前來歸附，許多地方官員，也都舉起反叛新莽的旗幟，以漢將軍自稱，奉更始皇帝爲正統。

劉秀趁機向北推進，替更始皇帝打下了許多城鎮，也替他自己，尋覓到不少人才。可是也就在這個時候，漢軍的內部，卻爆發了嚴重的衝突。

自從更始帝登基，漢軍陣營就形成兩個壁壘分明的派系，其中一派支持皇帝劉玄，另一派卻擁護大司徒劉縯。

劉縯的個性豪邁不羈，容易招人妒忌，當初擁立更始，劉縯心中不服，誰都看在眼裡，卻沒有人敢正面與他衝突，因爲他屢立戰功。劉縯的部下，都覺得劉縯才是皇帝的人選，絲毫不把那懦弱無能，當起皇帝卻比誰都威風的更始帝劉玄看在眼裡。

「劉玄那老兒算個什麼？」劉縯的一名心腹劉稷說道：「當初起兵的，是南陽劉家兩兄弟，憑什麼輪到一個名不見經傳的劉玄來當皇帝？」劉稷爲人粗直剛猛，性情暴烈，說起話來口無遮攔：「讓我們的大司徒輕輕一指，就可以把那個坐在皇帝寶座上自以爲了不起的劉玄，像螞蟻那樣捏死！」

這種說法傳進了劉玄的耳朵，令他憤怒異常，便趁著朝會之時，當眾質問，劉稷本來就瞧不起劉玄，竟然在朝堂之上，與皇帝吵了起來。

一旁諸將實在看不下去，上言道：「劉稷口出不遜，乃大不敬之罪，理應處斬！」

「好！我……朕今天一定要正王法！」更始帝厲聲道：「來人哪！將劉稷逆臣，推出帳外，斬首示眾！」

「且慢！」劉縯跳了出來，高聲說道：「這種時候，爲了這種理由，斬殺功臣，怎麼是個皇帝應該有的樣子？」

「你說什麼？你……你……」更始帝氣得要命，卻說不出話來。

李軼、朱鮪等人，趁機在一旁悄悄進言：「這劉縯功高震主，留在軍中，遲早是個禍患，不如趁這個時候，一併剷除！」

大約是此時更始帝四周，多爲新市、平林出身將領，沒有人再願意爲劉縯等人說話，因此，劉縯便與劉稷一同被推出門外殺害。劉縯空下來的大司徒地位，以另一位宗親劉賜繼任。

劉秀接獲報告，悲痛異常，此時，他的軍隊正屯駐在父城，一些與他親近之人，紛紛勸他反叛，他卻沒有說什麼，帶著部下，從前方趕回宛城，晉見更始帝，代替兄長認罪。
對於一些前來弔祭的臣屬，劉秀從不與之深談，只是一再檢討自己的過錯，對於昆陽之戰立下的大功，隻字不提，言行舉止毫無異常，甚至還在宛城，迎娶了他夢寐以求的美女陰麗華，一副打算要在更始帝身邊久居，安家立業的模樣。
更始帝看了劉秀的表現，反而覺得愧疚，爲了安撫他，冊封他爲破虜大將軍，並且加封爲武信侯。
實際上，眼尖的人不難發現劉秀悲痛的心情，當他吃飯的時候，總是拒絕吃肉喝酒；每當夜闌人靜之時，則是涕淚縱橫。他之所以對更始帝恭順，只不過是因爲自知實力不如人的緣故。
總有一天，他要有所作爲。
六月間的昆陽之戰，事實上已經瓦解了新莽軍的戰力。嚴尤、陳茂戰敗，不敢回長安，無路可走，只好投奔汝南起兵的前鍾武侯劉望。七月，隴西人隗囂自成紀起兵，集結十萬大軍，連下安定、武都、金城、武威、張掖、酒泉、敦煌各郡，盤據西方，聲勢浩大；茂陵人公孫述，佔領成都，自稱輔漢將軍、蜀郡太守兼益州牧，佔領四川地區。
王莽在函谷關以東，只剩下洛陽一地，由太師王匡與國將哀章鎮守，八月，更始旗下的王匡，揮軍攻打洛陽；西屏大將軍申屠建與丞相司直李松攻打武關，九月進入關中，殺死了王莽，新朝覆亡。

王莽的頭顱被送到宛城，更始帝看著，嘆道：「如果這老頭不禍國篡位，他的功名豈在霍光之下，也不會落得今日的下場。」

愛姬韓夫人笑道：「如果他不篡國，就不會有今日的陛下呀！」

洛陽的哀章與王匡聽說長安失陷，開城投降，均遭斬首；汝南地區的劉望，也被更始手下的奮威大將軍劉信所擊敗，關中地區，大略底定，於是決定遷都洛陽，以劉秀爲司隸校尉，先行安撫地方，修整宮殿。

先前，更始軍攻進洛陽的時候，迎接的百姓看見諸將經過，衣著不整，出言不遜，十分失望，今日看見司隸校尉的軍隊進城，官員彬彬有禮，儀容莊嚴肅穆，當地的一些老官吏看了，感動得流下眼淚，說道：「不圖今日復見漢官威儀！」因而心生傾慕之意。

在洛陽的這段時間裡，劉秀積極收買人心，得到了人們的尊重，更得到了許多人才。這時候開始，劉秀已經在著手布置他的遠大計劃了。

漢光武帝

更始入洛陽，並不曉得應該要收拾人心。原本從屬於赤眉軍的樊崇，見更始軍消滅王莽，也放下部眾，率領二十多名將領，來到洛陽謁見天子，更始卻只將他封爲列侯，既不給予兵權，也不賞賜采邑。樊崇等人忿忿不平，一怒離去。

其實更始帝從頭到尾，都只是個魁儡，擊敗王莽之後，不論有功無功，一律前來向他邀功，他只能一一應允，大封宗室功臣為王，後來還在要脅之下，從洛陽轉入長安，遷都於此。

進了關中，看見了真正的帝王之都，更始帝及其部下的表現，就更糟糕了，他們各自佔領宮殿作為居所，享用著王莽所遺留下來的金銀珍寶；更始帝更是進入了溫柔鄉，後宮佳麗，全部接手，終日醉臥其間，不理政事，而他所任用的官員，也都作威作福，魚肉鄉民。

朝中人士不滿，關中百姓也不滿，心想以前王莽政令雖苛，至少還有點樣子，可是如今來的這批人，一個個獐頭鼠目，直與流氓無異，遂做了首歌諷刺這個新建立的朝廷：

灶下養，中將郎；爛羊胃，騎都尉；爛羊頭，關內侯。

不過這種種作為，倒是給了劉秀一個很好的機會。更始帝聽說河北地方局面混亂，準備派出一位心腹大將前往經略。大司徒劉賜，竭力保舉劉秀，因此更始帝便任命劉秀為破虜將軍行大司馬事，持節前往河北。

河北地區在這些年來始終較接近赤眉軍的勢力範圍，卻是誰也不聽，劉秀到後，廣泛接觸各級官吏，重新申理獄囚，從輕發落，廢除王莽時代的苛政，恢復漢朝時代的官吏與地名，種種行動，均極得民心，百姓歡聲雷動，牽著牛羊，捧著酒漿，前來犒賞迎接。

一切局面似乎大好，卻在這時，起了變化。邯鄲城內，有一個卜卦的，名叫王郎，他在河北宗室劉林的策動之下，告訴別人，其實他的名字不叫王郎，而是叫做劉子輿，乃是漢成帝的親生骨肉。他的母親是漢成帝宮中的歌女，生下了他，為恐遭到毒手，乃私藏在民間。如今，事過境遷，他終於可以出來表明身分了。

消息傳出，竟有許多人相信。更始元年十二月，劉林引了車騎百乘，擁立王郎在邯鄲即位為天子，劉林自己擔任丞相，河北郡縣，紛紛倒戈。

好不容易平穩了一點的局面，一下子又動盪起來，邯鄲與長安，展開對立，劉秀的處境，極為尷尬。

更始二年，公元二十四年，王郎下令捉拿劉秀，劉秀退往幽州治所薊城，這時，薊城之中又有宗室劉接起兵，揚言歸附王郎。城中大亂，劉秀與他的部屬無法繼續停留在此，只能變裝易容，匆匆南下。

天色已晚，他們不敢走大路，專找偏僻小徑，落荒而逃，走了幾日，來到饒陽縣境（今河北省饒陽縣東北），坐下喘息，飢腸轆轆。屬下馮異，找了一碗豆粥，獻給劉秀。劉秀並不推辭，接了過去，咕嚕咕嚕地喝完。

那一夜，一行人過得痛苦不堪，只有劉秀，依賴著那碗豆粥，還能保持著清醒的頭腦，對屬下道：「我有一計，可管各位溫飽！」將計策與眾人說了，眾人點頭撫掌叫好。

第二天中午，劉秀一行人整理衣冠，氣宇軒昂地踏進饒陽縣的傳舍，那裡當差的官吏，正在吃午飯，問劉秀是誰，劉秀自稱是邯鄲來的使者，並且高呼：「咱們大老遠的從邯鄲趕來，肚子餓扁了，你們快去準備好吃的端上來！」

官吏們不敢怠慢，連忙請他們上座，囑咐廚子端出好酒好菜。一行人餓了數日，美食當前，顧不得形象，據案大嚼，狼吞虎嚥，把食物吃得風捲殘燭，一乾二淨。

舍吏在一旁看著他們的吃相，心中疑竇頓生，心想邯鄲乃北方大城，從邯鄲來的使者，就算肚子再餓，也不該對他們這鄉下地方的粗食，吃得如此津津有味，於是從門外高喊道：「邯鄲將軍駕到！」

眾人都嚇得肝膽俱裂，立刻想要奪門而逃，劉秀也不例外，但他腦筋動得快，心想哪有邯鄲將軍會沒有名號，直接稱呼邯鄲將軍的？於是安撫部下，不動聲色，等舍吏前來轉達，便說道：「我乃皇帝使者，是哪一位將軍來了？請他入內相見！」

過了半天，沒有動靜，劉秀等人從容而去，臨去前，劉秀還不忘將舍吏們的熱誠招待誇獎一番。

那時正是隆冬時分，他們冒著風雪，來到滹沱河畔，沒有渡船，只好冒險從結了冰的河道上通過，勉強渡河。又趕了幾日，在冰雪茫茫間，迷失了方向，只好向人問路，那人順手一指：「再往前面幾十里路，就是信都城。」

劉秀猛然想起：「信都太守，不是任光嗎？他是南陽人，看在故人情面上，總會接濟我們吧？」於是與眾人奔往信都，投奔任光。

果然任光還是支持著更始帝，知道劉秀前來，連忙迎接，奉爲上賓，而當地百姓，也都早已風聞劉秀大名，熱誠歡迎。

劉秀稍作休息，與任光談起附近局面，才知道不遠的和城太守邳彤，也不願奉王郎號令，連忙派人通知，邳彤聞訊，立即前來相會。

「兩城兵少，固守尚可，難以長久，必須徵發兵卒！」

他們從附近各縣，徵調了兵卒四千人，有了基本的武力，不久，鉅鹿地方的豪族劉植、耿純等人，也都率領了宗親子弟，前來歸附，劉秀軍隊，迅速擴展到數萬人，實力大振。

劉秀並不急於攻城掠地，乃是苦心經營，向下扎根。爲了進一步與當地豪族結合，他還娶了眞定地方的豪族郭氏的女兒爲妻。後來，上谷太守耿況、漁陽太守彭寵，率領著他們聞名天下的突騎兵，一戰攻下了薊城，接著又佔據了數十個縣，消滅了王郎的部眾三萬多人，然後前來謁見劉秀。

劉秀大喜，便將突騎兵編制完成，率領大軍合力圍攻鉅鹿。

鉅鹿守將王饒堅守城中，王郎又派遣大將倪宏劉奉率領數萬兵馬增援，劉秀久攻鉅鹿不下，耿淳於是建議道：「攻打鉅鹿，曠日廢時，士兵必定疲憊，乾脆我們集中兵力，去打邯鄲！那王郎早把主力都調來鉅鹿，邯鄲必定空虛，若一舉攻陷邯鄲，鉅鹿城則可以不攻自破。」

劉秀覺得有理，便留將軍鄧滿繼續包圍鉅鹿，自己親率主力，攻打邯鄲。

邯鄲城的牆垣高大，可是沒有重兵駐紮，絕對不是劉秀的對手，果然不久，王郎就支持不住，派了手下大夫杜威前來請降。

杜威道：「請你姑且看在我主是成帝遺孤的份上，放了我們一馬吧！」

劉秀不肯答應，傲然道：「局面成了今天這般模樣，就算成帝復生，也無力回天，何況是個冒充的傢伙！」

杜威又道：「將軍執意如此，小臣無話可說，只請將軍能高抬貴手，封我主為萬戶侯。」

「萬戶侯？」劉秀嗤之以鼻：「我能饒他一命就不錯了，還想來痴心妄想？」

談判破裂，劉秀加緊攻擊，圍攻二十多天，終於破城。王郎棄城而逃，被追殺而死，劉林也在城破之時身死，邯鄲城破，鉅鹿隨之投降。

劉秀進了邯鄲城，指揮安頓，有人報告，在王郎宮中，搜出一批文件，乃是當初王郎稱帝之時，劉秀的部下與之私相往來的書信。「有好幾千件哪！」報告的人說道。

劉秀收下了文書，將所有部下叫到跟前，當眾放了一把火，把那些書信燒掉。他向眾人掃視一眼，沉穩地說道：「過去的事，已經過去了，只要你們以後，好好為我效力就行了。」

人心安穩，皆誓死效忠劉秀。

更始帝聽說劉秀消滅王郎，平定河北，開始的時候，十分高興，可是隨即又擔憂起來，便策封劉秀為蕭王，囑咐他與有功將領，一同回到長安入朝晉見。

劉秀接到旨意，起先有些爲難，他明明知道，更始召他入朝，不懷好意，說不定會像當初對待他哥哥劉縯那樣，一刀將他殺了，然而，皇帝的命令，如果不聽，就等於擺明了要與更始決裂，反覆思索間，在部下的勸說之下，決定不要聽奉更始的命令，以河北地區尚未平定爲理由，拒絕入朝，以河北爲根據地，正式與更始帝分道揚鑣。

此際黃河南北，尙有無數割據勢力，他們或以軍容強盛爲號召，或以山川地形爲名，不勝枚舉，其中以銅馬軍的聲勢最爲強大。

王郎消滅以後，銅馬、大彤等等與土匪相似的民軍，大舉流入河北，多達數十萬之譜，爲了與他們對抗，劉秀派員調發幽州十郡的突騎，隨即大舉進攻銅馬，陶館一役，大破銅馬，後來銅馬勢力復盛，劉秀又在蒲陽與之決戰，銅馬終於不敵，全軍投降。

這一投降可不得了，劉秀帳下，突然多出了幾十萬人，然而，他們並不能那麼快就與劉秀原本的軍隊相容，銅馬兵卒，人人自危，官軍對他們也很不放心，二者之間，經常爆發小規模的衝突。

爲了讓銅馬兵卒放心，劉秀讓他們各自回到自己的營寨，隨即輕裝簡從，親自前往每一個營寨去，慰問官兵，他的態度親切，對待下屬，如同父親對待兒子，把這一夥原本是盜賊的兵卒，感動得落下淚來，紛紛說道：「蕭王對待我們，如此推心置腹，我們怎麼能夠不爲他效命呢？」

大家都對劉秀心悅誠服，死心塌地，劉秀放心地將他們收編，分配到各個部隊之中，而他的實力，一下子暴增到數十萬人，成爲一股極爲強大的勢力，關西的百姓，都將劉秀稱之爲「銅馬帝」。

實力雄厚的劉秀，在河北地區東征西討，剿滅了當地的土匪勢力如大彤、鐵脛等等，並且掃除了更始帝留守在河北的殘餘勢力，收編了更始的河內太守韓歆、宛城守將岑彭等人，劉秀算是徹底與更始帝翻臉了。

與此同時，青、徐一帶的赤眉軍，分爲兩股，攻陷了長社與陽翟，經由武關與陸渾關，兩路殺進關中。劉秀覺得，以更始帝在關中的胡作非爲，必定抵擋不住赤眉軍的攻擊，這正是一個天大的好機會，只可惜東方的局面，容不下他親自分身去攻關中，因此，他派了最得力的部下鄧禹，以前將軍身分，帶領精銳部隊兩萬，尾隨赤眉而行，伺機進入關中。又派遣馮異佔領孟津（今河南省孟津縣東北），攻打洛陽，與駐守在當地的朱鮪、李軼相抗。

更始三年，公元二十五年初，劉秀繼續留在北方，討伐尤來、大槍、五幡等軍，由於進軍十分順利，劉秀一時之間起了輕敵之心，孤軍冒進，結果在順水北岸一戰，遭到敗績，若不是幾名勇敢的部下奮死保護，劉秀幾乎性命不保。他搖頭嘆道：「如果在這種地方戰死了，我劉秀豈不是遭到天下人恥笑嗎？」

回到本陣，重新整編，繼續進兵，艱苦奮戰了好幾個月，一路把敵人追擊到遼東，敵人全部被烏桓人所消滅，河北地區，終於再也沒有值得擔心的敵人。

劉秀率眾回師，一到中山，便聽說更始帝遭到赤眉軍所擊敗，長安情況不明，不過人人都知道更始帝的朝廷即將不保，因此，諸將紛紛開始勸說劉秀稱帝。

劉秀搖了搖頭，道：「當初，諸將準備擁立更始帝時，我兄長即表示反對，後來果然證明，早早稱帝，只會惹來更多攻擊！」率軍繼續向南返回。

到了南平，將領們又來勸進，劉秀很生氣地斥退了他們。這時，耿純前來晉見，對他分析道：「諸位將領都是地方豪傑，他們之所以離鄉背井，跟隨大王出生入死，不就是為了要攀龍附鳳，建立功業嗎？如今大王一再辭讓，不願繼承大位，只怕底下的將領們覺得將來沒有希望，興起了求去之意，人心一散，可就再也喚不回來了啊！」

劉秀一怔，沉默良久，揮揮手對耿純說道：「你先下去吧，讓我好好想想！」

耿純把劉秀心意動搖一事，傳達給將領們知悉，於是他們更為積極地計畫，一定要推舉劉秀稱帝。

大軍推進至鄗縣，忽然來了一位劉秀年輕時候的同學儒生，帶來一份圖讖，名為「赤伏符」，內容寫道：

劉秀發兵捕不道，四夷雲集龍鬥野，四七之際火為主。

意思是說，從漢高祖建國起，直到劉秀舂陵起兵，一共經過二百二十八年，四七二十八，今年新皇帝正好應當繼承大寶。

群臣高呼萬歲，紛紛說道此乃天意，劉秀實在不應拒絕。

劉秀年輕的時候曾經遊學長安，本身對於這些符命讖緯的東西也十分相信，覺得這既然是天意，如果繼續推辭，只怕會遭天譴，因此就在鄗城，命人設立祭壇，昭告天地，繼承皇帝位，改元為建武，國號仍為漢，是為漢光武帝。

洛陽方面，也在此時傳來捷報。

馮異受光武帝命令，在洛陽城中，散播謠言，說城中守將李軼與馮異，本為故交，兩人之間，常有書信往來，李軼經常表示意圖投靠光武方面云云，惹得另一個守將朱鮪大為憤怒，派人把李軼刺死，洛陽城人心渙散。

七月，光武帝拜鄧禹為大司徒、王梁為大司空、吳漢為大司馬，八月，駕臨河陽，派遣吳漢、王梁，協同馮異等十一員大將，圍攻洛陽，朱鮪拚命死守，藉著洛陽城池堅固，兩個月攻打不下。

漢光武帝知道部下岑彭與朱鮪曾經是主從關係，便命岑彭前去勸降。

岑彭來到洛陽城下，求見朱鮪，對他說道：「當初若不是得到先生您的提拔，我也不會有今日成就，如今天下大局已定，先生還在為誰冒死守城呢？」

朱鮪嘆道：「足下有所不知，當初謀害劉縯，我是有份的，而更始帝要派蕭王前去河北的時候，我也曾經竭力勸阻……我哪裡敢投降呢？」

岑彭將事情回報漢光武帝，光武表示，只要朱鮪願意投降，不但過去的事情既往不咎，而且還要保證他的官爵利祿。朱鮪本來還懷疑漢光武帝使詐，派人從城頭上，垂了一根繩子，對勸降使者岑彭道：「你如果眞的有誠意，就從繩子爬進來，咱們好好談談！」

「如此甚好！」岑彭想也不想，抓住繩索，便要往上攀爬。

「好了，你不用上來了。」朱鮪道：「我不過試試你的誠意……你且回去，待我仔細思量！」

五天以後，朱鮪獨自出城，前往岑彭營帳，表示願意投降。漢光武帝十分高興，信守承諾，招納全城將士歸降，拜朱鮪爲平狄將軍，封爲扶溝侯。接著便率領大軍，駕車進入洛陽，將此地訂爲國都。

這是公元前二十五年，漢光武帝建武元年十月的事。中國歷史上的東漢，正式建立。

掃平群雄

東漢初建，局面仍舊混沌不明，當漢光武帝在河北稱帝即位的時候，益州巴蜀一帶的公孫述，也稱帝於成都，一時之間，天下竟有三個皇帝。除此之外，還有李憲割據穎川、劉永佔領睢陽、董憲盤據東海、張步據有瑯琊、秦豐佔有黎丘、田戎割據夷陵，此外尙有西方天水的隗囂與河西地區的竇融，彼此之間互相攻伐，情況比王莽末年還要混亂。

赤眉軍進入關中之後，長驅直入，並且沿途招納，像滾雪球一般越來越多人，更始帝屢派大軍征剿，全部失利，損傷三萬多人。更始三年正月，赤眉軍主力來到弘農華陰一帶，有徒眾約三十萬人，聲勢浩大，卻分爲三十個營，相互之間沒有什麼統屬關係，組織散漫。

有人勸說赤眉頭目樊崇道：「我軍擁兵數十萬，眼看就要攻下長安，卻始終沒有一個大義名分，如何能成就大事？不如尊立一位宗室，以正視聽。」

「好得很！」樊崇道。

他們在軍中找出了七十多個劉姓宗室後裔，其中有三個爲近支，分別是前西安侯劉孝、劉茂與劉茂的弟弟劉盆子。

「三人之中，似是西安侯比較有點樣子，另外兩位，實在有點……那個不太成話……」部下們說道。劉茂與劉盆子都是赤眉軍中的小嘍囉，沒有什麼地位可言，平常都做一些打雜的工作。

「是不是眞命天子，可不是我們這些凡夫俗子所能夠決定的！」樊崇道：「探扎吧！」

所謂的探扎，就是抽籤。三人輪流探扎，結果是年紀最小的劉盆子抽中，那時他才十五歲，之前在軍中是個牧牛童，一身破爛，蓬頭垢面，卻被擁到高台上，眾人對著他高呼萬歲，搞得他莫名其妙，嚇得要哭。

劉盆子心不甘情不願地成爲皇帝，推舉徐宣爲丞相，樊崇擔任御史大夫，一個草率的朝廷就這樣建立了。

赤眉軍隨即揮軍長安。

漢光武帝先前派遣鄧禹率領尾隨赤眉進入的漢軍，也在攻佔了許多城市之後，兵臨長安城下。

長安限於遭到南北夾攻的窘境，城中諸將，紛紛勸說更始帝棄城逃亡，更始帝卻不肯，部下人心各異，城內城外戰成一團，後來因為張卬、王匡投降了赤眉，開城迎接，那赤眉大軍，便如潮水一般進入長安。

更始帝投降，暫時沒有被殺，改封為長沙王，由將軍謝祿負責監視。

這伙人靠著打家劫舍起兵，沒什麼明確的政治目標，雖然立了皇帝，有了朝廷，行徑卻仍與土匪無異。他們根本不把小皇帝劉盆子放在眼裡，上朝之時，相互爭功，往往一言不合，便大打出手；地方上準備進貢給朝廷的東西，也往往還沒送到，就被搶略一空。

老百姓嚇得躲在屋內，緊閉窗戶，不敢出門。長安一帶的百姓實在可憐，當年，王莽苛政如虎，人們思念漢朝，好不容易來了一個以漢朝自稱的更始皇帝，卻讓人民大為失望，紛紛懷念起王莽來，等到赤眉軍入城，到處劫掠屠殺，慘無人道，人們又開始懷念更始了。

於是就有人，打著更始的旗號，起來想要與赤眉作對，重新將更始擁上皇位。

這一來等於宣判了更始帝劉玄的死刑，張卬聽說民間有這樣的風聲，便命令負責看管劉玄的謝祿，把劉玄給殺了。這劉玄才具平庸，從來沒有真正的掌握大權，除了耽於享樂之外，並沒有多大的罪過，卻落得如今的下場。

式侯劉恭，乃是劉盆子的大哥，當初赤眉立劉盆子爲帝時，劉恭並不在軍中，他是個有見識的人，知道赤眉這樣胡搞下去，遲早必定失敗，恐怕將要惹禍上身，便教了劉盆子一番話，請他交還皇帝的印璽，便在上朝之時，率先發言：「諸位將軍擁戴我兄弟當皇帝，我們十分感激，可是這一年之間，局面並未好轉，反而更爲混亂，證明我兄弟沒有能力完成大家的託付！希望各位將軍准許我兄弟退位，另外尋覓適合的人選，請諸位將軍成全！」

首領樊崇帶著歉意說道：「這都是我們的錯！」

也有人高聲叫罵道：「這件事與你有什麼相干？」

劉恭狼狽退出，劉盆子從寶座上跳起來，把握在手中的印璽摔到地上，執意不肯當皇帝，哭著道：「你們讓我當皇帝，不就是爲了有官可當，風光風光嗎？現在你們還要當土匪，人民都怨恨我呀！等到有一天局面難以收拾了，你們必定會把我拿去抵罪，我求求你們，放了我一馬吧！」

參加朝會的人們，都覺得十分愧疚，大家連忙離席，叩頭對劉盆子道：「這都是我們的錯，請陛下原諒！以後我們一定奉公守法，絕不造次！」把劉盆子抱回寶座。劉盆子掙扎哭嚎，卻是身不由主。

諸將各自回營，仔細思量，深覺慚愧，於是嚴加告誡士卒，不得再四處擾民，一時間，關中三輔地區，竟然秩序晏然，百姓們漸漸返回，市面上也繁榮了一些。不料只過二十幾天，這群土匪的本性又露了出來，再度開始燒殺搶略，變本加厲，到後來，把一座長安城裡的糧食全部吃光，百姓也逃亡殆盡，他們又聽說西北地區富庶，於是帶著搶來的財寶，放了一把火燒掉皇宮，幾十萬人，丟下長安，往西北流竄而去。

鄧禹此時領兵在外，卻已被漢光武帝封爲大司徒，那時他才二十多歲，意氣風發，想要建立功業，聽說赤眉軍敗走，乃趁機南下，進佔長安。他派人祭祀宗廟，把西漢諸帝的靈位，送往洛陽，卻由於長安一帶太過荒涼，大軍無法屯駐，只好在渭河北岸的雲陽屯田。

長安附近，成了無人駐守的眞空地帶。

赤眉軍竄往西北，被當地的隗囂所阻擋，中途又遭遇了大風雪，凍死了許多人，他們見西北難以發展，只好又流竄回關中，沿途挖掘皇陵，盜取金銀財寶，來到長安，與渭北的鄧禹對峙。由於關中缺糧，鄧禹的情況並不好過，幾次短兵相接，都以失敗告終，士氣日漸低落。

深明戰略的漢光武帝，在洛陽得知消息，瞭解單憑鄧禹，並無法平定關中，於是派了偏將軍馮異，擔任征西將軍，前往關中，接替鄧禹的位置。並且派人修書給鄧禹：「窮寇莫追！赤眉糧食不濟，必定會東出函谷關，到時候我軍再以逸待勞，必定可以殲滅他們！你不必憂慮，千萬不要任意發動攻擊！」

後來赤眉軍的動向果如漢光武帝所料，關中地區，他們待不下去了，又放棄長安，往關東進發。漢光武帝派遣部下埋伏在赤眉的必經要地，兩面夾攻。

可是，鄧禹因為之前的失敗，心有不甘，力圖扳回顏面，乃在回軍之時，與馮異相約，共擊赤眉。只是，鄧禹的部下飢餓許久，完全沒有戰力，與赤眉遭遇，被殺得慘敗，鄧禹只剩二十四騎保護，落荒而逃，回到漢光武帝面前，慚愧地捧著大司徒的印信，對光武帝道：「臣罪該萬死，沒有臉面得此厚賞！」

漢光武帝雖然有點生氣，不過念在鄧禹過去的功績，並沒有對他太過責備，只道：「以後再戴罪立功吧！」

馮異這邊，決定使出欺敵之術，他命令部下扮成赤眉的模樣，埋伏在山道之旁，再與赤眉軍決戰，戰了一天，打到埋伏地點，伏兵衝出，混進赤眉陣營中。赤眉軍看見自己的人馬竟然相互廝殺起來，軍心大亂，死傷者多達八萬餘人，再也沒有士氣與漢軍作戰，於是在宜陽境內，投降漢光武帝。

那劉盆子交出了傳國玉璽，漢光武帝知道他是個傀儡，便任命他當個均輸官，劉盆子終於一償宿願，做個平平凡凡的人，一直活到壽終正寢。這是中國歷史上很少有的案例，足見漢光武帝為人的寬厚。

降服了赤眉，東漢政權在關東地區，已經沒有敵手，從建武元年到建武六年，漢光武帝個個擊破，相繼討平了十多個割據勢力，終於完全平定了北起河北，南至長江流域的廣大關東地區，現在，他準備將目標轉往西方。

西方上有四大勢力，分別是隴西的隗囂、蜀漢的公孫述、河西的竇融與河套地區的盧芳，而其中又以隗囂與公孫述的勢力最爲雄厚，擁兵數十萬，地佔千里，足以與新成立的東漢分庭抗禮。這也是爲什麼漢光武帝會把他們留到最後來對付的原因。

原本隗囂與東漢的關係不錯，大司徒鄧禹攻打關中時，曾經以漢光武帝的名義，冊封過隗囂，後來，東漢降服赤眉，漢光武帝也曾派遣使者前往隴西，與隗囂聯繫。兩造之間，如同兩個對等的國家，十分友好。

可是，蜀中的公孫述，爲了鞏固自己的實力，也經常派遣使者，與隗囂交好。此時公孫述已經自行稱帝，國號爲成家，建元龍興。

隗囂心中，本不想屈居人下，這時倒左右爲難起來，便派了他旗下的綏德將軍馬援，前往蜀中一探究竟。

馬援到了成都，公孫述設宴款待，那排場十分的隆重，而公孫述則高高在上，神情儼然，席間馬援根本無法與他交談兩句。

宴席過後，公孫述秘密派出使者，與馬援商談，請他留在成都，願意封他爲列侯與大將軍。馬援的賓客都很高興，紛紛勸他乾脆留在成都，以後榮華富貴享受不盡，馬援卻沒有說什麼。

回到隴西，馬援向隗囂報告道：「這公孫述根本是個井底之蛙，只知道擺架子，不會有什麼作爲的！將軍還是把眼光專注於東方比較妥當。」

隗囂便命令馬援出使洛陽。

到了洛陽，由使者引見，漢光武帝穿著輕便的衣裳，走向馬援，笑著對他說道：「你也眞不容易啊！往來奔走於幾個皇帝之間，想必很辛苦吧！」

馬援行了禮，注視著漢光武帝，像是在觀察他，意有所指地道：「當今天下，不只是君主要尋訪臣子，臣子也要尋訪君主啊！」頓了頓又說道：「陛下如此簡便，難道不怕我是刺客嗎？」

漢光武帝笑了起來：「我曉得你只是說客，不會是刺客的！」

此時，君臣二人，已經隱生欽佩之意。

漢光武帝留馬援在洛陽盤桓數月，經常與之深談，後來隗囂遣使召回馬援，漢光武帝還派了持節使者，護送馬援回隴西。

隗囂向馬援問起洛陽的情形，馬援卻一個勁的稱讚光武帝：「劉秀爲人，氣度恢弘，待人眞誠，又博學多聞，他的才智勇略，實在是世間少有！臣斗膽進言，將軍還是不要與洛陽爲敵，方爲上上之策！」

馬援這樣稱讚，隗囂反而心中不服，找來另一位客卿班彪商議。

豈知班彪也不斷的說著東漢的好話：「如今天下大局，漸漸明朗，漢家的復興，指日可待，而劉秀，正是復興漢家的人物！」

隗囂聽了很生氣，怒道：「這眞是腐儒之見！想當初秦末大亂，群雄分起，又有誰知這將來的天下是劉家的？因此可見，天地之間，事在人爲，沒什麼事情說得準的！」

班彪見隗囂不願採納他的意見，於是藉故辭去，前往張掖，投奔河西的竇融。竇融對班彪十分禮遇，有什麼重要的事，必定與他商議，而班彪則勸竇融，不要與東漢爲敵，才是長久之策。竇融採納了班彪的意見。

漢光武帝十分欣慰，冊封竇融爲涼州牧，並遣使慰問。

建武五年，公元二十九年，關東大勢，趨於穩定，文武百官上奏，請求漢光武帝討伐公孫述。漢光武帝致書隗囂，請他從隴西出兵，與東漢大軍夾擊蜀漢，不料隗囂卻藉口關中局面不穩，不宜貿然行事爲由，拒絕出兵。

漢光武帝知道隗囂懷有異志，便徵召隗囂入朝，答應給他高官厚祿。隗囂當然不肯乖乖入朝，卻又不敢立即與東漢撕破臉，只好答應派遣長子隗恂，前往洛陽入朝。

馬援趁機表示，願意擔任護送的使者，請求前往洛陽，隗囂答應，馬援便帶了妻子兒女，一同前去洛陽。這一去，馬援便不再回來了，光武帝留他在上林苑中，以上賓之禮相待。隗囂從此更與東漢貌合神離。

其實這段時間，漢光武帝始終不曾放棄拉攏隗囂，隗囂也曾嘗試著與漢光武帝修好，然而，隗囂派往東漢的使者，在半路上遭到仇人所殺，漢光武帝贈與的金帛珍寶，又在半途上被土匪劫走，一次次的落空之下，二者之間的裂痕也越來越大。

第二年三月，公孫述進攻南郡，漢光武帝又徵召隗囂從天水出兵伐蜀，沒有得到任何回應，因此覺得隗囂終究是一大隱憂，必須趁早消滅，乃以監督修整陵園爲名義，親臨長安。

他一面調兵遣將，一面不放棄最後一絲希望，派遣中郎將來歙爲使者，前往隴西勸說隗囂；同時派遣耿弇、蓋延、馮異等七名將軍，以借道征討公孫述爲名義，揮軍西進。

來歙到了天水，見隗囂仍在反覆遲疑，失去了耐性，大罵道：「皇上見你識時務，屢次向你表示誠意，而你也派了你的兒子進京，推誠效忠，怎麼還是一直要聽信小人之言，反覆無常，難道不怕遭到殺身之禍嗎？」

講到激憤之時，竟然拔出寶劍，準備刺殺隗囂。隗囂大怒，召集侍衛，包圍了東漢使節的車輛，要殺來歙。

部下勸阻道：「少主尚在洛陽，忍一時激憤，免滅族之禍！」

隗囂一想也對，於是放來歙回國。

後來隗囂聽說漢軍大舉西來，頗爲疑懼，便令大將王元等人分別據守顯要，阻擋漢軍。兩軍初次交鋒，隗囂方面，獲得勝利，漢軍一時無法前進。到了十二月，隗囂又派王元等人進擊關中，卻被駐守在當地的馮異擊潰，西北一帶的羌族與地方豪傑，原本大多效力於隗囂，這時聽說隗囂慘敗，紛紛轉而投效東漢。

竇融也在此時，遣使上書漢光武帝，表示願意出兵，與漢軍兩面包圍隗囂隗囂逼不得已，只好向蜀中的成家公孫述稱臣。建武七年三月，公孫述封隗囂爲朔寧王，隗囂至此與東漢完全敵對。

隗囂底下，人才濟濟，而他本人，亦頗有能力，只可惜，他錯估了局勢，與過於強大的對手爲敵，起初他還贏得了幾場勝利，然而，源源不絕的漢軍湧入，終究使他難逃挫敗的命運，而他只要失敗一次，就很難再恢復元氣。

遭到慘敗的隗囂，逃往西域，投奔西城（今陝西安康縣西北）的割據勢力楊廣，大將王元率軍轉往蜀中依附，西北局面大致穩定。其間雖有王元從蜀中搬來救兵，但仍然不能挽回頹勢。

兩年後，隗囂在抑鬱之中，重病而死，又過一年，隴西的政權，徹底覆滅。

得隴望蜀，東漢可以兩面夾攻蜀中。

隗囂被滅，公孫述必須以蜀中一地，抵抗實力強大的東漢，自然不是對手。部下紛紛勸他投降，他卻不願意，說道：「國家興亡，乃上天所註定，我身爲天子，受天命所付託，怎能妄言投降？」

他篤信天命符讖的程度，比之王莽，有過之而無不及，因此他在蜀中搞的那一套，多半與王莽的新朝大同小異。

東漢派出中郎將來歙進兵，攻打已經成爲蜀將的王元，正要得勝之時，來歙卻被刺客所殺。

另一方面，從南路進攻的大將岑彭，勢如破竹地打進川中，進逼成都，卻不料勝利在望之時，主將岑彭又遭到刺客所謀殺。

漢光武帝得報，出了心痛喪失兩員愛將之外，不禁感嘆蜀中的奇人竟如此厲害，能趁人不備，於百萬軍中取上將首級！

雖說如此，東漢大軍仍然絲毫不曾放鬆攻勢。建武十二年，公元三十六年，東漢大司馬吳漢、輔威將軍臧宮領軍大破公孫述主力，斬了公孫述的弟弟公孫恢以及女婿史興。從此，成家部將人心惶惶，紛紛叛逃而去。

漢光武帝希望公孫述能夠主動投降，之前他便曾經以十分溫和的語氣，勸說公孫述主動放棄帝號，還在信封上寫明此書乃致與「公孫皇帝」，公孫述不聽。如今，漢光武帝表示，只要公孫述願意投降，那麼刺殺來歙、岑彭的事，可以不予追究，而公孫述還是不聽。

九月，吳漢擊敗成家大司徒謝豐、執金吾袁吉，兵臨成都城下。

公孫述在城裡，十分緊張，詢問汝寧王延岑該如何是好。延岑回答道：「大丈夫應當死裡求生，不應坐以待斃！唯今之計，只有散盡財物，廣募死士，或許能有轉圜餘地！」

於是公孫述取中宮中所有的財物，募集了五千名勇士，交給延岑。

延岑率領著那五千人馬，在城南橋頭，擺開陣勢，向吳漢挑釁，而另外派出奇襲部隊，從小路渡河，迂迴至漢軍後方。吳漢一時沒有察覺這是計謀，縱馬迎戰，忽然聽見後方殺聲大作，才知道不妙，倉促之間，竟然被殺得大敗，吳漢從馬上摔下，掉進河裡，幸虧及時抓住馬尾，才沒淹死。

這一戰漢軍損失不少，吳漢整頓軍馬，關起大營，堅守在成都城外，任憑公孫述軍隊如何叫陣，吳漢總不肯迎戰。

時間拖得越久，雙方的士氣都日漸低落。

公孫述被困城中，心浮氣躁，想要早日擊退漢軍。

吳漢方面，則糧草不足，雖然處於攻擊的一方，情況卻也越來越危急。

吳漢眼見難以取勝，秘密準備船艦，打算悄悄撤退。被東漢任命為蜀郡太守的張堪，急忙求見吳漢，分析利害道：「公孫述已經是強弩之末，必定敗亡，大司馬如果放棄這次機會，讓公孫述得以休養生息，日後想要取勝，只怕沒那麼容易。再說，皇上見大司馬此番失敗而歸，下次恐怕就不會再讓您出馬，大司馬豈不是失去了一次建功立業的大好機會？」

吳漢接受了這種說法，繼續駐紮在南門之外。

十一月，公孫述終於忍耐不住，親自領兵數萬，開城門攻擊吳漢，並且命令延岑攻擊駐守在北門的輔威將軍臧宮。延岑是個將才，與漢軍作戰，三戰三勝；主力部隊方面，則僵持不下。

大軍從清晨戰到中午，官兵們得不到一絲喘息的機會，精疲力盡。吳漢看見成家軍隊稍有退卻之意，連忙命令護軍高午、唐邯率領精銳，殺入公孫述陣中。高午是一員勇將，趁著全軍大亂之際，衝入中軍本陣，朝著公孫述的胸膛，猛力刺過一槍，公孫述中槍落馬，被左右將士抬回城中，到了半夜，傷重不治，臨死之前，把全國軍政，託付給延岑。

延岑知道大勢已去，第二天，開城投降。

吳漢進城之後，下達命令，將公孫述以及延岑的家族，不分男女老幼，全部屠殺，然後縱兵姦淫擄掠，放火焚燒宮殿，城中軍民，屍橫遍地。

漢光武帝在洛陽聽說此事，大為震怒，降旨譴責吳漢的暴行。不過，吳漢畢竟有功，除了訓令他以後不准如此之外，倒是對他沒有太過責罰，只可憐那城中已經投降的軍民，成為東漢政權建立下的犧牲品。

後來，竇融與河西五郡的太守，一同前來入朝，漢光武帝對他們另加封賞，不再讓他們回去西北。而那盤據朔方自稱西平王的盧芳，雖然曾經一度稱帝，卻在隗囂敗亡以後，自知難與漢室作對，向北亡命匈奴。

建武十三年，天下終於恢復太平。

以柔術治天下

漢光武帝雖然能爭善戰，卻生性謹慎，即使在他掃蕩天下，位居至尊之後，性格仍舊始終如一。

他少年時代的夢想，不過是娶得美眷，當個威風八面的執金吾，如今，陰麗華已成為他的愛妃，而執金吾，不過是他底下一個微不足道的小官而已。這樣的結果，只怕是連他自己都難以想像的吧！

因此在他當了皇帝之後，也是沒有一天不兢兢業業的。

建武十九年九月，漢光武帝南巡，駕臨汝南郡的南頓縣，此地正是當年他的父親劉欽當官的地方，漢光武帝因而下詔，免除當地的田賦一年。當地父老叩首謝恩，有人希望漢光武帝好人做到底，索性減免十年。

漢光武帝答道：「朕日日戒慎，唯恐天下重器之不存，怎敢承諾十年之後的事？」向來皇帝都以萬歲自居，無不希望自己的統治，能夠千秋萬代，漢光武帝卻能有這種胸襟，算是相當不簡單。

漢光武帝治國的特徵有幾項，首先他崇尚節儉，並且以身作則，從來不曾大規模的營造宮殿，或者巡狩遊獵，在這個皇帝身上，很少看見華麗的衣裳，在他的宮殿裡，也很少有什麼金銀財寶。這麼做的目的，無非是希望能夠收拾王莽末年以來，接連數十年遭逢大亂的殘破社會，休養生息，培養元氣。

他任用的臣下，也多半能夠體會他的用心，上下互相勉勵，形成一股公正廉明的政治風氣。大司空宋弘，為人端莊樸實，漢光武帝對他向來敬重，因此請他推薦賢才，宋弘於是推薦了自己的好友桓譚。桓譚博學多才，是個經學大師，又善於彈琴，很早就享有大名，很得漢光武帝的欣賞。

漢光武帝命他彈琴，於是桓譚便在朝會之上，彈奏一曲悠揚的樂章，那音樂極爲動聽，文武朝臣都沉醉其間，久久不能自已。

宋弘卻很不高興。

退朝之後，宋弘命人把桓譚找來，對他說道：「我向皇上推薦你，是希望你能用心輔佐，你卻用這種靡靡之音來蠱惑皇上？」

桓譚連連叩首謝罪。

過了幾日，漢光武帝又命令桓譚演奏一曲，桓譚偷偷瞄了一眼宋弘，左右爲難，驚慌失措，雙手顫抖著彈不出聲音。

漢光武帝十分訝異，卻看出了桓譚的眼神，於是在退朝之後，詢問宋弘，宋弘便把他的想法，告訴皇帝。漢光武帝聽了，點頭道：「嗯，這件事怪不得桓譚，都是朕的過錯！」以後他便不再叫桓譚撫琴了。

以柔術治天下，是漢光武帝治國的第二個特徵。不論對待臣子、對待百姓，甚至對待敵人，他都是採取懷柔的策略。

當年漢高祖劉邦取得天下以後，便以各種名義，一一將開國功臣誅殺，漢光武帝則不然，雖然他也將這些長年領兵在外的功臣，解除了軍事上的權力，然而，卻都封給他們高官厚祿，對他們禮遇有加，讓他們得以保全。

馮異消滅了赤眉以後，功高蓋世，大軍進駐關中三年，十分得到百姓擁戴，紛紛以咸陽王稱呼他。朝中有人嫉妒馮異的功勞，便不停散播謠言，說馮異尾大不掉，將來必有一天會謀反。

馮異惶恐萬分，先上表澄清自己絕無二心，後來索性入朝晉見。

漢光武帝見了他，如同見到了至親好友，帶著他向朝中那些沒有見過馮異的公卿們引見，說道：「他在朕當初起兵的時候，就一直跟隨在朕的身邊，擔任主簿，如今，又替朕披荊斬棘，平定關中，實在是朕的股肱之臣哪！」

他賞給馮異許多金銀珍寶錢幣絲帛，並且拍著馮異的肩膀說道：「當年饒陽縣的那碗豆粥，讓朕的心，溫暖到現在，朕從來沒有一天忘記過啊！」

從前河北落難時的種種，一幕幕湧上心頭，馮異熱淚盈眶，感動得跪了下來，哽咽道：「臣也從來沒有一天忘記陛下的大恩啊！」

漢光武帝連忙將他扶起，溫言道：「你對朕的忠誠，朕都明白，不要因爲閒言閒語，就擔心受怕！」

君臣之間，推心置腹，肝膽相照。

對待百姓，漢光武帝也是十分寬厚，他恢復了西漢初年的三十稅一制，輕徭薄賦，同時獎勵耕種，希望百姓能夠安居樂業。對於積重難返的奴隸問題，他不像王莽那樣，單純的一紙禁止販賣了事，而是逐步提升奴隸的權利，除了恢復部分奴隸的自由之身外，他下詔嚴格懲罰殺害奴隸之人，不論王公百姓，只要殺奴，絕不寬待。

對待敵人，他也能秉持自己的信念，在漢光武帝對付割據天下的群雄之時，他便是以勸降作爲第一要務，他不希望造成過多的生靈塗炭，也不願意見到敵人與他干戈相向。

平定天下後，面對對於王莽時代叛變的四方鄰國，漢光武帝並沒有積極征討，而採懷柔態度面對，也是上天幫助，最爲強大的匈奴，此時連年遭逢天災人禍，竟在東漢建立之後，主動前來朝貢。

至於西域，在光武帝統治期間，幾乎是放棄了經略。

漢光武帝十分重視士大夫的氣節，在他眼中，王莽時代養成的官場阿諛奉承之氣，實在令人作噁，他不希望自己的臣下，是一群奴才，因此，他固然對於盡忠報國之人，重重獎賞，對於那些不喜歡榮華富貴，潔身自持之士，他也一樣大爲嘉勉。

當年漢光武帝遊學長安的時候，曾有一位老同學，名叫嚴光，字子陵，與他交情至深，當他作了皇帝，許多舊友故交都去攀龍附鳳，在他身邊謀得一官半職，唯獨見不到嚴光的影子。漢光武帝十分想念他，派畫工照著嚴光的樣子畫了相，令人拿著到處去尋訪，後來在齊國地區，找到了嚴光，三催四請，好不容易將他迎接來京師，令他下榻在賓館之內，嚴光卻怎麼樣都不肯進宮去見老朋友。

漢光武帝親自前往賓館探視，嚴光高臥不起，光武帝笑著走到榻前，半開玩笑地拍著他的肚子，道：「子陵呀子陵，竟然不肯幫助你的老朋友？」

嚴光半瞇著眼睛：「人各有志，何必要強求呢？」

過了兩天，漢光武帝好不容易請嚴光來宮中作客，兩人暢述平生，就如同當年的老同學一般，完全不分什麼君主臣民，漢光武帝笑著問道：「你看我比起當年，如何？」

嚴光笑了笑：「略有長進！」

兩人同榻而眠，如同當年長安求學之時。

盤桓幾日，嚴光還是要告辭，漢光武帝知道無論如何也挽留不住，只好讓他回去。後來，嚴光隱居山林，終生未曾出仕。

此外，漢光武帝曾下詔，徵召各地的賢才，太原人周黨基於禮節，進京拜見，卻不以臣自稱，只是表達自己不願意當官的志向。

有些人在一旁看了，很不服氣，認爲周黨不過是沽名釣譽之輩，博士員范升便上奏道：「讓他來與臣論政，如果他不能將臣駁倒，那麼他就是欺君之罪！」

漢光武帝認爲不必如此。他在詔書中說道：「想當年伯夷叔齊，不食周粟，今日周黨不願接受朕的奉祿，也是因爲他志不在此啊！」

他送了周黨四十匹布帛，讓周黨回鄉安養。

就在皇帝的鼓勵之下，東漢的官場與民間，都養成了一種淡泊明志的風氣，士大夫以砥礪志節爲自我修養的最高目的，社會上也流傳著一股淳美的風氣，人們不以汲汲營取爲要務，甘於刻苦，自食其力，放棄物質享受，重視精神價值。這是東漢的社會風氣，與西漢極爲不同之處。

不過，漢光武帝終究是個漢朝的儒生，他十分迷信圖讖，雖不如王莽那樣事事全以圖讖爲基準，卻經常以符命讖緯來決議軍國大事。許多大臣都很反對，而漢光武帝卻無論如何也聽不進去。

桓譚就是反對圖讖極力的一位大臣。光武帝晚年，打算打算起造靈台、辟雍，並且頒佈圖讖，以其行之天下，找來桓譚詢問，桓譚卻道：「臣不知道什麼是圖讖！」

「卿乃當世大儒，怎麼會不知道圖讖？」

桓譚於是力陳符命讖緯的荒謬，許多言論，頗爲激烈，句句刺中漢光武帝的要害，也許是因爲漢光武帝老了，脾氣變得暴躁了，聽完了桓譚的直言極諫，竟然大怒：「你這傢伙，竟敢出言不遜！」他高叫道：「來人，把他給我推出去斬了！」

桓譚大驚失色，叩頭不止，血流滿面。

「哼！饒你不死。」光武帝道：「死罪可免，活罪難逃！」他把桓譚貶爲六安郡丞。那時桓譚已經七十多歲，哪經得住舟車勞頓，走到半途，便一病而死。

明章之治

漢光武帝之後，繼位的是漢明帝，然後是漢章帝，這兩位皇帝在位一共三十一年，這段期間，可以稱作是東漢的盛世。

漢明帝本名劉莊，是皇后陰麗華所生，從小就十分聰穎，而且知書達禮，很得漢光武帝的喜愛，繼位之後，秉持父親的遺旨，以小心謹慎的態度治理天下，凡是要求保守現有的成就，不做太大的變革。

他十分尊重儒術，他不但要求皇太子諸侯王，以及功臣的子孫後代，每個人都要修習經書，還特別替母親與妻子家中子弟，設立四姓小侯學，強迫他們非念經書不可。此外，甚至連宮中侍衛、禁衛羽林軍的官兵，都必須誦讀孝經，培養高尚情操。

漢明帝本身對於儒家經典，亦十分的瞭解，他曾經親自前往太學，持經講論；他也很能夠以身作則，力行尊師重道的道理，他的老師桓榮，在漢明帝繼位的時候，已經八十多歲了，漢明帝總是親自前往桓榮府邸詢問探視，後來，桓榮生病，明帝親自前往探病，難過得流下眼淚，到了桓榮病故，漢明帝身著喪服，替老師送葬。

這就是漢明帝的原則，他秉持孝道，敬老尊賢，依循儒家經典，舉行「大射」、「養老」等禮儀，養老之禮，便含有追德報功，親近賢德的意義在內。

漢光武帝在位三十四年，所以當漢明帝登基以後，朝中許多元老重臣，也都相繼去世，漢明帝時時感念先帝中興創業的艱難，因此將當初打天下的功臣如鄧禹、馮異、吳漢、王梁、岑彭等等二十八人的肖像，請畫師畫在南宮的雲台之上，號稱為「雲台二十八將」，後來又陸續增加了王常、李通、竇融、卓茂等四人，合計三十二人，時時令朝中大臣與諸侯子弟，前往雲台瞻仰，永遠不要忘記這些功臣的辛勞。

某日，漢明帝的弟弟，驃騎將軍東平王劉蒼來到雲台，看著功臣三十二人的圖像，心中疑問頓生，便進宮叩問漢明帝：「敢問陛下，為何勛臣肖像之中，獨不見伏波將軍馬援在內？」那馬援自從歸順劉秀以後，替劉秀東爭西討，北抗烏桓匈奴，南鎮交趾，功勞絕對不在雲台功臣之下。漢明帝看著劉蒼，笑了笑道：「這件事，你得去問馬皇后！」

劉蒼立即瞭解了兄長的用意，原來此時漢明帝的皇后，正是馬援之女，為了避嫌，漢明帝絕不尊揚外戚，這也是秉承了漢光武帝的遺詔。

馬皇后也是個深明大義之人，十三歲進宮，便溫順婉約，很得明帝寵愛，也很得太后陰麗華的歡心。她的生活嚴肅樸實，不喜華靡，六宮嬪妃見皇后如此，也都不敢鋪張。她雖然很少干預政治，偶爾遇到有什麼疑難之事，皇帝困惑，她卻能常常一語中的，解決問題。

漢明帝致力於提倡儒學之餘，也很重視國計民生的建設。黃河、汴水在西漢平帝時期，便已潰決，屢次氾濫，卻始終未曾整修，歷經王莽與東漢初年的大亂，氾濫的情況越來越嚴重，百姓民不聊生。

值此太平之世，漢明帝決心治河，有人向他推薦善於治河的樂浪人王景，於是漢明帝便啓用王景與王吳兩位水利工程師，著手治理河道，動員了十萬人，修築提防水門，只花一年時間，便將氾濫了數十年的水患平定。

雖說如此，比起漢光武帝的溫和敦厚，漢明帝的個性，就比較嚴苛一些，對於宗室諸王，他採取嚴格控制的態度，絕對不讓諸侯王有任何發展的機會。

漢明帝有個弟弟楚王劉英，據說十分篤信當時才傳入中國不久的佛教，漢明帝與中國大多數的君王相似，對於宗教向來採取十分寬鬆的態度，甚至還造了一座白馬寺，收藏許多佛教經典。可是，正因爲那時佛教在中國還是草創階段，人們對於佛教義理，不甚了解，因此楚王劉英，在家中請來許許多多古怪的方士沙門，又談佛學，又研究符讖，還講論老莊，讓他的信仰，看上去有些不倫不類。

永平八年，公元六十五年，漢明帝下詔，准許那些犯了死罪的人，可以繳納一定的財貨贖罪。楚王劉英突發奇想，繳納了三十匹布帛，上書表示自己在封國裡待著，難保日後不會犯什麼過錯，因此先行繳納，請朝廷寬恕。

漢明帝哈哈大笑道：「朕這位兄弟未免思慮過甚！向來聽說他性情仁慈，又怎麼會犯下死罪呢？」於是賜書嘉勉。

劉英得到了皇帝的詔書，自以爲得到了皇帝的免死金牌，因此行爲日益怪誕，更放任左右不法之徒，爲非作歹，又與方士造了金龜玉鶴，僞造符瑞，因此，紛紛有人謠傳，楚王劉英即將造反。

漢明帝聽到了太多閒言閒語，便在治河完工的永平十三年，下旨查辦。一查之下，居然發現楚王眞的圖謀不軌，依照律令，罪當處死。漢明帝極爲震驚，卻又不忍心處死自己的親兄弟，乃將楚王的爵位廢除，貶到丹陽縣去。楚王畏罪自殺。漢明帝越想越氣，把責任全部怪罪到楚王身邊的那些臣子身上，嚴令徹底懲處，爲此遭到牽連而被處死或者流放的，多達數千人之譜。

濟南王劉康，因爲與國內一些奸滑不法的賓客往來，被剝奪了五個縣的封邑；阜陵質王劉延因爲「招奸滑，作圖讖」，還詛咒皇帝，被發現後，許多與劉延相關的外戚與官吏，通通到逮捕。

漢明帝這麼做的目的，是爲了防止宗室權力擴張，影響政局穩定。因此許多皇親貴戚，除了在生活上享有較好的待遇之外，幾乎都不敢插手政治。

北海王劉睦，準備派遣使者進京朝賀，使者行前，劉睦問他：「如果皇帝問起我的情況，你會怎麼回答呢？」

使者躬身道：「當然是照實回答大王忠孝仁慈，禮遇賢士啊！」

劉睦嘆了口氣：「你這樣回答，不是害我嗎？皇帝會以爲我心懷不軌，準備聚眾造反呀！」

「如此說來，敢問臣該如何應答？」

「你就說自從我襲爵以來，意志衰頹，整天縱情於聲色犬馬，胸無大志吧！」

漢明帝的脾氣暴躁，不少公卿大臣，都曾經被他當面斥責，當他火大的時候，甚至會動手打人，因此許多官員在他面前，都乖乖地不敢說話，不過，大臣鍾離意卻毫不在乎。

有一次，一位尚書官向皇帝匯報，因爲緊張，報錯了內容，惹得漢明帝非常生氣，想要重重處罰那個尚書。鍾離意便說道：「稟奏陛下，臣以爲如此小的過錯，實在不宜處罰，如果要處罰他怠慢失職，就請先處罰臣吧！臣的官位比他高，他的錯，是臣督導不力！」說完，便把衣裳解開，袒露背脊，準備挨揍。

「把衣服穿上！」漢明帝皺眉嘆道：「你的意思，朕都明白，此事不予追究便是。」

鍾離意很重視百姓的向背，他經常對漢明帝陳述掌握民心的重要：「百姓的心，可以用德政感化，不能以力屈服！只要抓得住百姓的心，那麼必然天下和平，災害不生，禍亂不作。」他希望漢明帝要「愼人命，緩刑罰」，不要濫刑，以免百姓怨恨。

在他臨終之前，還以遺言上書：「昇平之世，難以一蹴可及，應當以寬大的胸懷來面對！」漢明帝很受感動，因此下詔賞賜二十萬錢，作爲鍾離意的喪葬費用。

除了鍾離意，還有尚書令宋均、葯崧等人，也是直言極諫之臣。

宋均有一次因爲修改奏章之事，與皇帝發生衝突，漢明帝將他抓了起來，其餘官員都十分惶恐，替宋均求情，唯獨宋均坦然說道：「忠臣事主，無有二心，我修改奏章，乃是爲了陛下著想，如果陛下爲了這種事，就要處罰臣，那麼就算陛下要將臣處死，臣也絕對不改變初衷！」

結果漢明帝不但沒有處罰宋均，反而提升他爲司隸校尉，後來又任命他爲何內太守。

葯崧也是以敢於據理力爭聞名，他與脾氣不好的皇帝爭執，居然從不退讓，有次眞把漢明帝逼急了，讓漢明帝又犯了動手打人的老毛病，起身推了葯崧一把，葯崧非但沒有後退，反而驅身上前，站在漢明帝面前。

漢明帝怒道：「你給我滾，你給我滾！」

葯崧不甘示弱，朗聲說道：「天子應有端莊肅穆的氣象，臣從來沒聽過，會有皇帝自己動手打人的！」

漢明帝自知理虧，不再作聲，幾日之後，待他心情平復，還大爲嘉勉了葯崧一番。

正因爲漢明帝虛心納諫，勇於檢討自己過錯的優點，彌補了他個性當中的一些瑕疵，所以能把君臣關係處理得很好，也能夠讓部下誠心爲他賣命，因而在位期間，天下大治。

漢章帝繼位的時候，才只有十九歲，與父親相較，這位年輕的皇帝，個性比較寬大，他在位期間，大體上延續了父祖的政策，並採納尚書陳寵的建議，廢除殘酷的律令五十條，並且輕徭薄賦，維持穩定的局面。沒有什麼突破，也沒有什麼過錯，國內局面，一片安和樂利，人口滋長，良田遍野。

他個人較諸前兩位皇帝，更喜好儒術，曾經親自前往祭祀孔子，也曾於建初四年，公元七十九年的時候，召集大批的儒生，群聚於白虎觀，展開一場經學討論的會議。當代的著名學者如李育、魏應、班固、賈逵等人，全部參加了這次會議，而漢章帝也親臨現場主持裁決。

這場會議，具有十分重要的意義，儒生們各持己見，激烈辯論，最後將經學與讖緯之說進一步結合，並且將儒學的地位，提升至神學一般的重要性。會後，由蘭台令使班固等人，將討論出來的結果，匯集成書，稱做《白虎通義》。

《白虎通義》一書的完成，象徵著漢代經學的興盛，已經達於頂峰，儒家具備了不可動搖的地位，成爲統治者用以行使權利的最高來源。盛極而衰，定於一尊的儒學，逐漸地走向教條與迷信化，與現實日漸背離，也讓人逐漸產生反感，也以說是東漢由盛轉衰的一個象徵。

班超投筆從戎

漢光武帝建武二十一年，西域十八個小國，派遣王子來到洛陽，晉見漢光武帝，獻上大批珍寶，並且流著眼淚，痛陳他們的國家，在西域遭受到莎車王國的攻擊，希望中國能比照前漢，在西域舍吏都護，保護他們的安全，他們自願成爲中國的藩屬。

可是當時，東漢本身的實力並不強大，天下方定，需要處理的事務實在太多，北邊有烏桓、匈奴，南邊又有交趾，漢光武帝幾經思考之後，賞賜給各國王子許多禮物，對他們溫言相勸一番，沒有答應他們的要求。

這件事，在東漢官員勇將的心目中，始終是一件令人扼腕之事。到了漢明帝時期，國家的力量漸漸地強盛了，猛夫悍將們，經常摩拳擦掌，爭相談論當年衛青、霍去病的豐功偉業，期望能夠有所建樹。

此時，有一位在宮中擔任校書工作的小官，把抄寫文書的刀筆一擲，發出長嘆道：「大丈夫就算沒有遠大的志向，至少也應該像張騫那樣，立功立業於異域，拜官封侯才是，怎麼能這樣一輩子抄抄寫寫的呢？」

一旁的人見此人口出狂言，紛紛譏笑他：「就憑你呀？有東西讓你抄抄寫寫的就不錯啦！」那人道：「你們這些小人物怎麼能理解壯士的大志呢？」

這位壯士，名叫班超，他是扶風郡平陵（今陝西省咸陽縣西北）人，班彪的次子，班固的弟弟。

由於家境貧困，班超不得不受雇於官府，擔任他不感興趣的文書抄寫工作，以奉養老母。據說，曾經有一位相面之人，觀察班超的五官氣色，說道：「先生之相，富貴不可言，乃王侯之命也！然而，卻是在萬里之外封侯，這就眞是奇怪了！」

後來，班固在漢明帝面前漸漸紅了，明帝聽說他還有個弟弟，便問班固：「你兄弟現在在做什麼？」

班固回答：「在官府抄書，以侍奉母親。」

漢明帝於是提拔班超爲蘭台令史，與他兄長一同擔任史官。

可是，這種文謅謅的工作，班固作來如魚得水，班超作來卻味若嚼蠟，過了不久，就因爲犯了過錯而被免職。因此班超便前去投身於軍旅之中。

漢明帝永平十六年，公元七十三年，匈奴已分立爲南北兩國，南匈奴向來臣服於漢，北匈奴卻騷擾不斷，於是就在這一年，漢明帝派遣竇固、耿秉等人爲大將，分數路出兵，攻擊北匈奴，竇固出酒泉至天山，擊敗了匈奴的呼衍王，並且追擊至蒲類海（今新疆巴里昆湖），斬獲很多，後來，大軍在伊吾盧駐紮，並在當地置戍屯田。

這次出兵，是班超嶄露頭角的一次契機，竇固任命班超爲假司馬，班超的表現很好，很得竇固的欣賞，經常與他商議軍中大事，後來，還派遣班超與從事郭恂與隨從三十六人，一同擔任使者，出使西域。

班超抵達鄯善國，這是中國到西域的第一個小國。剛開始的時候，鄯善國王見班超是漢朝派來的使者，態度十分恭敬，不久，卻突然冷淡下來。

班超與部屬們討論：「鄯善王何以態度先熱後冷？想必是有一個夠份量的使者到來，這使者會是何國所派？」

郭恂道：「除了匈奴，還有何國！」

「不錯！」班超說道：「且讓我們來試上一試，便知分曉。」

於是班超將鄯善侍者找來，對他故作親切狀，微笑道：「匈奴使者來了好些日子了吧？他們住在哪兒啊？怎麼不讓我們去問候一下？」

侍者大驚訝，以爲班超對於匈奴遣使來訪之事已經探清底細，於是只好一五一十地將匈奴來訪的情況，以及使者所住的地方，通通告訴了班超。

班超向部下們使了個眼色，部下們湧上前來，將那侍者雙手反綁，塞住嘴巴，班超微笑道：「閣下說的果然詳細，爲了不讓閣下再去和別人說，只好委屈閣下了。」

當晚，班超召集了三十六位部下，在帳中請他們一同飲酒。酒酣耳熱之際，班超忽然對眾人說道：「各位與我身在西域，無非是希望建立大功，求得富貴，如今，才剛來到鄯善，只不過因爲匈奴使者來到，鄯善王就對我們冷淡起來，假如有一天，鄯善王把我們送到匈奴那裡去，大家豈不是都死無葬身之地了？還談什麼功名富貴呢？」

眾人都說道：「對呀，對呀！如今情況危急，我們都願意聽從司馬的吩咐！」

「嗯！正所謂不入虎穴，焉得虎子……」班超道：「唯今之計，只有趁著夜晚，火攻匈奴使者，他們弄不清楚我們究竟有多少人，必定大爲恐懼，我們就趁著這個時候衝進去，一刀一個，把他們全都解決了！只要把匈奴使者殺了，鄯善國王爲了避禍，一定會投靠大漢，則我們的計策，便可以成功。」

眾人點頭稱是，也有人問：「要不要把這件事與郭恂商量一下？」

班超搖了搖頭道：「郭恂是個文吏，聽說此事，必定大爲驚恐，難免將事情洩露，還是先別對他說吧！」

於是一天月黑風高之際，班超率領三十六人，偷襲匈奴營地。

那天恰好颳著大風，班超命令十人帶著鼓，埋伏在匈奴使者營地背後，約定見到火光，便擊鼓吶喊，其餘人手持兵器，藏身於營門兩側。班超順著風向縱火，前後吏士高聲吶喊。

匈奴使者睡得正熟，半夜裡聽見這樣的呼聲，以爲殺來了千軍萬馬，大爲驚慌失措，衝出營門外，就被班超順手殺死了三人，而埋伏的吏士則殺了三十多人，其他一百多人則全部葬身火窟。

第二天早上，班超把整件事情的經過，告訴郭恂，郭恂臉上，露出不悅的表情。班超知道他的意思，於是說道：「你放心吧！我不會一人獨吞這次功勞的。」郭恂這才高興了起來。

隨即，班超提著匈奴主使的人頭，帶著部下去見鄯善國王，把那人頭扔在鄯善國王面前，傲然說道：「匈奴使者已經被我們殺了，看看你是要把我們殺了去向匈奴謝罪，還是乾脆就投效我大漢朝吧！大漢國勢，遠在匈奴之上，如果匈奴敢藉此事尋釁，大漢一定會派兵保護你們的。」

鄯善國王大爲驚訝，然而事已至此，班超讓他有兩條路可走，他當然選擇後者，於是答應派遣自己的兒子前往洛陽，作爲漢朝的人質，以後接受漢朝的號令，衷心歸順。

班超返回伊吾盧，將事情經過稟報竇固，竇固大喜，遂上表陳述班超的豐功偉業，並請朝廷另派使者，出使西域各國。

漢明帝下詔說道：「有班超這樣的人才，朝廷何必要再另覓人選？著令班超爲軍司馬，令他再赴西域。」

竇固把這件好消息轉告班超，並對他說道：「我決定加派人手去協助你，好讓你行事更加便利。」

班超的英雄氣概卻在這時發作，說道：「上次派給我的那三十六個人，個個都是勇士，對我來說，已經足夠。人一多，反而麻煩，要是遭遇什麼不測，豈不是更多人拖累嗎？」

於是班超就帶著三十六人，一路前往西域。

他們首先來到于闐國。

這時，于闐國的國王廣德，攻破了莎車，在天山南路，是一方小國的霸主，而匈奴則派了使者常駐於此，監護其國。

廣德對於班超一行，態度十分傲慢，根本不願意接見，那時候有巫者告訴廣德，說班超的淺黑色馬是一匹神駒，十分難得，廣德便叫巫者前去向班超索取。

班超道：「神駒沒有，頭顱倒是有一顆！」一刀把巫者的腦袋砍下，叫人送去給廣德。

廣德又驚又怒，想要殺掉班超，卻有部下對他說道：「班超這群人可惹不起，他們個個身懷絕技，據說在鄯善，他們就這麼幾個人，兩下子便把匈奴的幾千人都殺光了！」匈奴的死傷人數被誇大了十倍，聽聞此言，廣德極爲驚駭，「如果大漢每個人都像這群人一樣，哪裡是我們這種小國惹得起的？想當年匈奴不也是被大漢朝追得到處流竄嗎？」

廣德把匈奴的使者殺了，向班超投降。

龜茲王國的國王名叫建，是匈奴所立，向來倚仗匈奴的勢力，佔有天山北路，他攻破疏勒國，把國王殺死，另立龜茲人兜題爲疏勒國王。

班超派遣屬下田慮，前往疏勒，勸兜題投降。

「那兜題並非疏勒人。」班超對田慮說道：「如果他不願意投降，你可以儘管將他逮捕，隨後全看我的。」

田慮領命，前往晉見兜題。兜題看見田慮身旁沒有什麼隨從，根本不把田慮放在眼裡，自然別說投降了，於是，田慮趁其不備，把兜題俘虜起來。此時，班超也已經抵達，他見田慮得手，立即召見疏勒國的官員，對他們說道：「龜茲王建任意派遣龜茲人來當我們疏勒的王，根本不合情理，我們疏勒人，就應該立疏勒的王！」他找來前疏勒王的姪兒名叫忠的，立爲國王，疏勒臣民，大都心悅誠服，願意奉漢朝爲宗主。

憤怒的疏勒百姓，想要殺掉兜題洩憤，班超卻說道：「我大漢朝素來仁義爲懷，絕不濫殺戮！」

兜題千恩萬謝，逃回龜茲國，向龜茲王建訴說，龜茲王大怒，便與漢朝交惡，積極聯合西域其他與匈奴親善的國家，合力與漢朝作對。

永平十八年，公元七十五年，漢明帝病逝，西域焉耆國趁著漢朝舉國大喪之時，與龜茲國合力攻殺了東漢王朝新設立的西域都護田睦，繼位的漢章帝，本對經營西域沒多大興趣，索性就下詔罷除了西域都護。

漢朝的使者尋至疏勒國，告知班超朝廷對外政策的轉變，班超不得已，只好奉旨離開疏勒。疏勒的都尉黎弇痛哭失聲：「你這一走，豈不是要我全國上下，慘遭龜茲的毒手嗎？」說完自刎而死。

回程途中，經過于闐，于闐國的君臣百姓，一樣不希望班超離去，許多大臣，甚至跪下來抱著班超的腳，放聲大哭。班超何嘗願意看見自己幾年努力的成果全部化為泡影？一咬牙說道：「好吧！我就留在這裡，橫豎與你們共存亡便是！」

于闐軍民大喜，班超率領于闐士兵，返回疏勒，卻不料疏勒國此時已因為班超離去，心生怯意，投降了龜茲，班超乃率眾突擊，一舉擊潰了疏勒的前鋒，疏勒得知是班超返回，便又歸降了班超。

漢章帝建初三年，公元七十八年，班超發動疏勒、于闐、康居、拘彌四小國一萬人馬，攻打附庸於龜茲的姑墨國，一戰成名，斬首七百餘人，漢威大振，於是班超趁機上表，請求朝廷增派援軍。

漢章帝少年心性，得知班超揚威異域，非常高興，派了徐幹率領一千多人，前去西域協助班超。

班超覺得，只有一千多人，實在難有大作爲，便請求朝廷釋放烏孫國使者歸國，藉機與烏孫國交好，以聯絡烏孫國兵力，合力進攻龜茲。

建初八年，公元八十三年，漢章帝拜班超爲兵長史，並遣衛侯李邑護送烏孫使者回國。那李邑才走到于闐，就遇上了龜茲國進攻疏勒，太平日子過慣的他，從沒見過這樣的陣仗，心生畏懼之下，寫了一封信告訴漢章帝，說經營西域實在太過困難，根本沒有成功的可能，還說班超的壞話，說他在西域已經成家立業，整天沉溺在妻子兒女之樂當中，根本無心爲國家盡忠。

漢章帝雖然年輕，卻不是個糊塗人，他下詔嚴厲斥責李邑：「如果班超像你說的那樣，他手下千餘勇士，豈能甘願爲他效力？他經略的那些小國百姓，又如何甘願爲他效死？你別瞎說，只管聽班超的命令行事！」

班超讓李邑繼續護送烏孫使者，等任務完成，便讓李邑回朝廷覆命。

徐幹對班超說道：「這小子之前那樣毀謗你，你爲什麼不乾脆把他控制在身邊呢？不怕他回洛陽去，又在皇上身邊說你的不是？」

班超正色道：「正因爲李邑曾經毀謗我，我才放他回國。如果我爲了這種事情扣留他，不是顯得我畏懼流言嗎？只要我們並無過失，就不用擔心這種小人造謠生事。皇上似乎是明眼人，應當會明白的。」

漢明帝果然信任班超，第二年，又派了和恭為假司馬，帶領八百人前來支援班超。班超於是發動疏勒、于闐兩國兵力，攻打莎車。

可是，疏勒王忠被莎車國所收買，駐守在烏即城，背叛班超，班超於是另外立了一位疏勒王成大，疏勒國仍有許多人願意支持班超，然而由於康居國支持疏勒王忠，與班超對抗，班超一時難以取勝，於是派員拉攏月氏王，請月氏王說服康居，不要幫助疏勒王忠，康居王同意，便將疏勒王忠引渡回康居，而烏即城則投降了班超。

三年後，疏勒王忠從康居借兵，盤據損中城，他與龜茲王密謀，派遣使者向班超表示，願意投降。

班超經驗老到，一看就知道這必定是詐降之計，卻對使者道：「他願意投降，好得很，就請他來與我會面，我願與他把酒言和。」

疏勒王忠大喜，立即來與班超會面，班超在宴席之上，布置伏兵，一舉捕殺了疏勒王忠，隨即火速進軍，降服他的部眾，打通天山南路。

次年，班超發動于闐兵力兩萬五千人，大舉攻打莎車，而龜茲王則派了五萬人，分頭前往救援。兵力相差一倍，班超知道不能力拚，於是佯裝撤退，龜茲將領果然受騙，分頭在班超可能退兵的路線上布陣，準備堵截班超。

然而這時，班超卻不撤退了，他集中兵力，攻進莎車陣地，追殺了五千餘人，莎車投降，龜茲等國也只好退卻。

班超的威名，再度橫掃西域。

漢和帝永元二年，公元九十年，月氏王因爲班超拒絕他所提出的，與漢和親的請求，因此發兵七萬人，前來進攻班超。班超認爲，雖然敵軍兵力雄厚，可是月氏國距離遙遠，長途跋涉，糧草必定難以爲繼，於是採取堅壁清野的策略，與月氏相抗。

月氏果然糧草不足，因而派了使者，前往龜茲求糧。這一招也早就被班超所料到，他派人攔截使者，砍下使者的腦袋，送去給月氏領軍的副王謝。謝極爲驚訝，恐懼頓生，班超的使者又說：「不要以爲你們兵力多就能取勝，其實現在遭到包圍的，是你們！」

因此月氏副王謝便派人向班超請罪，請班超放他一馬，讓他率軍回國，從此，西域大國月氏也臣服於班超，年年進貢。

龜茲、姑墨、溫宿等國，看見連月氏這樣的大國都降了，哪裡還敢繼續與班超爲敵？因此紛紛投降。東漢重新以班超爲西域都護，徐幹擔任長史，幾年之後，班超再度大舉進攻焉耆，討平之後，西域五十多個小國，全部投降東漢。

朝廷爲了嘉勉班超的功績，策封班超爲定遠侯，采邑千戶。

班超總共在西域經營了三十多年，到後來年紀大了，終究還是思念故土。他的兒子班勇，從小就生在西域，從來不知道中土是什麼樣子，因此他特別讓班勇隨獻上朝廷的物品入塞，只希望班勇能知道自己故鄉的模樣。

班勇帶了班超的上書，表達班超希望能夠在死前重歸故土的願望，一字一句，感人肺腑，朝廷念他年老，准許了班超的請求。漢和帝永元十四年，公元一百零二年，班超回到他睽違了三十年的洛陽，同年九月，因爲胸疾復發病逝，享年七十一歲。

外戚再度崛起

漢章帝在位，只有十三年，就以三十歲出頭的年紀，英年早逝。說也奇怪，東漢自章帝以後，陸陸續續出現了許多位短命皇帝，他們大多幼年繼位，沒過多久便夭折，於是，外戚的勢力，便在這個時候，重新崛起。

原本漢光武帝與漢明帝，都十分刻意地壓制外戚的勢力，然而到了漢章帝時，由於他與幾位舅舅的感情很好，一直想要替他們封侯。不過，卻被深明大義的馬太后所制止了。

馬太后諄諄告誡漢章帝：「當初前漢之所以被王莽所篡，就是因爲重用外戚的緣故，先帝不願外戚干預政治，也就是這個道理。你必須牢牢記住，免得將來劉家的江山，斷送在你手上。」

年輕的漢章帝，無法領略母親的用心，他實在想不透，自己的幾位舅舅怎麼可能來奪他家的天下，因此幾年以後，他還是十分堅持地下詔，封舅舅馬廖爲順陽侯、馬防爲穎陽侯、馬光爲許侯。馬太后雖然很不高興，但是詔書已下，君無戲言，難以更改。

馬氏三兄弟也很不安，尙書請求漢章帝改封他們爲沒有采邑的關內侯，漢章帝不許，於是他們三人只好領命，卻在同時辭去了朝中的官職，不掌理政事，以列侯的身分賦閒在家。

雖說馬氏外戚頗能潔身自愛，但是漢章帝終究開了先例。

因此，當漢和帝以十歲沖齡繼位，竇太后臨朝，外戚竇憲，於是應運崛起。

竇憲是竇太后的哥哥，開國功臣竇融的曾孫，竇固的姪孫。他的品行不是很好，自從妹妹當了皇后，便經常倚仗著自己的身分，與弟弟竇篤二人，作威作福，外戚陰氏、馬氏以及一般大臣，對他都十分畏懼。

他甚至欺負到宗室的頭上，以十分低賤的價格，強行收購了沁水公主的莊園，沁水公主敢怒不敢言。

後來，漢章帝巡視到當地，竇憲陪侍在側，漢章帝向他問起這片莊園是屬於誰的，竇憲支吾其詞，不敢回答。不久漢章帝便知道了事實的眞相，他大爲憤怒，把竇憲叫來嚴厲斥責：「你知道你自己強佔公主田園的舉動，比起當年趙高指鹿爲馬，還要令人不齒嗎？尊貴的公主都被你所侵奪，一般人就更不在話下了。哼！不要因爲你自己的身分，就可以狗仗人勢，你要搞清楚，朝廷想要整垮你竇憲，就像是捏死一隻老鼠一樣容易！」

面對如此嚴厲的指責，竇憲嚇得驚慌失措，竇皇后也出面，爲哥哥說情，漢章帝的怒氣，卻無法平復：「給你兩條路走，第一，依照律令處置；第二，把你強佔來的那些土地，全部物歸原主。」

竇憲當然選擇了第二條路。

漢章帝雖然沒有辦他，卻從此對他不再重用。

漢和帝繼位以後，漢章帝遺詔，命竇篤爲虎賁中郎將，竇篤之弟竇景、竇瓌爲中常侍，因此竇氏一門，皆官居顯要。竇憲以侍中的身分，典掌機要，出宣詔命，掌握了極大的權力。

他認爲，太尉鄧彪爲人忠厚老實，容易受他擺佈，於是極力推薦鄧彪擔任太傅。從此，他想要達成什麼目的，就請鄧彪先在外朝上奏，然後再由竇憲本人稟報太后，因此總能事事順心如意，漸漸地，竇氏一家人，把持了朝廷內外，權勢薰天。

竇憲爲人急躁狂傲，目中無人，只要有人對他有威脅，他必定去之而後快。

齊殤王的兒子都鄉侯劉暢，在漢章帝去世的時候，進京弔祭，此人很喜歡走後門，想要依靠關係，晉見竇太后以攀附權貴，他與步兵校尉鄧疊的親屬多次往來洛陽，終於因爲鄧疊之母的關係，與竇太后結識。竇太后非常欣賞他，經常召見劉暢。

竇憲擔心，再這樣下去，遲早有一天劉暢會瓜分了他的權力，因此便派出刺客將劉暢刺殺，還把這件事推給劉暢的弟弟利侯劉剛，對劉剛嚴刑拷問。

後來這件事情的始末被太后所得知，非常生氣，把竇憲囚禁在宮中，讓他閉門思過。竇憲很緊張，想替自己找個翻身的機會。

剛巧在這個時候，北匈奴發生內亂，十分衰弱，南匈奴想趁機併吞北匈奴，因此請求漢朝給予協助。竇憲看準了這次機會，因此跑去向太后請求：「好妹妹，給兄長一次機會吧！」

竇太后道：「我又何嘗不希望兄長能夠好好的？這樣吧，你在朝會之上，把你的意見提出來，看看大臣們有什麼反應。」

於是竇憲照辦。

朝臣之間，對於北伐匈奴，大多抱持反對的態度。他們抱持的理由是，第一，匈奴並未來犯；第二，北匈奴現今正遭逢內憂外患，又新敗於鮮卑，這時候出兵攻打，師出無名；第三，軍費籌措困難，如果要打仗，必將使百姓負擔更爲沉重的賦稅。大臣袁安、任隗等人，均曾多次上書，力陳北伐匈奴之不可行。

「你們是怎麼回事啊？」竇憲慷慨陳詞：「想當初衛青、霍去病征討匈奴，那是多麼壯盛的豪情！大丈夫就應當如此。如今，好不容易有這個機會，可以完成比他們更勝一籌的功業，而你們這些腐儒，竟然龜縮不前，還拚命阻撓，如此怎能算是大漢的忠心臣民？」

大臣們無話可說，於是竇太后下旨，以竇憲爲車騎將軍，執金吾耿秉爲副將，率領北軍以及沿邊十二郡騎兵，再加上南匈奴調派的援軍，合計三萬八千人馬，從朔方郡出兵，攻打北匈奴。

竇憲自比爲衛青、霍去病，可是當年漢武帝北伐匈奴，那是抵抗強權，而如今出兵攻打，則是欺侮弱小。

想當然爾，進軍異常順利。

漢和帝永元元年，公元八十九年，大軍兵分多路，竇憲、耿秉分別領四千騎兵，與南匈奴左谷蠡王師子從朔方郡雞鹿塞（今內蒙杭錦后旗西方）出發；南匈奴單于屯屠河率領一萬騎兵從滿夷谷進軍；度遼將軍鄧鴻以及邊境志願的部族兵合計八千騎兵從固陽塞出征。

大軍幾乎沒有受到什麼阻礙，長驅直入，在北匈奴境內會師。

竇憲查出北匈奴單于的王庭所在位置，於是分別派遣副校尉閻盤、司馬耿夔，率領左谷蠡王與右呼衍王的精銳騎兵萬餘，追擊北匈奴單于，大軍交鋒於稽落山，北匈奴根本毫無士氣可言，一戰之下，將北匈奴殺得大敗，單于向北竄逃，漢軍則以竇憲主力大軍繼續追擊。

沿路掃蕩之下，北匈奴名王以下一萬三千餘人全遭斬首，俘虜了牛羊牲口百萬多頭。北匈奴八十一部二十多萬人陸陸續續投降漢朝。竇憲耿秉出塞三千餘里，在燕然山（今外蒙古杭愛山）上，命文豪班固撰文，刻成石碑，立在山頂上，做爲大漢威儀的永恆紀念。

大勝之後，竇憲留下軍司馬吳汜梁諷，攜帶著金帛文書，前往北單于王庭勸降，自己則帶了大軍，威風凜凜地班師回朝。回到邊塞之時，好消息也傳來了，北單于不但答應投降，而且還獻上一只周宣王時代留下來的寶鼎，上面刻著銘文：

仲山甫鼎，其萬年，

子子孫孫永保用。

立下了如此輝煌的功績，竇憲在朝廷中的聲望暴增，從前他的所作所為，都被別人拋於腦後，紛紛奏請竇憲擔任大將軍，竇太后批准，於是命令使者攜帶大將軍印信，直接前往大軍屯駐的五原郡，拜竇憲為大將軍，封為武陽侯，領采邑兩萬戶。

竇憲雖然志得意滿，這時卻突然謙虛了起來，他說道：「讓我接任大將軍之位，是體恤我出征的功勞，我可以接受，但是，那武陽侯采邑兩萬戶，恕我無功不受祿，萬萬不能接受！」

這麼一來，竇憲就更受到敬重了，因此，有些朝臣便開始上表進言：「從前舊制，大將軍的地位，列於太傅與三公之下，然而，大將軍勞苦功高，實在應該提升他的地位，懇請太后允許，列大將軍地位於三公之上，其從屬官員地位，也應提升，以作為後世的表率！」

竇太后當然允許。

於是竇憲成為漢朝歷史上第一個地位最高的大將軍，他大開將軍府，將那些與他一同出征的有功將士，都招納入府，賞以厚祿，替自己培養更大的勢力。

第二年，由於朝中大臣的一再請求，竇太后再以漢和帝的命令下詔，封竇憲為冠軍侯，采邑兩萬戶，並封竇篤為郾侯、竇景為汝陽侯、竇瑰為夏陽侯。

竇憲道：「去年我領軍征戰獲勝，尚不願接受爵位，如今未建尺寸之功，卻要封我為冠軍侯，豈不是陷我於不義嗎？」
於是他率領大軍，出鎮涼州，以他的親信侍中鄧疊行征西將軍事，作爲他的左右手。
剛好在這年冬天，北匈奴又遭到南匈奴的攻擊，受到了重大的創傷，竇憲認爲，這是一舉消滅北匈奴，永絕後患的大好時機，因此上表太后，請求再度出擊北匈奴。
太后當然照准。
於是竇憲命令左校尉耿夔、軍司馬尚任、趙博等人，率領大軍，從居延塞出擊，行軍五千里，大破匈奴於金微山（今外蒙古阿爾泰山），一舉擊潰了北匈奴。從此，北匈奴向西流竄，不知去向，再也無法成爲中國的威脅。
據說，這批北匈奴，輾轉逃往歐洲，造成日耳曼民族大舉南下，間接使得西羅馬帝國滅亡。
竇憲幾乎消滅了北匈奴，威名震懾內外朝，耿夔、鄧疊、郭璜等人，都是他的心腹，全都接受了高官厚祿；而弟弟竇篤、竇景更是雞犬升天，仰仗著兄姐的權位，驕縱蠻橫，不可一世，他們競相建造豪華的宅邸，金銀珠寶，堆積如山。其中竇景又更爲放肆，他放任自己的奴僕仗勢欺人，搶奪財物，任意釋放罪犯，調戲良家婦女，街上的商人看見他們，如同看見了強盜，紛紛收拾財物，躲回屋內閉門不出。
不過也有表現尚可的。竇憲本人自從得到了大將軍地位，似乎眞的比較謙虛了，他兩次的辭謝爵位，似乎眞的是發自由衷的；竇瓌也是個特例，他好讀經書，自律十分嚴格，擔任官吏，也能盡忠職守。

不過這終究是特例，竇氏一門在朝中把持的行政資源，讓他們很難克制自己的慾望，大部分的竇氏子弟與其親信，都是作威作福，危害朝政的。一些正直的大臣看不過去，屢次上書申言外戚專政對於朝政的危害，並且歷歷舉證竇憲以下諸人的惡形惡狀。朝中老臣袁安就是其中一位，他經常訴說起當年西漢是如何淪亡在外戚之手，講到傷心處，甚至會聲淚俱下。

袁安的文膽是周榮，袁安上書的文章，大多數都是周榮所負責起草，因此周榮被竇憲視之為眼中釘。竇憲的賓客徐齮，在竇憲的唆使下，跑去找周榮，以威嚇口吻對周榮說道：「你竟敢幫助袁安那個老頭，一起來和大將軍作對，如今朝中哪一個不是大將軍的人馬？我勸你最好小心一點，好自為之，當心刺客找上門！」

「我行得正，作得穩，作我認為對的事情！」周榮傲然說道：「就算我被刺客殺害，只要對得起我的良心，那我也心甘情願。」

徐齮回去以後，周榮對他的妻子說道：「假如有一天我被刺客所殺，記得，不要來收斂我的屍體。我要用我的屍體，來讓朝廷覺悟！」

他的表現，正是一個士大夫重視氣節的象徵，東漢的士大夫，歷經漢光武帝以來的表彰氣節，養成一股不怕死，不畏強權，敢作敢當的精神，從周榮身上，便可以看得出來。

永元二年，公元九十二年，竇憲封自己的親信鄧疊為穰侯。竇憲的女婿射聲校尉郭舉、郭舉的父親郭璜，與鄧疊相互勾結，出入禁中，甚得竇太后的寵信，不過這些所作所爲，卻引發了一個少年心生不滿。

這個少年，就是時年十四歲的漢和帝。

他從十歲登基以來，眼看著舅舅的飛揚跋扈，早就覺得不自在，正在此時，宮中謠言紛紛，說大將軍兄弟，圖謀不軌，意圖加害於他，使他感到十分恐懼，經常哀嘆連連。

他最親近的宦官鄭眾，看見皇帝時常面露憂懼之色，心中早已猜了個十之八九，卻仍然問道：「皇上，最近看您心神不寧，用膳的時候，也驚惶戒愼，到底是怎麼了啊？」

漢和帝嘆道：「最近盛傳大將軍意圖加害於朕，朕擔心他們在食物裡面下毒啊！你說，朕怎麼能不害怕呀？」

「大將軍遠在涼州，如何加害聖上？」鄭眾道：「再說，您是皇上，他是您的臣下，您有什麼好畏懼的呢？」

「就是害怕奸臣當道，謀害於朕！」

「如果皇上眞的憂心於此，難道就不能先下手爲強嗎？」

漢和帝眼睛一亮，他自幼就受到孤立，除了掌權的竇太后偶爾還會來看看他之外，平常，他所能夠接觸到的，就只有宦官。除了宦官，他也不能再相信任何人了，於是君臣二人，便連夜在宮中詳談，秘密定下了剷除竇氏的辦法。

那年夏天，竇憲與鄧疊，從涼州返回洛陽，入朝晉見。六月，漢和帝突然駕臨北宮，頒下聖旨，訓令禁衛軍嚴密戒備，派兵鎮守南北兩宮以及洛陽城四門，以防不測，並火速派遣執金吾統領五校尉之兵，前往鄧疊下榻處，宣令道：「鄧疊圖謀不軌，形跡可議，奉皇上聖旨，逮捕下獄，及行正法！」

與鄧疊同時，郭璜、郭舉，以及鄧疊的弟弟步兵校尉鄧磊，全數遭到逮捕，一併處死，他們的家屬，則被流放邊疆。

至於竇憲，礙於他是皇帝的舅舅，竇太后的哥哥，不便立刻處置，於是命令他，接受冠軍侯的地位，繳回大將軍的印信，強迫他回到自己的封地。另外，郾侯竇篤、汝陽侯竇景、夏陽侯竇瓌，都被強迫就國，隨即派了使者到他們的府邸，命令他們自殺。除了竇瓌一人因爲平實表現良好免於一死之外，竇氏一族，幾乎全部遭到漢和帝所剷除。

幫助漢和帝剷除竇憲有功的宦官鄭眾，皇帝任命他爲大長秋，並且賞給他許多財物，鄭眾卻道：「我只是一個宦官，替主子盡忠，那是本分，現在，皇上又讓我當官，又賞給我這麼多東西，只怕開了不好的先例，請皇上收回成命！」

漢和帝嘉許道：「你替朕立了大功，卻不居功，還如此謙遜，很好，很好！你是朕的忠臣。」從此有什麼軍國大事，都與鄭眾商量。

漢和帝以一介少年，魄力十足地剷除權臣，實在不簡單，他命丁鴻爲司徒，尹睦爲太尉，劉方爲司空，排除了竇家的勢力，而竇太后則在五年之後，鬱鬱而終。

正如鄭眾所預料的，漢和帝對他的寵信，開啓了一個不良的先例，從此，宦官成爲東漢朝政上的一股重要力量，與外戚之間，相互傾軋，把東漢政局的維繫，一步步推向滅亡的境地。

權力角逐

宦官並不是剛開始，就與外戚水火不容的。

繼竇氏外戚之後崛起的鄧氏外戚時代，就是一個宦官與外戚和平共存的時代。

漢和帝在元興元年，公元一〇五年的時候逝世，死的時候才只有二十七歲，他的妻子鄧皇后便開始執掌朝政。

年輕貌美的鄧太后，是開國功臣太傅鄧禹的孫女，二十二歲時，被立爲皇后，爲人十分賢淑。漢和帝有許多兒子，大多夭折，到了鄧太后掌政，只剩下兩位繼承人選，其中一位體弱多病，不適合擔任皇帝，另一位才剛剛出生三個多月，因此，這出生不過三個多月的皇子劉隆，就成爲了皇帝。

這已經是個十分罕見的現象了，三個多月的小皇帝，歷史上實在很難找到，不過更令人驚訝的是，這麼小的皇帝，竟然在位不到一年，又一命嗚呼。

小皇帝被諡爲殤帝，意思就是夭折的皇帝。後來，鄧太后只好迎立了漢和帝十三歲的姪兒劉祜爲皇帝，是爲漢安帝。鄧太后繼續臨朝聽政。

鄧太后掌政年間，鄧氏外戚當然也都平步青雲，不過在鄧太后的嚴厲監督下，鄧氏外戚的成員都還頗爲自律，不像竇氏外戚那樣作威作福。與宦官之間，也能夠合作共事，鄭眾、蔡倫等宦官，在當時都算很有地位，尤其蔡倫，更以發明紙張，名留千古。

鄧太后掌政了二十年，這段時間裡，她戰戰兢兢，謹慎治國，約束家人，遵守法律。然而，當永寧元年，公元一二一年，鄧太后病逝，宮廷內部的權力鬥爭，便開始浮上檯面。

原來鄧太后臨朝時，曾經重用宦官，引來許多朝臣的不滿，而漢安帝更是因爲品德不好，得不到鄧太后的歡喜，讓鄧太后想要將他給撤換掉；於是，不滿的大臣與心懷怨恨的漢安帝結合起來，等太后一死，群臣便起而向漢安帝告狀，說鄧氏家族有圖謀廢立的打算，希望皇帝能夠處置。漢安帝自然樂於從命，下令整肅鄧氏家族，封侯的全部廢爲庶人，財產全部沒收，成員全部流放邊疆。

漢安帝奪取了權位，可是他本身並沒有多大的才幹，他讓自己的皇后閻氏，以及閻氏的家人們，走上了政治的檯面。

閻氏外戚比起鄧氏外戚，能力不足，貪婪有餘，不但把持權利，還且還構陷太子劉保，不但害死了太子劉保的生母，還唆使漢安帝貶太子劉保爲濟陰王。

漢安帝十分昏庸，對於皇后閻氏言聽計從，將當初幫助他們掃除鄧氏外戚的一批宦官李閏、江京、樊豐等人都封了高官，此外，連漢安帝的乳母王聖，也因爲與漢安帝親近的緣故，一家人都顯貴了起來，在漢朝的中央政局之中，扮演了關鍵性的角色。

也不知究竟是否幸運，這位昏庸的君主，同樣短命，只活了三十出頭，延光四年，公元一二五年，漢安帝在南巡的途中病死，由於沒有立太子，閻氏以及江京、樊豐等人，爲了避免朝中大臣擁立廢太子劉保，因此把漢安帝病逝的消息封鎖下來，等到趕回洛陽，局面穩定之後，才將消息公開，他們立了一位小皇帝，體弱多病的北鄉侯劉懿，以便繼續把持朝政，閻太后繼續臨朝，而閻太后的哥哥閻顯也在不久之後奪得了大將軍的地位。

可是這位新上任的小皇帝，看上去身體實在太差，從他登基的那天起，就不曾離開過病床。江京與閻顯兩人都頗覺不安，江京道：「依我看，皇上病得這麼厲害，得早做準備才是了！」

「此言甚是！」閻顯道。他爲了讓自己的家人可以繼續掌權，乃將濟北河間王的兒子，從七歲到十四歲的，全數徵召來京師，準備從中挑選一位來繼任皇帝。

事實上這個時候，朝廷之中已經亂成一團，暗潮洶湧，不是任憑閻顯任意擺弄，如意算盤就能打得起來。有個宦官孫程，與濟陰王較爲親善，而與江京、樊豐等人不合。他與謁者長興渠商議：「這濟陰王是先帝的骨血，本來沒犯什麼錯，就被閻氏莫名其妙地廢了。當今皇上，看樣子根本撐不過一年，假如我們擁立濟陰王爲帝，一定能夠得到大家的支持。」

「要如何擁立濟陰王爲皇帝呀？」

「此事簡單！」孫程道：「只要能夠制住江京閻顯二人，那就沒有不成功的道理。」

商議妥當，孫程便開始積極佈局。十一月，孫程約了十八名宦官，齊聚在德陽殿內西鐘之下，裁衣爲誓，隔日夜裡，他們攜帶刀劍，在崇德殿上聚集，直接走進章臺門，只見江京、李閏、劉安、陳達等四名宦官坐在門前石階上聊天，孫程等人二話不說，抽出腰際刀劍，邁步上前，手起刀落，斬下了江京、劉安與陳達三人的腦袋，只留下了李閏未殺。

孫程把刀架在李閏的脖子上，惡狠很說道：「我們要擁立濟陰王爲帝，你答應不答應啊？李大總管！」

李閏嚇得屁滾尿流，直打哆嗦，口中連聲允諾。

他們迎出年幼的濟陰王，登上雲台，並派遣虎賁羽林分別把守南北宮門，以防局勢有變，隨即召百官入朝晉見。

這時候，閻顯正與閻太后在宮中議事，忽然有人前來報告消息，閻太后嚇得不知所措，小太監樊登在一旁說道：「太后此時應當下旨，發兵誅除叛逆呀！」

「兵？哪來的兵呀！」

「越騎校尉馮詩之兵可用！」

閻顯便將馮詩找來，對他說道：「今日夜裡有叛逆擁立濟陰王，這並非出自太后本意，命你討伐判賊，戮力王室，只要成功，必可封侯！」

閻太后將印璽塞進馮詩手裡，顫聲道：「抓到濟陰王，封你萬戶侯；抓到李閏，封你五千戶！」

馮詩說道：「我並未帶一兵一卒在身邊，必須要出宮發兵，才能回來救援。」

「如此甚好。」閻顯道：「樊登，你隨馮校尉一同前去！」

兩人才走出左掖門，馮詩忽然翻臉，抽出腰間佩劍，回身一砍，將樊登砍死，隨即跳上馬直奔軍營，閉門不出，索性來個隔山觀虎鬥。

另一邊衛尉閻景也在調兵遣將過程中，被尚書郭鎮率領的羽林軍殺死。喧喧鬧鬧到了第二天清晨，孫程等人帶著年僅十一歲的濟陰王劉保登臨嘉德殿，頒佈聖旨，將閻氏一族，全數逮捕，閻顯等首腦人物，全部下獄斬首，閻太后被遷於離宮，家屬全數流放。

至於孫程等人，由於立主有功，皆封為列侯，尤其孫程，受封為萬戶侯，功勞最大，至於那十一歲的小皇帝，便是漢順帝。

漢順帝即位，梁氏外戚又登上了檯面，又是一個外戚掌權故事的翻版，掌握權勢利益，自然不在話下。

順帝也只活了三十歲，死後由兩歲的沖帝繼位，沖帝不過當了一年左右的皇帝，也因病而死，年僅三歲。梁太后的哥哥梁冀，此時是大將軍，為人既無才也無德，行徑卻較前代外戚更為囂張。沖帝死時，太尉李固等大臣，曾經提出應當立一位已經成年而且有行政經驗的人選來接任皇帝，然而梁冀毫不理會，他與太后商量，又選了一位八歲的小皇帝，是為漢質帝。

這位八歲的小皇帝，似乎頗爲聰明，有一次在朝會之上，看見大將軍梁冀那副囂張的模樣，竟然當著文武百官的面，指著梁冀說道：「這位眞是個跋扈將軍啊！」

梁冀很難堪，竟然記恨起這個小孩子來，他派人做了美味的餅，摻了毒藥，拿去給小皇帝吃，小皇帝吃了以後，覺得身體很不舒服，立刻召見他覺得可以信賴的太尉李固，對他說道：「我剛剛吃了大將軍送來的餅，覺得腹中又脹又悶，快，拿水給我，我喝點水，也許會好一點！」

李固抬頭一看，看見梁冀那陰冷的目光，向他掃來，不禁打了一個寒顫。梁冀怪聲怪氣地說道：「皇上，您吃了不乾淨的東西，千萬別喝水呀！如果喝了水，怕會吐的！」

梁冀這麼說，誰也不敢去替質帝倒水，就這麼眼睜睜的看著一個小孩子，忍受著痛苦與煎熬，毒發而死，死的時候年僅九歲。李固難過得抱住小皇帝的屍首痛哭流涕。

後來，李固也被梁冀陷害而死。

梁冀召開會議，商討繼承人選，文武百官多半傾向清河王劉蒜，認爲他已成年，而且行政經驗豐富，由他繼任比較可以穩定政局。梁冀當然不這麼想，他比較屬意平原王之子劉志。

既然梁冀已經有人選，那就沒有什麼好再討論的了，於是十五歲的劉志成爲皇帝，就是漢桓帝。

漢桓帝登基三年，梁太后以身體不佳為理由，將朝政歸還給皇帝，並在不久之後逝世。然而這個時候，大權仍然操縱在梁冀手上，只要與他不合之人，他用盡各種手段，也會予以剷除。

也是他得罪了太多人，當他派人行刺得罪了他的鄧貴人母親宣氏之時，由於刺客誤登中常侍袁赦的屋頂，將袁赦驚醒，袁赦乃將刺客捉住，問清了原由，一五一十地稟報了皇帝。

漢桓帝正因為梁冀弄權而大傷腦筋，如今，梁冀竟然欺負到他的愛妃鄧貴人頭上，氣得他火往上冒，可是又不敢立即發作，只好趁著一次如廁之時，把身邊的親信小宦官唐衡較來悄悄詢問道：「你知道宮中有誰和大將軍不合的嗎？」

唐衡回答道：「要說不合，宮中與大將軍不合之人，實在太多了，只不過小的職位卑下，不敢過問，只知道中常侍單超、小黃門史左悺、中常侍徐璜、黃門令具瑗，都與梁家人有仇。請他們幫忙，一定沒問題的。」

梁冀雖然在宮中有不少宦官與他交好，然而利害衝突之下，必然與有另外一批宦官與他交惡，因此，漢桓帝便與這群與梁冀有宦官合謀，誅除了梁冀，沒收了梁家的財產，得錢三十餘萬萬，這個數字，足以作為政府一年的開銷之用，因而當年漢桓帝下詔減免天下租稅一半。

而幫助漢桓帝奪取權位的幾名宦官：單超、徐璜、具瑗、左悺、唐衡等五人，也都因功封侯，這些人掌握了皇帝的寵幸，照樣貪贓枉法，擺弄朝政，讓東漢的政局，一發不可收拾，人民受到無與倫比的災難。

黨錮之禍

單超等等五名宦官，人稱「五侯」，在他們把持朝政之下，綱紀日益敗壞，他們不但巧取豪奪，侵占大筆財富，同時還在京師競相修造宅邸，那亭台樓閣，雕樑畫棟，完全仿造皇宮的樣式，還在府中廣蓄美女，打扮得如同宮人一般，讓他們過足了乾癮。

五人之中，單超早死，其餘四人，都以驕橫貪殘聞名，在私底下，人們偷偷稱他們四個爲「左回天、具獨坐、徐臥虎、唐兩墮」。他們得勢之後，讓自己的兄弟姻親到天下各地擔任地方官員，這些人大多沒有什麼好樣子，在地方上胡作非爲，壓榨民脂民膏，簡直和盜賊的做法沒有什麼兩樣。

難以生存的百姓們，只好走上了反叛的道路。

桓帝在位二十年，這段時間，幾乎年年都有人起來造反，對漢室而言，這已經是一項嚴重的警訊，然而，把持朝政的宦官不管，坐在皇帝高位上的漢桓帝也視若無睹。

在中央，有些人對於這樣的現象實在看不下去了，他們不斷上書抨擊時政，同時也對宦官的橫行毫無畏懼。

他們是一批知識份子，在當時，就是「士人」，以太學生爲主要的成員，朝中有許多正直官員，也與他們相互呼應。

這種勇於抨擊時政的態度，形成了所謂的「清議」。

事實上，這是東漢士人長久以來養成的風氣，自從漢光武帝表彰氣節，士人便紛紛以名節爲重，他們競相以孝順、辭讓財物、避退官爵、爲官清廉、有仇報仇有恩報恩這樣的行爲爲風尚，一般郡國選拔人才，也以這樣的行爲作爲標準。而多達數萬人的太學生，正是這類風氣的實踐者。

東漢末年的朝政敗壞，使得太學生難以滿足於經書上的章句考訂，他們與士人出身的朝臣相互推崇，以壯聲勢，有時候，一些重大的決策，也往往受到清議的影響。

漢桓帝延熹八年，公元一六五年，中常侍張讓的弟弟張朔擔任縣令，爲官貪污，因而被司隸校尉李膺所殺。從此李膺被張讓所記恨，連漢桓帝都覺得不以爲然。

第二年，又有一個名叫張成的人，由於擅卜卦，卜出自己的兒子不久將會遇到大赦，於是唆使自己的兒子，有什麼仇人就趕快去殺，兒子照做，果然遇到赦免，安然無事。

會安然無事當然不是因爲神靈保佑，而是因爲張成與朝中掌權的宦官關係良好的緣故，他甚至還曾經被引薦到皇帝面前，替漢桓帝卜過吉凶。不過李膺根本不管張成有什麼樣的背景，他知道了這件事，憤怒異常，下令嚴辦，於是便將張成逮捕，以唆使殺人之罪，處以死刑。

宦官們很不高興李膺的做法，認爲他根本不將宦官看在眼裡，於是叫張成的弟子牢修上書，彈劾李膺與太學之中的游士生徒，結黨營私，誹謗朝政，然後在漢桓帝的耳邊說一些不好聽的話。

沒什麼見識的漢桓帝，自然相信了這份說辭，於是下旨查辦黨人。這個「黨人」的範圍可大可小，後來遭到牽連的，除李膺之外，還包括太僕杜密、御史中丞陳翔以及陳寔、范滂等兩百多人，太尉陳蕃，也因爲上書諫阻，而被撤職查辦，一干以清流著稱的名士遭到逮捕，對於朝廷士氣，打擊甚大，這是第一次的黨錮之獄。

後來，連皇后的父親竇武都看不下去了，他上了一封諫書，聲言漢桓帝自從登基以來，從來沒做過什麼好事，希望他能做點好事，寬恕李膺等人，他自願放棄官位，回家養老。漢桓帝也許覺得有些理虧，而宦官們也不願意把事情鬧大，牽連到自己的家人，於是就趁著這一年改元之際，大赦天下，將黨人釋放，結束了這場風波。

這一年是漢桓帝永康元年，同年，三十六歲的漢桓帝死去，十二歲的漢靈帝繼任，還是老樣子，母后臨朝，外戚得勢。這時候的外戚也姓竇，竇太后臨朝，竇太后的父親竇武成了大將軍，與竇武交情良好的陳蕃被任命爲太傅，一時之間，第一次黨錮之禍曾經遭受迫害的李膺、杜密等人，又重新獲得任用。

陳蕃、竇武等人，對於宦官的囂張很不安心，於是他們私下密謀，誅除曹節、王甫等當時最有權勢的宦官，竇武答應全力配合，他們又找來尙書令尹勳等人共同會商，討論的結果是：「宮中宦官，個個該殺，如果一天不剷除，朝政就一天沒有辦法恢復清平。」

他們的密謀，被長樂宮的內官朱瑀得知，他原本與當權宦官沒有太大聯繫，然而知道了大將軍等人的計畫之後，非常生氣，怒道：「有些宦官太過放肆，殺了他們或許可以平民怨，可是像我這樣盡忠職守的人有什麼錯，難道服侍皇帝的，都該死嗎?」

朱瑀把事情告訴了曹節，曹節再與王甫商量，於是宦官們趁夜發動政變，挾持太后，矯立詔書，發動進軍討伐竇武，竇武自殺，陳蕃也受害而死，接下來，李膺、杜密、范滂、張儉等人相繼遇害，受到牽連的官員多達六七百人，從此，朝中再也找不到一個好人了。

董卓進京

兩次黨錮之禍，受到摧殘的不只是士大夫的氣節與名譽，各地州郡在宦官的荼毒之下，也殘破不堪，後來因爲朝中用度缺乏，宦官們甚至慫恿漢靈帝在西園買賣官位，小自縣令縣丞，大至公卿刺史，只要出得起價錢，就能買一個大官來作。

吏治敗壞，民不聊生，各地的反對勢力終於凝聚成一股席捲全國的大風潮。

漢靈帝中平元年，公元一八四年，鉅鹿人張角，創立太平道，旗下有信徒數十萬人，分爲三十六方，遍佈天下。張角自稱爲天公將軍，弟弟張寶、張梁分別稱爲地公將軍與人公將軍，他們頭上包裹著黃色的布作爲標誌，高喊著「蒼天已死，黃天當立」，時人稱之爲黃巾賊。

這就是使東漢帝國趨於瓦解的黃巾之亂。

爲了討伐黃巾賊，朝廷先後派遣盧植、皇甫嵩、朱雋等人率軍征戰。似乎很有效。不到幾年，張角、張梁與張寶先後被攻滅。然而，這場紛亂並不是眞的因爲這些人多麼有組織能力才引發的，而是因爲老百姓實在生存不下去的緣故，因此，即使首腦人物都被消滅，黃巾之亂仍然在各地蔓延著。

中平五年，公元一八八年，太常劉焉上奏，各地賊寇紛起，中央派軍疲於奔命，而地方刺史的權威不足，難以平定亂世，建議皇帝改置州牧，委派重臣出任，授予地方官軍事以及政治雙方面的大權，靈帝允諾。

地方官的權力日漸加重，而朝廷的約束力日益衰退，演變成後來群雄割據的局面。

公元一八九年，漢靈帝死，皇子劉辯繼位是爲少帝，當時只有十四歲，皇帝的母親何太后臨朝，太后的哥哥何進擔任大將軍。司隸校尉袁紹向來仇視宦官，與何進密謀誅除宦官，何進乃向太后稟報，卻得不到太后的允許。

因此在袁紹的建議之下，何進徵召四方猛將帶兵前來京城，以爲勤王之師，於是，給予鎮守涼州的董卓一個大好的機會。

董卓其實向來不遵守朝廷號令，這次奉召進京，完全是看準了外戚與宦官之間的鬥爭，這次必定又將掀起一場腥風血雨，他可以從中取利。果不其然，他的軍隊還沒有到達洛陽，巨變已經爆發。

何進與袁紹的密謀被宦官發現，於是宦官趁著何進入宮向太后稟事之時，殺掉了何進，而逃過一劫的袁紹，立即率領部眾，衝進皇宮之中，將兩千多名宦官不論老幼全部殺死。

這時候，董卓的精兵，也已經進入洛陽。

沒有人能與董卓對抗，因而董卓成爲最有權力的人。他廢掉了少帝，改立陳留王劉協爲帝，自任爲相國、太師，放縱軍隊，濫殺無辜，天下大亂。

袁紹不敵，逃往冀州根據地，在那裡準備舉兵，討伐董卓。

董卓進京，象徵著一個紛亂的時刻，已經來臨，英雄與梟雄，將在這場亂世當中競逐，直到最後的勝利者出現。

可憐的，仍然是絕大多數的百姓。

大一統的時代，則在此劃上一個暫時的句點。

第四章：東漢末年

政治上的敗壞導致民不聊生的慘況，生存不下去的百姓們，只好聚眾為盜，以暴力維繫自己的生命，他們只求溫飽，沒有多大的政治理念。

後來，百姓們越聚越多，形成了黃巾之亂。這場蔓延極廣的紛亂，把一個偌大的東漢帝國，推向土崩瓦解，只不過，黃巾徒眾雖然聲勢浩大，畢竟是烏合之眾，帝國擠出最後一絲力量，還是把起事的百姓給鎮壓下去。

硬性的鎮壓只能治標，國勢持續潰爛。

董卓進京，造成嚴重的危害與破壞，地方勢力聯合起來討伐董卓，又造成地方勢力的過度膨脹，演變為群雄割據，互爭天下。

兩場決定性的戰役，決定了日後的大局發展。

官渡之戰，北方的局面為曹操所掌握；赤壁之戰，奠定了天下三分的基礎。東漢末年的兩場決定性戰役。便是三國時代的序曲。

袁紹的起落

公元二〇二年，東漢獻帝建安七年的五月天，照理說應當是炎炎夏日，河北冀州鄴城裡，空氣卻被一股莫名的氣氛凍結，讓人打從內心發出寒意。

河北地區的實際領導人袁紹，歷經了兩年前的那場慘敗，長期臥病在床，如今已是油盡燈枯。

直至今日，袁紹仍不能相信，以自己的出身、自己的實力，竟然會敗給那個宦官的後代，那個名不見經傳的小人物。

「曹阿瞞！」

病榻上的袁紹，無意識地囈語，迸出喉間的，竟然是仇人的名字，浮現在腦海的，竟然是敵軍的投石車與烏巢的大火。

那場大火燒得眞旺，把他袁紹幾十萬大軍的糧草燒得一乾二淨，就是這個緣故，才讓他吞下今生唯一的一次，同時也是最後一次慘敗。

袁紹一生順遂，沒有遭遇過什麼挫折，所以這次失敗，才會對他造成如此致命的打擊。他出身在汝南一個累世公卿的大家族中，祖父袁湯在桓帝時曾經當過司空、司徒、太尉；曾祖袁敞在安帝時當過司空；高祖袁安在彰帝的時候也曾爲司空、司徒，而袁紹的叔父袁逢也是靈帝時代的司空。

「四世三公」，是個燦爛的光環，替袁家奠定了不可動搖的崇高地位。

袁紹在這樣有勢力的大家族裡，自然依附著裙帶關係，順利地在朝中謀得官職，擔任中軍校尉。他的容貌端正，體格魁梧，又禮賢下士，因此很受到讚譽，當初黨錮之獄大起之時，袁紹便曾在故鄉汝南，搭救不少名士，故有許多地方上的豪傑對袁紹十分感念，紛紛歸附於他。

聲譽既高，當權者自然會找上他。那時是公元一八九年，漢靈帝駕崩，十四歲的皇子劉辯即位，由何太后臨朝聽政，太后的兄長何進照例成為大司馬大將軍，領尚書事，總領朝政。

名義上，何進是最有權力的人物，實際上，朝廷的權力已為宦官所把持。黨錮之禍，宦官與士人形同水火。何進心中，早就想要將宦官剷除，因此他找來了袁紹商量。

袁紹對宦官深惡痛絕，堅決主張應當將宦官徹底剷除：「宦官總領禁軍，典掌機要。危害世人甚劇，若不早日消滅，只怕將來連大將軍都會遭到危害！」

何進覺得有道理，便與袁紹詳加計劃。可是這件事情不知道為什麼會傳進宦官的耳朵裡，統領禁軍的宦官上軍校尉蹇碩寫信給當權的宦官趙忠、宋典說道：「大將軍與黨人想要掃滅我輩之人，只因為我蹇碩統領著禁軍，才沒有立即下手，但是只恐怕日久生變！我們應該趁他們還沒有動作的時候，先發制人，把大將軍一干人等加以捕殺！」

趙忠接獲信件，遲遲不敢相信，他與何太后的關係還算不錯，何太后對他也頗為照顧，無論如何，何太后的弟弟不應該會做出對他不利的舉動才對。剛好這時，另一個與何太后親近的宦官郭勝也在一旁，兩人便商議，將禁軍不穩定的消息告訴何太后與何進。

何進大驚，決定先下手為強，將蹇碩逮捕下獄，最後處死。

袁紹勸何進道：「當年竇武謀誅宦官，就是因爲太過遲疑，這才事跡洩漏。如今大將軍已將禁兵的權力收回，將士也都願意效命，此乃天賜良機！將軍如果可以一舉消滅宦官，來日必當名垂千古！只不過，這機會稍縱即逝，望將軍速斷速行。」

何進沉吟了一下，道：「都什麼時候了，還有時間商量嗎？」

何進不聽袁紹的勸，前往晉謁何太后。何太后不肯答應，說道：「你這計劃也太陰毒！宦官又不都是壞人，何故不分青紅皀白一律誅殺？況且，誅殺了宦官，以後朝廷裡，就成了士大夫的天下，你想哀家一個婦道人家，怎麼好成天與這些大男人同處一室呢？」

太后有太后的考量，看在袁紹的眼裡，簡直哭笑不得，何進攤了攤手道：「現在還有什麼辦法呢？」

「今日若不斬草除根，將來必定後患無窮！」袁紹道：「現在只剩下最後一個辦法，這個辦法很危險，萬一處理不當，只怕如同引火自焚……」

「什麼辦法？」

「太后等人被宦官所包圍，不明白天下大事，當今天下群豪，有誰不痛恨宦官？將軍只需登高一呼，必定能召集四方豪傑，統兵入關，誅殺宦官。我想如此這般，太后也不會有什麼異議了。」

「不錯，此計甚妙！」何進找來主簿陳琳修書，號召京師附近將帥，共同進軍關中，以清君側。陳琳人微言輕，雖然照辦，卻不以爲然，待書已發出，這才鼓起勇氣，對何進諫言道：「將軍手握重兵，要殺宦官，只要當機立斷，萬無不成的道理，何須借助外兵？這豈不是倒執干戈，授人以柄，萬一事不成，反將招致禍亂！」

何進耳根子軟，聽了這話也覺得有道理，奈何書信已經發出，爲時已晚。有個典軍名叫曹操的，聽說了這個消息，不禁哈哈笑道：「宦官自古便已有之，如今宦官當道，問題不出在宦官，而是出在人主無能！何進這般做法，我看非要出亂子不可。」

同一時間裡，各地豪傑，均接獲何進的書信，東郡太守橋瑁、并州刺史董卓等人，都對書中內容深表贊同。董卓尤其高興，認爲這是千載難逢的良機，立即統帥著他的羌胡大軍，浩浩蕩蕩地開拔，長驅南下，揮軍京師。

何進在洛陽城中聽見報告，不免有些慌張起來，連忙派人宣詔制止董卓，董卓不肯奉詔，答道：「大將軍既然已經召我前來，我大軍豈能停止？」

大軍壓境，且以剷除宦官爲名義，何太后見事態嚴重，不得已之下，乃下詔罷免所有中常侍小黃門，並且命他們離去之前，前往大將軍府謝罪。這些宦官們看見何進，都戰戰兢兢地叩頭不已。何進心腸好，不顧袁紹的慫恿，將宦官們全部放走。

「如此寡斷，必難成事！」袁紹暗自嘆道。他覺得自己應當自行動手，不要再受何進牽絆，因此假借何進名義，發函地方政府，囑咐他們就地逮捕宦官及其家屬。宦官們惶惶不可終日，對何進、袁紹也憎恨得咬牙切齒。

中常侍張讓等人，果然利用太后對他的同情，伺機向何進採取報復行動。

公元一八九年，漢靈帝已經逝世，年號卻還是漢靈帝的中平六年。這一年的八月戊辰日，何進不知道又聽了誰的話，覺得宦官必須全部誅殺，前往宮中晉謁自己的妹妹，力陳非得將宦官趕盡殺絕的理由。太后不置可否，張讓與另一個宦官段珪藏身於門後，聽完何進的言語，憤恨至極，帶領了一群宦官，手執兵刃，埋伏在宮門一旁，待何進走出宮門，立即一擁而上，將何進捉住。

「好個何進！」張讓大罵道：「你不想想看，當年先皇與太后不睦，如果不是我們這群人替你們求情，你們兄妹早已獲罪！如今局面混亂，就把責任全部推給我們，你的良心給狗吃了啊？」

說罷，命身旁太監拔出尚方寶劍，將何進斬首，並且假傳詔命，陰謀奪取政權。

消息傳出，何進的部下吳匡、張璋以及袁紹的堂弟虎賁中郎將袁術引兵入宮。那時宮門緊閉，袁術等人一時受困於外，便放起了大火焚燒宮門。火光沖天，張讓等人在宮中慌了手腳，簇擁著何太后、少帝與陳留王劉協從宮中的通道直奔北宮。

尚書盧植聽見宦官的喧鬧之聲，抬頭看見一群宦官挾持著何太后，正從副道的閣樓通過，於是站在半道上破口大罵。太后聽見聲音，奮不顧身，掙脫了宦官，從閣樓上一躍而下，為盧植所救。張讓等人繼續挾持著皇帝與陳留王逃出皇宮，盧植連忙派人追趕。

此時，袁紹也以中軍校尉的身分率軍進宮，他們一路追趕至宦官群集的北宮，將宮門緊閉，然後大肆屠殺宦官，見一個殺一個，屍橫遍地，血肉模糊，甚至一些普通官員，只因爲沒留鬍子，也被誤認爲宦官而遭到殺害。

張讓、段珪等人，在黃河邊上的渡口「小平津」，被盧植的部隊趕上，一連數人遭到殺害。張讓、段珪自知絕無生路，跪在少帝面前哭道：「皇上，如今天下已經大亂，臣等唯有一死，望陛下珍重！」說完紛紛投河而死。

那時已是深夜，少帝與陳留王在一位小官閔貢的帶領下，藉著螢火蟲所發出的微弱光芒，逃到一處民家，借了一輛板車，轉往北邙山方向，在當地的市集中耽擱了幾日。某天，忽然來了一名高大肥胖的將軍，率領著數十名全身甲胄的士兵，來到少帝一行安身之處。

那高大肥胖的將軍朝著少帝做了一揖，說道：「臣董卓救駕來遲，尙請恕罪！」

此人便是並州刺史董卓，他自從接到何進的詔書，便領著三千兵馬自並州南下，在洛陽附近盤桓，探聽京中虛實，並且掌握了皇帝的行蹤，於是親自前來接駕。

這下子，董卓有了護駕的名義，自然能夠風風光光地進入洛陽。不過，由於當時他急急忙忙地南下，無暇集結大軍，只帶領了三千人前來，覺得不足以壓制京師，於是他想了一個辦法：每隔幾日，便將自己的軍隊偷偷調出城外，第二天再大張旗鼓地進城。京中之人不知虛實，都以爲董卓源源不絕地調來大軍。

他又收買了執金吾丁原的部將呂布，讓呂布殺掉丁原，進而收編了丁原的軍隊，實力大增。

當董卓在北邙鎮接駕之時，曾經詢問皇帝整個事情的經過。皇帝看見董卓的軍隊，一個個相貌兇惡，而董卓本人更是高大肥胖，虎目生威，心中十分害怕，哭著說不出話，反而是一旁的陳留王劉協，侃侃而談，對董卓的聲勢以及旗下以羌胡為主的西域軍隊毫無畏懼。這讓董卓十分喜歡，當下就決定要將陳留王扶植為皇帝。

此時的董卓已是大權在手，他做的第一件事，便是召集文武百官，商討廢立皇帝的問題。

「想當年伊尹、霍光輔政，皆有廢昏君立賢君之事，我今天在朝輔政，欲效法當年故事，立陳留王為帝，諸君以為如何？」

尚書盧植第一個起來表示反對，他說道：「伊尹廢太甲，是因為太甲昏庸糊塗；霍光廢昌邑王，是因為昌邑王犯下無數罪過。當今皇上年紀幼小，又沒犯什麼罪過，怎能隨便廢立？」

董卓沒料到竟然有人反對他，氣得想把盧植殺了，被底下的人勸阻道：「盧植乃當世大儒，素有聲望，若擅加殺害，恐失天下人心！」董卓雖然憤怒，卻也克制了殺人的衝動。不過盧植自知處境危險，當晚便逃出洛陽，在上谷郡隱居起來，不再過問天下事。

次日，董卓又召集百官，重提此事。

官員的行列中少了盧植，沒有人知道董卓把他怎麼了，連大氣都不敢喘，更遑論出言頂撞。

董卓十分得意，準備強逼何太后下詔，正式實行廢立，卻不料人群之人突然跳出一人，相貌堂堂，正氣凜然，口中呼喝道：「慢著！」

此人正是袁紹。

袁紹帶兵殺光了宦官，照理說應該得到相當的地位，卻被董卓半路殺出，搶了他應有的光彩，所以早就對董卓懷恨在心。這些日子以來又眼看著董卓的惡形惡狀，深惡痛絕，這回終於忍不住，厲聲說道：「此事萬萬不可！今上幼弱，並無失德，且爲先皇嫡長，而如今閣下意圖廢嫡立庶，只怕將爲天下人所不齒！」

這話說得很重，完全沒有顧及董卓的權勢。董卓是個粗豪之人，聞言自然大怒，手握劍柄，一副要殺人的樣子，從喉嚨裡迸出低啞的怒吼，道：「你以爲你在和誰說話？如今天下在我手中，我要有什麼決定，誰敢不從？你敢頂撞於我，難道不要命了嘛？你的腦袋想試試看我董卓的劍嗎？」

袁紹也按著腰際長劍，怒道：「當今天下，群雄並起，不要以爲有勢力的，只有你董卓一人！」

董卓尚在遲疑，袁紹握著劍，一步步退出大殿。當天袁紹便離開洛陽，奔向自己的根據地——冀州。

爲了展現自己的氣度，董卓並沒有對袁紹的無禮太過追究，在他看來，袁紹不過是個小角色，不足為懼。九月間，董卓大會群臣於崇德殿前，強迫何太后下詔書，廢少帝為弘農王，改立陳留王劉協為皇帝，並定明年年號為初平元年。這個新皇帝，就是東漢最後一個皇帝——漢獻帝。

董卓自立為太尉，領前將軍事，封為郿侯，大權獨攬。十一月，又升任相國，贊拜不名，入朝不趨，劍屨上殿，儼然已經駕凌駕於所有臣子之上。他似乎有心將局面弄好，啓用了不少聲明卓著的賢達之人，如蔡邕、陳紀、韓融、荀爽等名士，並以楊彪為司徒、黃琬為太尉。還在左右建議下，冊封幾個地方群雄為朝廷命官，如孔秀為豫州刺史、張邈為陳留太守、韓馥為冀州牧、劉岱為兗州刺史等等，甚至連對他不敬的袁紹，也拜之為渤海太守。

只可惜董卓的本性仍在不久之後顯露出來。他那些收買人心的舉動，只不過是因為入朝不久，多有顧慮。待一切安排妥當，他的兵馬日漸充實，權威一天高過一天，便開始肆無忌憚地作威作福。

董卓放縱自己的兵馬，在洛陽城以及附近大肆搶掠，又以查捕奸人為名，搜索洛陽一帶的豪門巨富，將他們的財富據為己有；朝中大臣稍有不合其意者，立即處以極刑。他強迫何太后服毒自殺，把少帝廢了，也容不下這位弘農王在他的身邊，索性將廢帝逼死。

董卓逼死廢帝，倒不全是因為看著廢帝礙眼，而是因為第二年，也就是漢獻帝初平元年，關東各州郡以討伐董卓為名，成立了軍事聯盟的緣故。盟主正是董卓親自表奏的新任渤海太守袁紹。

袁紹逃回冀州，本以爲董卓就要派兵攻打，不料從朝廷來的聖旨卻是發表他爲渤海太守。他不推辭，順理成章地接下了這個地位，同時仍然自稱兼領司隸校尉，暗中派人聯絡各地豪傑，密謀起兵。

新任的冀州牧韓馥也是董卓所舉薦的，他奉董卓之命，對袁紹嚴密監視。東郡太守喬瑁在袁紹勸說下，寫了一封署名爲京師三公所發的信給韓馥，信中陳述董卓的罪狀，說董卓凌辱公卿，欺君虐民，希望各地火速發兵勤王。韓馥有些爲難，詢問左右：「到了這種時候，你們說我該幫袁紹，還是幫董卓？」

治中從事劉子惠道：「我們起兵是爲了國家，哪分什麼袁紹董卓。」又道：「不過，這種事我們倒不必搶第一，等別人起兵之後，我們再伺機行動！冀州佔著地利之便，不愁難以建立功業。」

此番言語正對了韓馥的心意，於是韓馥修書袁紹，信中對袁紹推崇備至，表明願意撤除對袁紹的監視，並且擔任他的後盾。袁紹得書，乃與各地州郡領袖接洽，皆得到響應。初平元年正月，關東諸郡以討伐董卓爲名成立同盟，共同推舉袁紹爲盟主。

袁紹自稱爲車騎將軍，與河內太守王匡屯兵河內（今河南省武陟縣）；冀州牧韓馥屯著鄴城（今河南省臨漳縣），提供輜重糧草；豫州刺史孔秀屯兵穎川（今河南省禹縣）；兗州刺史劉岱、陳留太守張邈、廣陵太守張超、東郡太守喬瑁、山陽太守袁遺、濟北國相鮑信等人，也在陳留郡酸棗嶺（今河南省延津縣）駐紮；後將軍袁術，則從魯陽（今河南省魯山縣）起兵。各地均有數萬人之多，四路兵馬，分北東南三個分向，進逼洛陽，聲勢浩大。

就因爲這個緣故，董卓覺得被他罷黜爲弘農王的少帝，仍有號召的能力，故命令自己的心腹──郎中令李儒，以毒酒強灌廢帝，毒死了年僅十五歲的弘農王劉辯。

袁紹等人起兵的目的是爲了勤王，想不到第一個影響便是害死了他們的王。

這個聯盟並不是一個有組織、有向心力的聯盟，當初成立得十分倉促，每一位成員也都各懷其志。共同推舉袁紹爲盟主那天，雖然大多數的成員都到齊了，也將誓師大會辦得轟轟烈烈，然而，這批龐大的聯盟在成員各自回到駐地以後，就沒有什麼動靜了。

袁紹也非眞的對漢室忠誠至此，當初極力慫恿何進殺宦官，無非是希望能夠從中建立功業，藉此平步青雲。他後來被董卓逼出洛陽，又積極的召集聯盟，則是抱持著另一種想法：在他心裡，漢朝已經是個過去的名詞，如果可以一步一步來，那麼他希望自己能夠朝向凌駕朝廷這樣的地位邁進。

聯盟，只是袁紹的第一步。而那些追隨他的人們，也都只是爲了自己打算而已。

董卓雖然隱約察覺到袁紹等人的想法，卻又不大知道應該怎麼對付。這時的他，已經是「相國」，地位在三公之上，綜觀漢朝的歷史，只有開國元勳蕭何曾有如此的地位。董卓打算傳令天下，徵召全國兵馬，以抵禦袁紹等人，卻被尙書正太所制止：「相國，您統率的涼州勇士乃天下之精銳，無人敢對抗，實力絕對超過那些各懷其志、七拼八湊的聯軍，爲了這點小事，無故震動天下，只會讓那些想要逃避兵役的人聚集起來，惹事生非，到時候不但要費神收拾，還會損害相國的威嚴！」

董卓同意不行徵兵，卻作了另一個令人震驚的決定：他要遷都長安。

董卓的理由是：「高祖皇帝在關中建都，歷經十一世；光武帝建都洛陽，也經歷了十一世，依照讖緯書上的說法，這時又到了遷都的時候。關中地區土地肥沃、物產豐富，當年秦國憑藉關中地區的力量，併吞六國，統一天下，如今我董卓也可依靠關中的支援，蕩平群雄，一吞海內！」

實際上，董卓只不過是懼怕關東聯軍的聲勢浩大而已，反對再激烈，他也聽不進去。初平元年二月十七日這天，正式遷都長安，他把洛陽附近的富豪全部集中起來，隨便安上一個罪名便加以誅殺，沒收他們的財產，還將洛陽城周圍的居民數百萬人，強行遷往長安，然後放了一把火，將營造了兩百餘年的華麗首都焚燒成一片焦土。

而那數百萬遭到強制遷移的百姓，起碼有一半死在半路之上，洛陽與長安之間的道路上，到處都是死屍，

悲慘的景象，一如人間地獄。

奸雄曹操

「該死的董卓，竟然做出這種事？」

洛陽大火沖天之時，聯軍之中有人發出由衷的感嘆與憤怒。他重重摔下手中的酒杯，憤憤不平地來回踱步。他很氣，氣的是袁紹的按兵不動，氣的是自己的力量不如人。

此人乃是曹操，字孟德，小名阿瞞，沛國譙縣（今安徽省亳縣）人。他的父親曹嵩，是宦官曹騰的養子，曹騰在桓帝的時候擔任中常侍，很受信賴，被封了侯爵。死後，便由養子曹嵩繼承爵位。曹嵩在官場努力經營，曾經先後擔任司隸校尉、大司農等職位，後來甚至花了大錢讓自己當上太尉。因此，曹操是在一個相當優渥的環境下成長的。

只不過，雖說宦官勢力大，然而在一般士大夫心目中，這些閹人終究是低三下四的人物。曹操的出身，蒙上一層陰影，永遠沒辦法和那些眞正的世家大族相比。

表面上，少年時代的曹操似乎對此不以爲意，在眾人面前，他整日遊獵嬉戲，射箭比武，看上去像個不會有出息的公子哥；私底下，他卻很努力地涉獵各種書籍，尤其對兵法書特別有研究，此外，他還與當時的一些名士交往，得到梁國喬玄等人的賞識。二十歲那年，曹操終於被舉薦爲孝廉，藉此登上仕途。

黃巾之亂，曹操被任命爲騎都尉，跟隨皇甫嵩、朱儁等人，鎮壓穎川一帶的黃巾軍。他後來又擔任濟南國相，表現得十分稱職。一八八年，漢靈帝成立西園禁軍，設置八校尉統領，曹操就是其中的典軍校尉。

不久，朝廷就發生了大將軍何進被殺、袁紹帶兵入宮殺盡宦官、董卓進京等事件。曹操夾在其間，始終沒有發揮的空間。

曹操冷眼旁觀著董卓在洛陽的所作所爲，知道董卓不過是一個紙老虎，一時勢盛，終將歸於失敗，因此不願意接受董卓爲了拉攏他而贈送他的驍騎校尉職，在某個夜晚偷偷離開了洛陽。

離開洛陽就等於向天下最有勢力的人公開宣稱：「我不是站在你這一邊的！」曹操逃得很倉促、很匆忙。董卓的通緝令也發得很快，沒多久，京師附近的大小聚落都張貼了重金懸賞曹操的畫像。

席不暇暖的曹操，一路奔逃，途經成皋（今河南省滎楊縣西）時，想起自己在當地有一位拜把兄弟呂伯奢，他一定會幫助自己，於是上門求見。

來開門的是呂伯奢的兒子。「家父今日有事外出，」他說道：「然而家父常向小姪提起曹公，囑咐我一定要幫助您。請進！請進！」

曹操心頭的一顆大石暫時落地，卻在當晚又提了起來。生性謹愼的他，不會輕易相信任何人，他知道呂伯奢應該是可以信任的，可是呂伯奢的兒子呢？他隔著窗子偷聽，果然聽見了不利於己的密謀。

呂伯奢的兒子和他的朋友低聲討論道：「這曹操乃是朝廷懸賞的逃犯，世道不好，我想我們把他抓住，獻給朝廷，必定可以得到不錯的賞賜！家父到時候就算怪罪，看到朝廷的賞賜，想來也不會太過生氣。」

曹操大怒，憤恨地說道：「寧可我背叛別人，不可讓別人背叛我！」提起長劍，一劍一個，將呂家的人都殺了，牽過馬，繼續逃命。

逃到中牟（今河南省中牟縣），當地的一個亭長，覺得曹操形跡可疑，把他抓起來送往縣衙。縣令沒認出他就是曹操，把他當作一般犯人處理，收押在牢房裡。可是，衙門裡的一名功曹卻知道曹操的來歷，在縣令面前說曹操的好話：「我看這人相貌不凡，絕非平常人物。世道正亂，還是不要拘留這樣的人物啊！」縣令聽了功曹的話，將曹操釋放。

曹操終於安然度過了危機。

最後他逃到了陳留郡。陳留隸屬於兗州，太守張邈與曹操乃爲故交，而兗州刺史劉岱也是公然反對董卓的人物，因此，曹操在陳留終於安心。恰巧他在此地擁有一些田產，他便以這些田產爲基礎，招兵買馬，募得士兵五千人，加入了反抗董卓的陣營。

董卓一把火燒掉了洛陽，而關東群雄的討董聯軍，卻對此視若無睹。每天在袁紹的大營裡，似乎在舉行著高級將領的會議，事實是，這些會議在曹操眼中，不過是袁紹和一群表面上地位很高，實際上一點能力也沒有的傢伙在那裡飲酒作樂罷了。

「大軍都已經集合佈署好了，而董卓的倒行逆施，已經震動天下，還有什麼好猶豫的呢？這正是上天賜給我們的良機啊！」曹操的話，袁紹根本聽不見，以袁紹的身分地位，哪裡會瞧得起曹操這樣一個靠著宦官庇蔭的人呢？

「你們不去，我自己去！」憤怒的曹操，帶領著自己的幾千兵馬，從滎陽西上，準備奪取成皋，嘗試著建立自己的功業。

在汴河的河岸，曹操碰上了董卓的部將徐榮，雙方兵力懸殊，曹操仍奮力作戰，經過整整一天，終究還是慘敗，座騎被流箭射死，情況萬分危急。這時，曹操的堂弟曹洪奔上前來，將座騎讓給曹操：「兄長，我這匹馬還行，您就騎著逃離吧！」

「不成！」曹操道：「我怎能只顧自己逃命！」

「兄長此言差矣！」曹洪道：「天下少了我曹洪沒什麼，卻不能沒有兄長您呀！」

於是曹操接受了座騎，曹洪步行保護，趁著黑夜順利逃走。

這一戰雖然失敗，倒也展現了曹操的勇氣，同時讓徐榮十分驚嘆：「這麼少的兵力，居然能和我周旋這麼久，看來我想要攻下聯軍大本營，也不是那麼容易的事啊！」於是也向後撤退。

這一戰雖然失敗，仍讓曹操在聯軍裡的地位略有提昇，畢竟這是場雖敗猶榮的戰爭。他前往酸棗，與眾將領一同商討對策，但一切還是老樣子，那些將領提不出具體辦法，只知道整天飲酒作樂。

曹操很生氣地說道：「我軍已然坐失良機，不過爲時未晚，只消現在諸路將領捐棄成見，兵分三路，一路由盟主率領，襲擊孟津；一路由酸棗諸將領，據守成皋、控制敖倉；第三路請後將軍袁術率領，自南陽直下武關，進逼三輔！」

聯軍裡的人大多只肯為自己的私利著想，不願意眞心發兵，張邈笑著安撫曹操：「我又何嘗不希望早早發兵，討滅董卓呢？只不過大軍調動，不像是你說的那麼容易啦！來，喝酒，喝酒吧！」

曹操徹底的失望了，他知道，根本不用指望眼前這群人會成大事！他的腦海中，回想起當年名士許劭對他的評語：「治世之能臣，亂世之奸雄。」心想現在是亂世啊！我既不屑與這些人為伍，何不索性成為亂世的一位奸雄呢？

曹操帶著自己的同鄉，同時也是遠房親戚的夏侯惇，南下揚州招兵買馬，集結了大約一千餘人，又與堂弟曹洪所帶的家兵一千餘人會合，再次北上。這次，他不願意前往酸棗和那些笨蛋為伍了，他決心要發展自己的獨立勢力，因此直接將部隊開赴河內前線。

果然不久以後，酸棗那批貌合神離的聯軍，在連日「置酒高會」以後，終於把糧食吃完了，各方的人馬也就陸續散去。

袁紹對於討伐董卓的事似乎也不再那麼熱心了，他比較在意自己實力的擴充，在與韓馥討論以後，得到一個結論：「董卓之所以能有如此地位，完全是因為他挾持了皇帝，控制了朝廷，不如我也建立一個朝廷，扶植一個皇帝，號召天下，與之對抗！」

他們看上的是身爲幽州牧的宗室劉虞。

曹操第一個反對，他道：「我們起兵是爲了消除董卓的暴亂，如果你再立一個皇帝，豈不是把天下搞得更亂？如果你執意如此，那就請吧！我自己帶兵打到長安去。」

袁紹碰了個釘子，又轉而請求堂弟袁術協助，袁術壓根瞧不起庶子出身的袁紹，他表示：「我反對董卓，可不反對當今皇上！」

在劉虞那裡，袁紹也碰壁。劉虞身爲宗室，爲人深明大義，他怒斥來使：「天下崩亂，諸君同心戮力王室，本應嘉許，怎會有如此大逆不道的想法？你們別逼我，再逼我，我就逃往匈奴國去！」

袁紹四處碰壁，只得打消念頭。

袁紹沒有當皇帝的野心，他只希望能夠位極人臣，當個輔佐大業的英雄。董卓卻似乎有成爲皇帝的打算。

此時的董卓，已經要求漢獻帝封他爲「太師」。不但比三公的地位高，甚至比諸侯王的地位還要高，眞正做到「一人之下，千萬人之上」，而他實際上的權勢，已是無人能比。他的車馬服飾，全與皇帝相同，文武官員有事，全都向他稟報，他在郿縣（今陝西省郿縣）興築了一個巨大的壁壘，牆高七丈、厚七丈，裡面存放著無數金銀財寶以及三十年份的糧食。

他得意萬分地說道：「如果大事告成，可以稱霸天下，就算不成，靠著它也足以安享晚年啦！」

董卓的胸襟，僅止於此。

曹操則繼續努力發展自己的實力。

公元一九二年，漢獻帝初平二年，黃巾之亂的剩餘勢力又在青州以及河北一帶，以燎原之勢發展起來。秋季，河北黑山軍大舉進攻冀州的首府鄴城以及東郡，並逐漸南移，往兗州前進，而青州的黃巾軍，則兵分兩路北上，準備與黑山軍會合。

袁紹這時候已經成了冀州牧，他讓曹操擔任堵擊黑山軍的任務，命曹操率兵進入東郡。曹操順利打敗了東郡的部分黑山軍，袁紹便發表曹操爲東郡太守。

這段期間，有不少勇將包括李典、典韋、呂虔、于禁、樂進等人，都投奔到曹操幕下。

次年，兗州刺使劉岱遭到黃巾軍擊殺，州中一時形成群龍無首的現象，曹操便在陳宮、鮑信等人的幫助下，順利地被推舉爲兗州刺史，並且攻打青州黃巾軍。

鮑信與曹操一同攻擊黃巾，鮑信被殺，他卻獲得勝利，並且一路追擊，把上百萬黃巾軍追趕到濟北（今山東省長清縣）包圍起來。後來黃巾軍全體投降，曹操將其整編，挑選出當中身強體壯的精銳組成一支戰力強大的隊伍，爲「青州兵」，號稱三十萬人。

曹操終於有了與天下群雄一爭長短的本錢。

京師大混戰

就在曹操致力於擴張勢力的同時，長安發生了空前的變故。

董卓的倒行逆施，激起了無數人的憤怒，司徒王允很早就計畫要將董卓剷除。他與幾個志同道合之人——司隸校尉黃婉、僕射士孫瑞、尚書楊瓚，早就密謀已久，只是始終苦無機會，故而隱忍不發。

終於，機會來了。董卓最信任的中郎將呂布武藝超群，勇冠三軍，向來如同董卓的貼身侍衛。這一日呂布來到王允面前訴苦道：「唉！誰說太師對我信任？那天不過為了一件小事，太師竟然拿起手戟向我扔過來，如果不是我閃得快，早就嗚呼哀哉啦！」

王允試探地問道：「我看太師對呂中郎好得很呀，怎麼會這樣對付你呢？」

呂布嘆道：「太師為人兇狠殘暴，誰知道長久待在他身邊，會不會出什麼事啊！」

王允端詳了呂布半晌，覺得呂布不像那種會耍心機的人物，於是對他說道：「假如有個辦法，能讓你從此擺脫太師的陰影，也能夠從此永享榮華富貴，你願不願意幫忙呢？」

聽見能享富貴，呂布的眼睛都亮了起來：「願聞其詳！」

王允便把誅殺董卓的計畫告訴呂布。

呂布沉默了一會兒，猶豫著說道：「太師與我，情如父子……」

「哈哈！」王允嗤之以鼻：「情如父子，你會差點連命都沒了？他姓董，你姓呂，哪裡是什麼父子啊！當董卓拿著手戟扔你的時候，心裡可曾想過你們情如父子？」王允說這話的時候，心中是相當有把握的。當年執金吾丁原也曾經是呂布的義父，呂布卻因爲董卓能夠提供更優渥的待遇，毫不留情地將丁原殺死。利益當前，呂布何曾顧慮到父子之情？

呂布心中七上八下，其實他正因爲與董卓的一名美貌侍女私通，日夜恐懼，如果此事被董卓發現，他必定沒命。「嗯！」呂布說道：「司徒有什麼計策，我呂奉先必定照辦！」

某日上朝，漢獻帝在未央宮中接見文武官員，董卓從大營直接驅車前往，威風凜凜，由呂布親自擔任護衛。王允等人布置妥當，待董卓進入宮門之時，騎都尉李肅舉起長矛直刺董卓，然而董卓身上穿著護甲，這一矛沒能把他刺死，只傷了他的手臂。

肥胖的董卓狼狽地從車上跌下來，驚呼道：「呂布，快來救我！」

呂布冷冷地說道：「末將奉旨討伐逆賊，董卓快點束手就擒！」

董卓怒罵道：「你這個兔崽子竟敢……」

還沒罵完，呂布的方天畫戟已經刺向董卓，將董卓刺死，隨即砍下他的腦袋，然後從懷中取出預先藏好的詔書，朗聲向在場的文武官員們說道：「我等奉上意行事，詔書有令，只討伐董卓，其餘之人，全無牽涉在內！」

官員們高呼萬歲。

長安城的百姓聽說了董卓被殺的消息，高興得手舞足蹈，殺雞宰羊，互相慶賀，大街上彷彿過年一般的熱鬧。眾人以為，剷除了董卓這個大災星，從此他們就可以有好日子過了。他們沒有料想到，這一切只是災難的開始。

王允、呂布等主謀者，想當然地成為權力掌握者。王允以司徒身分錄尙書事，呂布則為奮威將軍，封為「溫侯」。只不過，這兩位都不是什麼有才幹的人物。王允甚至不如當初的董卓懂得收買人心，他不顧眾人反對，把當代的文豪蔡邕殺死，只因為蔡邕在董卓死去之時，發出一聲長嘆而已，而蔡邕當時正在撰寫一部史書，名為《漢史》，蔡邕尙未寫完，便遭到處決，甚為可惜。

此外，對於董卓的部下，王允的處置方式也太過嚴苛。原本他想寬大處置董卓的涼州將領，然而當他掌權之後，想法及作法卻全然改變。他起先不願意對董卓的部下頒發赦免的詔書，接著打算將董卓的兵馬全部解散，卻又沒有實際的行動，搞得人心惶惶，不知所措，甚至謠傳王允打算殺掉涼州所有的軍民百姓。眾人心想：蔡邕只不過接受了董卓的款待，就被王允給殺了，我們以前幫著董卓打天下的，難道會有什麼好下場嗎？

不久，王允眞的讓呂布去攻打董卓的女婿牛輔。牛輔雖然擊敗了呂布麾下的李肅，卻是驚慌失措，半夜裡被變亂的左右親信所殺。牛輔的部下李傕、郭汜、張濟與樊稠等人，感到六神無主，請求王允赦免他們，王允不肯答應，李傕等人害怕，打算遣散部隊，逃回家鄉。

校尉賈詡勸說道：「你如果把大軍遣散，一個人獨自行動，王允只要動動小指頭，就能把你活逮，如果你率領大軍以替太師報仇爲名，向西進攻長安，一旦獲勝，可以保護皇上，號令天下，要是失敗，再作打算也不遲。」

李、郭汜等人聽了這話，便索性一路從陝縣殺向長安，沿途收編失散的官兵，待兵臨城下之時，竟然已經膨脹到十幾萬人。

長安城牆高大堅固，難以強攻，大軍便採取圍城的策略。大軍包圍了八天，呂布所屬的蜀郡官兵叛變，打開了城門，引導涼州軍對殺進長安城。那批野蠻的軍隊進了城，便開始燒殺擄掠，呂布奮力迎戰，卻無法扳回劣勢，只好騎著他的愛駒赤兔馬，率領了幾百名親信的騎兵部下，突圍逃出城。

半路上，呂布遇見王允，招呼他同行。王允答道：「多謝將軍！可是，安邦定國乃是我生平最大願望，如今皇上年紀幼小，凡事都依靠我。如今大難來臨，要我自己逃跑，我於心何忍啊！只希望將軍前往關東，勉勵各方豪傑，共同保衛皇上！」

呂布點了點頭，策馬向東奔去。

王允保護著皇帝，逃到長安城東北方的宣平門，這時李傕大軍已到，王允無處可逃。李傕從隊伍當中出列，恭恭敬敬地跪在地上，向漢獻帝叩頭。

漢獻帝以那稚嫩的嗓音問道：「你們是誰？放縱士兵，打算幹什麼？」

李傕回答：「我們聽說太師無緣無故被王允、呂布等叛逆殺死，特地來爲太師報仇，別無他意，待大事底定，臣等願意自請處分！可是，臣等也希望陛下不要包庇奸臣，請司徒王允出面說明，太師究竟犯了什麼罪？」

王允長嘆一聲，知道年幼的皇帝，並不足以作為他的屏障，只得引頸就戮，一家十幾口也都被屠殺。

朝廷在短期之內，又換了一批當權者。

李傕成為車騎將軍，兼任司隸校尉；郭汜、樊稠等人，實力不如李傕，分別取得後將軍與右將軍的地位。他們三人，都在長安城裡開設將軍府，與三公的機構並列，號稱為「六府」，實際上則由三人共掌朝政。

整個長安城，被他們劃分為三個區域，分別治理，卻沒有一個地方治理得好，軍紀蕩然，百姓們苦不堪言。

後來，李傕懷疑樊稠與西涼的韓遂勾結，藉故在一次酒宴之上，將樊稠拖出帳外斬首，如此一來，京師的局面便形成李傕與郭汜兩強對峙的態勢。三個勢力並存時，尚可互相牽制，維持表面的穩定，如今剩下兩個勢力，白熱化的對抗勢在必行。

郭汜的力量稍遜於李傕，因此整天提心吊膽，害怕李傕會加害他，李傕倒是一副想要拉攏郭汜的樣子，三天兩頭的請郭汜前來帳中飲酒饗宴，這把郭汜弄得更加害怕。

「誰知道哪一次的酒菜裡面會下毒藥啊！」郭汜每次冒著一身冷汗回到家中，總是想盡各種辦法，把剛剛吃進肚子裡的食物全吐出來，以免不小心吃進李傕所下的毒藥。「不行，不行！」郭汜臉色蒼白地對著糞池中酸腐的嘔吐物嘆道：「再這麼下去，就算不被他毒死，我自己也會先吐死！」

於是，郭汜向李傕發動了攻擊，兩人在長安城裡兵戎相見，將一個好好的首善之區，弄得雞犬不寧，殘破不堪。

他們的火拚持續了很久，關中地區在董卓遭到殺害的時候，尚有數十萬戶的居民，待李傕、郭汜他們縱馬燒殺。大肆搶掠之後，百姓們逃的逃，死得死，有些逃不了又死不了的，只好搶奪路旁的死屍來吃。長安城裡到處都是白骨，除了軍隊，再也沒有百姓的蹤跡，而富庶的關中地區竟然成爲一片荒蕪。

可憐的漢獻帝，成爲李傕的擋箭牌，也成爲郭汜搶奪的對象，原本應當是他居住之處的未央宮，被李傕放了一把火焚毀，他本身則被李傕強行帶往軍營當中居住。

小皇帝唯一的功用，就是成爲李傕發號施令享受權力的依據，李傕當然得好好地看牢他，不讓他離開視線半步，免得他被郭汜搶去。

漢獻帝很小很小就當上了皇帝，他的身上雖然流著漢高祖、漢獻帝、漢光武帝這些偉大祖先們的血液，可是，他卻從來不知道，一位眞正的皇帝，應當是什麼模樣。皇帝的身分，是他一輩子的枷鎖。

駐足。

京師的大混戰，造成無數百姓流離失所，餓死路旁。然而，野心家的腳步，卻絕不會因此而

挾天子以令諸侯

河北袁紹從韓馥那裡巧取豪奪，佔領了糧食豐富的鄴城，成爲冀州的主人，實力更盛；再往北方的幽州，則有公孫瓚稱雄一方，大破黃巾餘黨，威名大振，對袁紹構成相當大的威脅；南陽袁術，與公孫瓚互通氣息，意圖牽制袁紹，也想要在亂世之中，建立屬於自己的霸業；長沙太守孫堅，在袁術的支持下，四處征戰，獲得許多勝利，卻不幸在南向謀奪荊州的時候，被荊州劉表的部下黃祖伏擊而死，死時只有三十七歲。然而，他卻有兩個十分成才的兒子孫策與孫權，能夠守住父親留下來的基礎，並且建立更大的功業；徐州的陶謙，頗有心想要將自己的轄區治理得妥當，可惜，他不是一位適合生在亂世當中的人物，知道自己絕對沒有一爭天下的才能，因此，他決心要替徐州找一個適當的主人；荊州劉表，處在一個相對安定的環境裡，對天下沒有太大的野心，袁紹與他聯絡，希望他能夠從南方牽制袁術。

呂布自從長安城逃出之後，先是投靠了袁術，後來覺得袁術並非眞心相待，又因爲他自己的部下也在南陽一帶胡作非爲，鬧得很不愉快，於是辭別袁術，轉向北方并州，投奔張楊。張楊是個厚道的人，對呂布很講義氣，因此呂布在張楊這裏得到了比較好的待遇，然而，張楊的部下卻

勸張楊把呂布殺了，提著他的人頭前往長安向李傕、郭汜等人邀功領賞。

聽說這種傳聞，呂布當然馬上前去質問張楊：「聽說你有部下叫你把我殺了，送我的人頭去長安，可眞有此事？」

張楊笑了笑：「有啊！」

呂布沒有張楊的幽默感，他有點生氣地說道：「活捉我，賞賜絕對比死了的我更高，你倒不如把我給捆了，送去長安！」

張楊點了點頭：「嗯，你說的對！」

呂布分不清楚張楊說的究竟是眞心話還是玩笑話，心裡面七上八下，坐立不安，於是又帶了部下，轉向東走，投奔袁紹。

此時袁紹剛剛接收鄴城，被當地的黑山軍弄得焦頭爛額。他只帶幾十名勇士，騎乘快馬，以突襲游擊戰的方式，攻打黑衫軍的營寨，一天數次，每次皆有斬獲，把黑山軍的士氣瓦解了，也招降了黑山軍的頭目張燕。

呂布成爲人人佩服的猛將，「人中呂布，馬中赤兔」這樣的讚美，逐漸在關東一代流傳開來。

紛紛擾擾之中，最能掌握時機、擴張實力的，就是曹操。

自從收編了三十萬「青州兵」，曹操算是在兗州站穩了腳跟，但卻立刻遭到了袁術的攻擊，袁術既然要與袁紹對抗，就必須要向北發展，要向北發展就必須佔領兗州，於是他與公孫瓚聯合，於初平三年冬天向兗州發動攻擊。

曹操這時候名義上還依附著袁紹，他的青州兵初試牛刀，便在當年年底擊敗了公孫瓚的主力，迫使公孫瓚無力往南發展，退回幽州。第二年年初，曹操與袁術大戰於匡亭（今河北長垣縣西南），袁術潰敗，退守襄邑（今河南縣睢縣東），再退守寧陵（今河南省寧陵縣）。曹操乘勝追擊，屢屢擊敗兵力勝過他，但能力遠遜於他的袁術。

袁術不得已，只好放棄根據地南陽，逃到九江郡，還自我安慰地封自己為「徐州伯」這樣一個子虛烏有的官位。

解除了南面的威脅，曹操便將觸角伸向東方的徐州。

本來，曹操與陶謙並沒有那麼快起衝突的必要，曹操大可養精蓄銳、儲備實力，以做為將來與袁紹爭奪天下的資本。他攻打陶謙的理由是替父親報仇。

原來，曹操的父親曹嵩，本在徐州境內的瑯琊郡養老，曹操是個孝順的兒子，有了自己的勢力範圍，便想接父親前來居住。

陶謙作為東道主，想要賣給曹操一個面子，便派了部下約莫兩百人前去護送曹嵩，也許是曹嵩太過招搖，帶了一百多車的金銀財寶，引起了陶謙部下的眼紅，於是，他們殺了曹嵩，搶了那些財寶，四散而逃。曹操悲憤之中認為，那根本是陶謙放任部下所致，因此一定要替父親報仇。

徐州地形平坦，無險可守，曹操的大軍，如入無人之境，一連攻下十幾座城池，抵達彭城。陶謙急急忙忙領了軍隊前來會戰，哪裡是曹操的對手？在被曹操擊潰之後，陶謙退避郯城固守，曹操一時之間難以攻破，於是轉戰徐州其餘各地。也許是復仇心理太過熾熱，曹操殺紅了眼，所到之處連百姓也不肯放過，連續攻下了慮縣（今河南省淮陽縣西南）、睢陵（今河南省淮陽縣）、夏丘（今安徽省泗縣），皆以屠城作爲處理辦法，殺得城鎮村落看不見一個活人。

然而這時，兗州卻傳來叛變的消息。

原本與曹操親善的陳留郡太守張邈，眼見曹操在徐州的作爲，了解曹操的野心，擔心他遲早會把矛頭指向自己，禁不住部下陳宮的勸說，乃與呂布接洽，請他前來濮陽，接管兗州。

呂布雖然是個猛將，卻不是一個好的客人，客居袁紹處時，雖然表現得極爲英勇，自己和部下的紀律仍然極差，弄得袁紹也受不了，於是想了個辦法把呂布趕走。

他發表呂布爲「領司隸校尉」，並且派了三千名勇士，護送著他前去長安述職。

呂布雖然不是一個聰明人，但袁紹的想法還是被他看了出來，這三千人根本是押解他的獄卒啊！一個個面色不善，想必到了一個沒有人的地方便會動手將他殺害，呂布便在當天夜裡偷偷溜走。

「唉！憑我現在這副德性，有什麼能力去當那司隸校尉啊！」呂布走投無路，只好硬著頭皮，又回去找他的老朋友張楊。張楊很大方地接納了他，對他上回不辭而別的事情完全不計較。

不過呂布在前往并州的途中，因緣際會地認識了張邈，兩人結爲莫逆之交，也就是這個緣故，張邈在擔心曹操可能對自己不利之時，會想起還有一個呂布可以依靠。

呂布來到兌州，在張邈、陳宮與張邈之弟廣陵太守張超的贊助下，以濮陽爲根據地，很快地奪取了東平、往城、冀北等地。

不過，曹操的反應更快，他當機立斷地州從徐州率軍回援，走到亢父的隘口，發覺呂布還沒有在這麼重要的戰略要地屯駐兵馬，立時鬆了一口氣，笑著對部下說道：「我就知道呂布這個傢伙只是一介莽夫，不會有什麼出息的！」

於是曹操火速進兵濮陽，在地方豪強的協助下，一舉攻破了濮陽的東門，打進城裡。可是，呂布驍勇無敵，與曹操在城裡進行巷戰，把曹操親自領兵的先鋒部隊擊敗，並且差一點抓住曹操。曹操負了傷，原路逃回到營寨，雖然敗得不算慘，卻對士氣打擊很大。曹操忍著傷痛，前往各營寨慰勞將士：「一時的失敗不算什麼，我們的實力遠勝過呂布，希望各位好好準備，濮陽城隨時可以奪回來！」

話雖如此，曹操也不敢貿然攻城了。他的大軍圍困濮陽，雙方僵持了一百多天，都把糧食吃完了，呂布認爲繼續固守不是辦法，便退到了山陽（今山東省今鄉縣西北），曹操也暫時退兵。

次年，也就是漢獻帝興平二年，公元一九五年的春天，曹操重整旗鼓，凝聚足夠的力量，再次向呂布挑戰。

他把軍隊開向鉅野，攻打駐守在當地的呂布麾下的薛蘭與李封，採用包圍戰術，不讓薛蘭、李封動彈，後來呂布率軍前來救援，又中了曹操的埋伏，敗退東緡（今山東省金鄉縣東北），薛蘭、李封二人均被曹操擊敗斬首。

後來，呂布又從東緡出發，與陳宮會合，集結一萬多人，向曹操挑戰。

此時曹操把大部分的兵力都派出搶割熟麥，留守的兵力十分薄弱，營寨也不牢固，曹操將剩下的兵力分爲兩股，一半埋伏在城寨西方的長堤之後，另外一半則排列在長堤之外。

呂布一見狀況，認爲曹操兵力單薄，生了輕敵之心，「快呀！打敗曹孟德，在此一舉啦！」他讓輕裝部隊迅速挺進，攻擊曹操本陣所在的位置。兩軍交鋒不久，曹操下令躲在長堤後方的另一半兵力殺出來，步兵與騎兵聯合行動，圍攻呂布。

事實上，這時候呂布的兵力仍比曹操多。但是，呂布不知道曹操還有多少伏兵，心生畏懼，整個士氣隨之低落，因此遭到大敗，難以重新整頓兵力，只好連夜撤退。

曹操趁機追擊，攻下了定陶。呂布、陳宮雖然一度率領軍隊企圖反攻，均未能成功。呂布知道，定陶、鉅野一失，整個兌州的補給線就完全落入曹操手中，自己再也無力與之對抗，便與陳宮率領殘部逃向徐州。

張邈也跟著呂布逃去徐州，讓他的弟弟張超保護家人前往雍丘。八月間，曹操進兵包圍了雍丘，張邈曾經想從袁術那裡搬救兵，卻在半路被部下殺死。圍城四個月，於年底之時，曹操將雍丘攻陷，張超自殺，兗州大勢底定。

曹操繼續掃蕩兗州邊境的流寇變民，主力軍緩緩移至許城。許城市和南地區的一座大城，位於洛陽以南、兗州之西，地理位置十分重要。

恰巧此時，長安地區郭汜、李傕兩人不斷火拚，混戰了好幾個月，李傕把漢獻帝從皇宮請到自己的軍營裡居住；郭汜則將公卿大臣扣押起來當作人質，鬧得不可開交。後來因爲李傕的部將楊奉叛變，率軍勤王，削弱了李傕的力量，讓李傕知道自己沒有必勝的把握，才接受了涼州鎮東將軍張濟的調解，雙方同意分別釋放皇帝與公卿大臣。

漢獻帝在幾個臣子韓暹、楊奉等人的保護之下，顛沛流離，從長安落難到洛陽，暫時不在任何勢力範圍之下。曹操得知此事，認爲這是一個千載難逢的良機，便與左右親信商議：「許城離洛陽不遠，如果我把皇帝接來，豈不是可以挾天子以令諸侯了嗎？」

有人認爲，關東地區局面尚未穩定，韓暹、楊奉等人自以爲有迎駕大功，不會那麼輕易就讓曹操把皇帝給接走。

謀臣荀彧卻表示了不同的意見：「從前晉文公迎周襄王，天下諸侯皆以他爲霸王；高祖皇帝爲義帝發喪，而全國人心歸附。自從當今皇帝落難，將軍您是第一個起兵的，只因爲關東多事，因而遲遲不能勤王。如果能夠抓住這個機會，迎奉皇上，安撫人心，那才是順應潮流啊！如此一來，大義之名就承擔在將軍您的肩膀上了，號令天下，誰敢不從呢？楊奉、韓暹之輩，根本不足掛齒，如果被其他豪傑搶得先機，那麼以後可就來不及了。」

曹操聞言大喜，心意已決，便寫了一封信給當時自稱爲車騎將軍的楊奉，把他捧了一番，並分析利害，說許城附近糧草充足，自己願意全力配合楊奉，提供軍需，共同輔佐王室。

楊奉得到曹操的信，十分高興，他們正好苦於糧食短缺，曹操願意提供糧食，簡直如同天上掉下來的好運，於是便對諸將說道：「兗州大軍，就在許城駐守，有兵有糧，正是國家所應該依賴的對象！」同時發表曹操爲鎮東將軍，襲爵爲費亭侯。

當時，自稱爲大將軍的韓暹，恃功而驕，與衛將軍董承處不好。董承便想引曹操的勢力來抵制韓暹，故請漢獻帝下旨，徵召曹操入京。曹操得旨大喜過望，親自領兵北上到洛陽，晉見漢獻帝。

不久，曹操便得到了司隸校尉領尙書事的頭銜，在京中頗有一番作爲。議郎董昭足智多謀，對於朝中的情況熟悉，並且早就和曹操互通聲息。曹操入朝相見，便問董昭道：「我已經入了朝，你說說看，我下一步應當怎麼走？」

董昭回答道：「將軍興兵勤王，實在可比春秋五霸尊王攘夷啊！然而，洛陽這裡人心多異，未必都能服從將軍，依我看，倒不如迎聖駕前去許城，才是上策。」

曹操故意問道：「朝廷已經播遷多次，人心想必都已經厭煩了，如果我貿然請求皇上移駕許城，只怕很難得到同意吧！」

董昭道：「雖說如此，將軍想要完成非常的功業，就必須要有非常的魄力，不要為了拘泥於這些小節，因小失大就划不來啦！」

曹操點頭道：「我明白了！」他上奏說道：「京中沒有糧食，而不遠的魯陽一帶有糧食，請皇帝隨同大軍，前往魯陽就食。」這是公元一九六年，漢獻帝建安元年八月的事。車輦從東城出發前往魯陽，走到半路，忽然轉往許城。到了許城，曹操火速命人在此建立宗廟社稷，以作為建都的準備。

「曹操竟然跟我玩陰的？」楊奉那時駐守在梁城，聽見曹操把皇帝帶往許都，大驚失色，想要中途攔截，卻已經太晚了。

到了十月間，曹操隨便安置了楊奉幾條罪狀，發兵討伐，一舉攻下了梁城，楊奉、韓暹一同亡命，投奔南方的袁術。於是，兗州、豫州兩地，全部成為曹操的勢力範圍。

建都許城，可說是曹操一生霸業的轉捩點，他勵精圖治，廣攬人才，任用荀彧為侍中兼任尚書令、荀彧姪荀攸為軍師、穎川人郭嘉為司空祭酒、山陽人滿寵為許縣縣令、當代名儒孔融也被曹操請來，擔任將作大匠。

羽林監棗祉向曹操建議道：「許城一帶，土地肥沃，將軍兵多將廣，為求長遠之計，不如在此屯田，以供應軍需。」

曹操欣然同意，便以棗祉為屯田都尉，以騎都尉任峻為典農中郎將，不到一年的功夫，就收穫了百萬斛以上的糧食。後來，曹操又在附近的郡縣，廣設屯田官，儲存糧食，以後出兵作戰，不虞匱乏。

至此，曹操在政治上有了漢獻帝作爲號召；在經濟上有了充足的糧食作爲後盾；在軍事上又有戰力強大的青州兵，終於成爲有實力縱橫天下的一代梟雄。

皇叔劉備

呂布被曹操打敗，逃往徐州，這時候徐州的主人是劉備。

陶謙在曹操前來攻擊的時候，固守郯城，剛巧因爲曹操的後方不穩，總算被他暫時守住。不過陶謙知道，自己一時的幸運，不能代表他今後都會這樣幸運下去，他的實力和曹操差別太大，能力也絕無辦法與曹操對抗，索性放棄徐州地盤，回家養老。不久，他生了重病，臨死之前，上表推薦原本擔任平原國相的劉備，接替自己的地位。

劉備，字玄德，涿郡（今河北省涿縣）人，身上流著漢代皇室的血，據說是西漢中山靖王劉勝的後代。從輩分上來算的話，他比當今皇帝還要高出一輩，因此便有人稱他爲「劉皇叔」，不過這當然是他將來發達了以後的事，在他成年之前，家境困苦，與母親相依爲命，靠著販賣編織草鞋蓆子以餬口。

雖然貧困，劉備倒是頗有心向上，他曾經拜盧植爲師，與公孫瓚有著同窗之誼，因此當公孫瓚發跡了以後，劉備便去投靠，被公孫瓚派去協助奪取青州，建立了不少功勞，因此被任命爲平原國的國相。

曹操來攻徐州，陶謙向公孫瓚求救，公孫瓚便請劉備前往救援。劉備帶著關張兩將以及趙雲前往徐州支援，替陶謙守住了郯城，也讓曹操對之印象深刻。

陶謙終於替徐州物色到了新主人，於是上表奏請朝廷封劉備爲徐州刺史。

劉備的臉上沒有露出什麼表情，只說道：「袁術的聲望與力量都比我來得高，何不把徐州交給袁術呢？」

陶謙沒有說話。當時孔融正好在徐州，對劉備及陶謙說道：「袁術能有什麼作爲？他只能抱著自己的高貴出身作白日夢而已，和一個死人沒什麼兩樣！」

劉備於是接受了陶謙的好意，接受了徐州刺史的地位。

呂布來到下邳，一見到劉備就拉著他攀關係：「玄德啊！你我兩人，一個來自涿郡，一個來自五原，算起來都是邊疆出身。我看關東起兵的諸將，都是爲了要殺董卓才起兵的，可是，我把董卓給殺了，那些傢伙反而不肯接納我！」

劉備點著頭：「嗯，是啊！」

呂布見劉備沒什麼反應，拉過他的手，搭著他的肩，與他稱兄道弟起來：「來來來，劉老弟！請至我軍營帳中相見，我備有薄酒款待！」到了營帳，呂布把他美麗的老婆叫了出來，吩咐她拜見劉備，「怎麼樣？劉老弟，我這老婆長得不賴吧？哈哈，你肯收留我，我們就是自己人了，我的東西就是你的東西！」

劉備看著呂布在他面前胡言亂語，心中覺得這人好生無禮：把你老婆叫出來，說什麼你的就是我的，難道你把我劉備當成禽獸嗎？表面上卻只是淡淡地笑著說道：「呂將軍您累了，就好好歇息吧，將軍大名鼎鼎，那是在下早已久仰的，在徐州，您可以放心！」

劉備把呂布安排在距離下邳不遠的小沛，奉爲賓客。

日久見人心，呂布的劣根性不久之後就顯現出來，他以一個客將的身分，屈居在劉備之下，讓他蟄伏在體內的野心，又開始蠢蠢欲動，正好這時，壽春的袁術打算襲取徐州，嘗試著與呂布聯絡，想不到呂布竟然一口答應。

公元一九六年，漢獻帝建安元年，右將軍袁術正式向劉備發動攻擊。劉備命令軍司馬張飛留守下邳，自己率軍前往淮陰等地迎戰袁術。袁術的兵力遠勝劉備，能力卻差得多，雙方僵持了一個多月，互有勝負。

可是這時候，下邳國相曹豹卻因爲不服張飛的領導，與張飛發生衝突，遭到張飛斬首，城中因此大亂。袁術立即授意呂布，要他對下邳發動攻擊，呂布的反應也很快，傾全部兵力大舉進攻下邳，並且說服劉備的部將許耽倒戈，大開城門，迎接呂布進城。張飛敵不過呂布，落荒而逃，呂布便將下邳城中所有官員眷屬，包括劉備的妻子兒女，全部俘虜。

「下邳遇襲！」

戰報傳至劉備之處，全軍譁然。「我把他當作客人，他竟然如此待我？」劉備也慌了手腳，連忙拔營回軍救援，可是，軍中官兵絕大多數的眷屬，都被呂布給俘虜了，哪裡還有鬥志？抵達下邳的時候，全軍已經渙散得七零八落，全無戰力。劉備不得已，只好收拾殘兵，打算襲擊袁術轄下的廣陵（今江蘇省江郡縣）作爲新的根據地，卻已經完全不是袁術的對手。

遭袁術擊敗後，劉備撤退到海西（今江蘇省東海縣），全軍陷入愁雲慘霧，加之無家可歸、缺乏糧食，時間一久，活著的人沒有東西吃，只好把死去同伴的屍體煮來吃，悲慘到了極點。

多虧有個參謀東海人名叫糜竺的，家裡很有錢，變賣了家產之後，作爲資助軍費之用，才讓劉備的軍隊免於全軍覆沒的結局。

然而靠著這一點錢終究不是長遠之計，劉備走投無路，只好回徐州向呂布投降。「大丈夫能屈能伸！」他只好用這種沒什麼個性的話來安慰自己。

呂布看見劉備，臉上沒有絲毫愧疚之意，倒似乎什麼事情都沒有發生過，仍與劉備稱兄道弟道：「劉老弟啊，你去打袁術，可你那寶貝老弟張飛卻沒把下邳管好，弄出了亂子，我替你把變亂恢復，怎麼樣，很夠意思吧！」

「是啊，是啊！」

劉備看著呂布，心中不由得疑惑起來，怎麼這個如此風姿爽朗的漢子，竟會厚顏至此！

不知道是諷刺還是為了方便，呂布把劉備安置在當初他自己接受安置的小沛，把劉備的地位降了一點，稱為豫州刺史，自己的地位則抬升了一點，稱為徐州牧。

有了地盤，呂布又恢復了以往的英姿煥發，只不過那種舉棋不定、反覆無常的個性，仍然沒有絲毫改變。袁術對他不敢完全信任，很快就斷絕了對呂布的支援，不過當呂布自稱徐州牧的時候，袁術倒是很爽快的表示承認。

後來，兩個臭味相投的反覆之人訂下婚姻之約，呂布答應把女兒嫁給袁術的兒子，袁術則答應繼續支援呂布，表面上兩者之間似乎十分和諧，然而袁術並沒有安什麼好心眼，婚約締結之後，立即派遣了大將紀靈等人，領兵三萬，攻打劉備所屯住的小沛。

這下子，呂布似乎瞭解到袁術的真正用心，部下之中有人勸他：「將軍，劉備一直待在小沛也不是辦法，遲早會對將軍構成威脅，不如趁此時機利用袁術的手，把劉備剷除！」他卻搖頭回答：「不成！如果小沛成了袁術的地盤，就會和北方那些人聯合起來，對我們不利！為了避免被袁術的勢力包圍，我決定要救劉備！」

呂布派了小部分兵力，親自率領前往小沛。紀靈看見呂布親自前來，知道自己的主公與呂布關係良好，得罪不起，因此停兵。

「哈哈！紀靈將軍別來無恙啊！」呂布真乃勇將，只帶了幾名隨從，就大搖大擺地來到紀靈的營帳，紀靈連忙起身迎接，並且吩咐左右，設下酒宴款待。呂布道：「不忙，先請劉玄德一同前來飲宴，到時候要談什麼都不遲。」

劉備應邀，他自知難以抵抗，因此冒著生命危險前來敵營。

酒宴開始，呂布成了想當然爾的主角，他以東道主自居，渾然不以酒宴是紀靈所設爲意，與紀靈、劉備嘻嘻哈哈，酒過三巡，呂布朗聲說道：「兩位應當清楚，我今天是來替我玄德老弟解圍的！」

劉備默不作聲，似乎對呂布將怎樣替自己解圍很感興趣。

呂布向隨從示意，隨從搬來一張大弓，呂布輕描淡寫地舉起那張重達好幾十斤的弓，再讓隨從扛出他的兵刃方天畫戟，遠遠地放在營門旁邊，說道：「我今天就來獻獻醜，射上一箭來讓各位瞧瞧，假如我的箭可以射中那方天畫戟的槍尖，今日兩位就得罷兵，各自撤軍。如果射不中，那麼兩位就各自廝殺吧，我決定作壁上觀！」

語音未了，一箭射出，颼地一聲，果然射中了那細小的槍尖，箭羽尚在微微顫動，紀靈已經起身拱手道：「將軍箭法，果眞神妙，末將這就拔營，回去稟報我主！」

這就是著名的轅門射戟，讓呂布的武藝威震天下。紀靈並不是糊塗人，他看出了呂布這場表演的背後意涵：小沛是徐州的，徐州是我呂布的，誰要來奪小沛，就是和我呂布過不去！紀靈自忖不是呂布的對手，因而撤兵。袁術倒也沒對他太過苛責，在他心中，還有更重要的事情等著他去做。

漢獻帝建安二年，公元一九七年，袁術僭號稱帝，自稱仲家。稱帝的理由是。當時流行著一句預言：「代漢者當塗高。」由於袁家是春秋時代轅濤塗的後人，而他自己名叫術，字公路，均應驗了「塗」這個字，而轅濤塗乃舜帝之後，舜帝屬土德，漢朝是土德，以五行相生相剋的道理來看，火德應當取土德而代之。因此，袁術就這樣「名正言順」地當了皇帝。

事實上，多年以前，袁術派遣長沙太守孫堅攻打洛陽的時候，孫堅在洛陽宮中的一口水井發現了漢代的傳國玉璽，上面刻著「受命於天，既壽永昌」八個字，後來孫堅在打荊州的時候，中了伏擊而死，袁術便強迫孫堅的遺孀將傳國玉璽交了出來，整天捧著那雕工精美的玉璽，幻想起當皇帝的美夢來。終於在這一年，爲了表示他對曹操挾天子以令諸侯的強烈反對，不自量力地當起了皇帝。

袁術派了使節韓胤，將登基之事通知呂布，並且前來迎娶呂布的女兒。呂布爽快地同意，並祝賀袁術，讓韓胤把自己的女兒接走。然而，韓胤等人離去不久，呂布的耳邊就響起了不同的意見。

「袁術妄自稱帝，只不過是他僥倖得到傳國玉璽，其他的一無是處。漢帝猶在，而且是在曹操那裡，論實力，講能力，袁術沒有一樣能和曹孟德相比，希望將軍三思啊！」

陳宮等人這麼勸說呂布，其餘將領也大都表達了反對擁護袁術的意見。呂布決定支持袁術，不過是基於一時的衝動，自己後來想想，也覺得後悔，於是立刻派遣追兵，把韓胤和自己的女兒追了回來。他留下了女兒，扣押了韓胤，後來為了討好曹操，把韓胤押送到許都去，讓曹操處置。

曹操買了呂布的帳，殺掉了韓胤，上表奏請獻帝，封呂布為左將軍。

袁術被捅了這麼一刀，自是大怒，立刻派了大將張勳、橋蕤等人兵分七路，大舉來攻下邳。呂布倒也不是全無頭腦，他說服袁術軍中的韓暹、楊奉之輩，原本就是見利忘義的小人，投靠在袁術之下，只不過是為了一點好處，這時見呂布如此慷慨大方，便欣然同意。於是，袁術軍自亂陣腳，失敗而回。

經過這次失敗，袁術似乎理解到自己的實力實在不足以稱帝，連一個呂布都打不下來，他憑什麼去爭天下？

不久之後，袁術又被曹操給擊潰，從此沒落。

呂布勝了袁術，十分得意，想要進一步擴張自己的權利，剛好這時候，小沛的劉備在那裏招兵買馬，很快又募得約莫萬人左右，呂布將劉備視為眼中釘，於是親自領軍，攻擊小沛，把劉備打敗。劉備搖頭嘆道：「這莽夫終究難以容我！」他已很難再整頓兵馬，只好逃往許都，投奔當時的朝廷，也就是曹操所掌權的那個朝廷。

曹操對劉備十分籠絡，表舉劉備為豫州牧，有人反對曹操這種做法，對他說道：「劉備心存大志，如果不趁這個時候除掉他，將來恐怕成爲大患！」

曹操沒有立即表示意見，詢問他的智囊郭嘉道：「奉孝啊，你覺得如何啊？」

郭嘉拱手答道：「劉備終將成爲憂患，這一點也沒錯。不過，司空您自從領導義軍，剷除殘暴的惡勢力，完全是靠著您的威信，才能夠服人。劉備有著英雄的美名，如今前來投靠，如果您在這個時候把他給殺了，只怕會讓天下人指責，說您謀害賢才。如此，將來還有誰願意來投奔呢？」

「哈哈！」曹操十分高興地說道：「成敗的關鍵，都在奉孝的掌握之中！」

他撥給劉備一批兵馬，並且供應軍應，讓他回徐州奪取失地。劉備領著這批生力軍，回到小沛附近，將殘兵收攏，全力反攻，又將小沛給奪了回來。

劉備知道，曹操之所以如此幫忙，完全是爲了利用他來牽制呂布而已，這時候，曹操忙著對付盤踞在南陽郡宛城的張繡，暫時無暇來圖徐州，等到大勢底定，曹操的勢力一定會向這裡蔓延的。不過，劉備爲了站穩腳跟，只能權且接受曹操的這種安排。

呂布卻看不出曹操的用意，只覺得劉備對他而言，眞是一塊燙手山芋，必除之而後快。建安三年，公元一九八年九月，呂布再度與袁術聯合起來，向劉備發動攻擊。他派遣兩員大將，中郎將高順以及北地郡長張遼攻打小沛。從這個決定就可以看出呂布的政治眼光實在低劣，他寧可去和一個注定沒有希望，只對一個夢境般的皇帝名位抱殘守缺的袁術聯合，也要攻打聲勢如日中天的曹操所支持的劉備。

既然劉備的兵馬糧秣都是由曹操所供應，那麼劉備遇襲，曹操自然不會坐視不理，他派遣了帳下大將夏侯惇率軍援救。但是，高順與張遼都是一代將才，將夏侯惇給擊敗，隨即攻陷了小沛。

劉備的妻子兒女通通被俘虜，劉備一人喬裝改扮，落荒而逃，奔向曹操所在的許都。

如此一來，呂布完全佔有了徐州地區，而附近泰山地方的一群盜賊如臧霸、孫觀、吳敦、尹禮等人，也都歸順呂布，一時之間，呂布變得聲勢浩大，對曹操構成嚴重的威脅。

曹操感到來自徐州的壓力，想要領兵討伐，卻又因為南陽的張繡以及荊州的劉表在西南牽制，使他有些為難。

不少部下勸他：「這時候領兵去攻打呂布，恐怕會被張繡、劉表偷襲吧！」

謀士荀攸卻道：「劉表、張繡胸無大志，且近來都因為司空的征討而受到創傷，短時間不敢輕舉妄動。然而呂布驍勇狂妄，又與袁術互相勾結，如果放縱他坐大下去，將來就沒有辦法抑止了！」

曹操一拍大腿：「對呀！這才像人話！」他立即做出決斷，調動兵馬，全力出擊，往徐州進發，一舉就攻下了彭城，並且與逃難中的劉備相遇。廣陵太守陳登響應曹操，自願當作曹操的先鋒，因而大軍長驅直入，挺進下邳，呂布親自督軍迎戰多次，都被擊敗，只好退回城裡堅守。

曹操射書城中，分析利害關係，勸呂布投降。呂布心意動搖，陳宮則認爲不可，他道：「曹操遠來，大軍必有糧草上的困難，如果將軍願意率領軍馬，屯駐城外，由下官及高順等將領堅守下邳，則曹操攻將軍，下官便領軍襲擊曹操；如果曹操攻城，將軍則可在城外救援，如此，不下十天，曹軍必定因爲糧草不濟而退兵！」

「嗯嗯……有道理！」

呂布打算聽從陳宮的話，不料他那美貌的妻子卻不願意呂布離開，她在呂布面前哭得聲淚俱下，道：「陳宮與高順素來不合，他們在一起守城，那能成事？如果有什麼差錯，妾身就再也見不到將軍啦！」

呂布摟著妻子安慰，心頭慌亂，頓時又沒了主意，他也不大放心陳宮，當初陳宮在曹操底下的時候，曹操待他極好，陳宮仍然背離了曹操；自己對待陳宮，絕沒有曹操那般好，說不定陳宮有什麼別的打算！於是，呂布派了部屬許汜、王楷悄然溜出城，去向壽春的袁術求救。

袁術雖然已經和呂布恢復交誼，總還是心存芥蒂，冷哼一聲道：「呂布不願意把女兒嫁過來，又屢次失信，這時候有難了，卻來求我？」

許汜、王楷道：「明上若不救呂將軍，將來必定是唇亡齒寒！」

袁術聽了，才決定動員戒備，表示支持呂布。

不過袁術的軍隊遲遲不來，呂布知道那定是爲了女兒的事，故決定親自護送女兒出城，他把女兒用錦緞厚厚地包裹住，安置在馬背上，趁著黑夜出城。可是曹軍守夜之人，仍舊一眼就看出了呂布，頓時飛箭如蝗，往呂布身上招呼。呂布怕傷了女兒，只好頹然退回城中。

河內太守張楊，向來與呂布交好，聽說呂布有難，立刻出兵幫助呂布，他打算襲擊許都，以解救徐州，不料軍隊還沒有出發，張楊竟然被部下楊醜所殺，楊醜打算投靠曹操，卻又被另一名部下眭固所殺，原屬於河內的部眾，全都投靠了北方的袁紹，呂布的援助遂告斷絕。

這場戰爭一直延續了三個月，到了年底，城裡面軍民飢困交侵，曹操又挖掘河流引水灌城，守軍眼看支持不住，士氣渙散。這時有個部將侯成，因爲被呂布斥責，心懷怨恨，便聯合了魏續、宋憲等人叛變，逮捕了高順、陳宮，開城門向曹操投降。

曹操的大軍湧入城中，呂布以及左右衛士倉皇地登上白門樓，曹軍將白門樓團團包圍。

呂布嘆了一口氣，對左右道：「沒希望了！你們把我的頭割下來，拿去給曹操請降吧！」左右衛士不忍心下手，呂布只得搖搖頭，自己下樓向曹操投降。

曹軍將呂布五花大綁，推去見曹操，這時候曹操與劉備都端坐在高堂之上，呂布人高馬大，卻狼狽不堪地被捆倒在地。

「喂！」呂布高叫道：「你也把我綁得太緊了吧！」

曹操微笑道：「你是一隻猛虎，綁老虎可不能太鬆啊！」

呂布轉向劉備：「劉老弟，今天你是座上賓，我卻是階下囚，你就不能替我講幾句好話嗎？」

劉備微微笑著，默不作聲。

呂布哼了一聲，又對曹操道：「唉，孟德啊，從今以後，天下大事已經平定啦！」

「怎麼說？」

「閣下所憂慮的，不就是我呂布而已嗎？如今，我輸得心服口服。將來，由呂布替閣下率領騎兵，閣下親自統領步兵，豈非所向無敵呀！」

這話倒是說得不錯，放眼天下，誰能有呂布的勇猛呢？曹操有些心動，便轉頭詢問劉備的意見：「玄德，你覺得如何？」

劉備沉吟道：「明公切莫忘記，當初丁建陽與董太師的下場啊！」

丁建陽就是丁原，董太師就是董卓，兩個人都曾與呂布有著密不可分的關係，卻都沒有好下場，劉備的意思很明白：呂布這個人不值得信任。

「嗯，你說的沒錯！」曹操終於放棄了原本心中那一絲想要收服呂布的念頭。

「你這個大耳朵的奸賊！」呂布痛罵劉備：「像你這種人最不可信任了！」

劉備笑著沒有說話。

就在這時候，士兵又將陳宮押解進來，曹操與他是舊交了，當年就是他和鮑信保舉曹操成爲兗州牧的。曹操凝視著陳宮良久，嘆道：「公臺啊，你向來自負足智多謀，如今卻怎樣了呢？」

陳宮不假辭色，指著地上的呂布說道：「都是因爲他不肯聽從我的意見，才落得如此下場，否則，如今是誰被五花大綁還很難說！」他義正辭嚴：「我爲臣不忠，爲子不孝，已經沒有面目活在世上啦！」

「你要如何安排你的身後事呢？你的老母，你的妻小？」

「以孝治天下者，不害人之親，施仁政於天下者，不絕人之祀，我的娘親與妻小存亡與否，在你而不在我！」

曹操不再說話。

「你快把我殺了吧！」陳宮催促著行刑。曹操揮了揮手，命人將呂布、陳宮、高順等人一同絞殺，將他們的人頭砍下，送回許都懸掛示眾。然而對於陳宮的母親和兒女，曹操則對他們妥善地照顧，也許這樣，才能讓他的心情好一點吧！

於是，曹操終於完全平定徐州，聲勢更爲擴張。在這裡，他又替自己招納了一批賢才，張遼的英勇，這幾個月來他看在眼哩，心裡十分欣賞，因而拜張遼爲中郎將；前尚書令陳紀及其子陳群，均爲當代名士，曹操特別加以優禮，任命陳群爲官；廣陵太守陳登，在這場戰爭中功勞最大，曹操乃拜爲伏波將軍。

曾經擁有過伏波將軍這個稱號的人物，最出名的就是西漢時代的馬援，馬援鎮守大漢帝國的南方門戶，功勳永垂不朽，而陳登駐守的廣陵，則爲淮南地區的重鎮，扼守著長江北邊門戶，也就是曹操勢力範圍的南端，之所以拜陳登為伏波將軍，曹操也許是希望他能夠成為自己的馬援吧！

這時候長江以南的揚州，是孫策的勢力範圍。曹操封了一個伏波將軍，很明顯就是對江東有興趣。孫策是個聰明人，他知道自己目前的力量不足以對抗曹操，於是派遣正議校尉張紘擔任使者，前往許都進貢，表示願意效忠曹操所扶植的朝廷。

曹操當然知道孫策的想法，自忖如今尚無百分之百的把握用兵江東，因而笑著接納了貢品，並替兒子曹彰迎娶了孫策兄長孫賁的女兒，兩家結為姻親，同時任命張紘為侍御史，留在許都的朝廷述職。

曹操兼併了徐州，安撫了江東，因此對壽春的袁術，形成了包圍的態勢。袁術又向來把荊州的劉表當作敵人，因此，他的處境非常尷尬，四面楚歌，完全被孤立起來。

心灰意冷的袁術，唯一能做的，只有縱情聲色來滿足自己，他所統治的淮南地區，饑荒日益嚴重，糧食耗盡，根本養不起他的兵馬部眾，袁術也不想辦法治理，反而放了一把火，把自己稱帝時所修築的宮殿燒毀，率領殘兵前往自己的部下陳簡、雷薄那裡就食，不料這兩個人不願意接納落難的主公，關起城門拒絕見面。

日暮窮途的的袁術，迫不得已，想起了自己向來瞧不起的堂兄袁紹。

袁紹這時仍然是全天下最有實力的人，兵多將廣，土地遼闊，所缺的只是一個名分而已。自從曹操把漢獻帝遷到了許都，袁紹無時無刻不在後悔與懊惱中度過，他曾經寫信要求曹操把獻帝送來鄴城，曹操當然不肯。袁術來了一封信，措辭委婉卑下的向他求助，並且願意把皇帝的名號讓給他。袁紹怦然心動，心想既然我沒辦法得到皇帝，何不自己來做皇帝？放眼天下，又有誰比袁紹更有實力，更有資格當皇帝？許都的那個空殼子朝廷，早就應該結束了，是到了應該改朝換代的時候啦！

他派了長子袁譚去和袁術接洽，並且安排袁術暫居在青州。

袁術有了救星，自然歡歡喜喜的啓程。然而，從壽春到青州，必須經過徐州、兗州等曹操的勢力範圍，而袁術又不肯易容打扮成平民穿過這些危險地帶，一定要大搖大擺地維持自己的排場，才剛剛踏進曹軍的防區，就被曹操部將朱靈與劉備攔截痛擊，崩潰而逃。

「我的一生，就這麼到此結束了嗎？」袁術悲傷地問著蒼天。

他還來不及回到壽春，就在距離壽春八十里地的江亭地方，因爲羞憤、飢餓加上疾病，口吐鮮血而亡。

這個不被人所承認的朝廷，就這樣消失了。這是建安四年六月間發生的事。

江東孫氏

袁術死後，他的弟弟袁胤領著殘部，去投靠袁術的舊部廬江太守劉勳。廬江地處江淮要衝，乃一戰略重鎮，劉勳由於袁胤的加入，力量陡然膨脹起來，引起江東小霸王孫策的注意。

孫策乃孫堅之子，當初孫堅遭到黃祖的襲擊身死之時，孫策只是一個十八歲的青年，他把父親的靈柩運回老家安葬，並且安置了母親與三個弟弟，孤身一人，展開了他的奮鬥。

孫策把原本屬於父親，卻被袁術所扣留的一千多名兵馬要了回來，表面上替袁術到處征戰，實際上不斷厚植自己的力量，並且與袁術漸行漸遠。他似乎有種天生的英雄氣概，走到哪裡總能吸引眾人的目光，連袁術也說：「如果生了一個像孫策的兒子，那眞是死了也沒有遺憾了！」

孫策卻看出袁術將來不會有什麼前途，只是礙於父親與之交好，這才暫時屈居其下，名義上奉他的號令。興平年間，孫策以五六千兵馬，攻打揚州劉繇位於采石磯的大本營，一舉擄獲大量輜重，並且繼續進兵，將劉繇趕走，接收了劉繇的部眾，兵力一下子膨脹到兩萬多人，威震江東，孫策從此有了「江東小霸王」的稱號。那時他才二十出頭，年輕英俊，當地的人都不稱他爲孫將軍，而稱他爲「孫郎」，顯示對他的歡迎與愛戴。

建安元年，孫策攻打會稽，擊敗王朝，遂擁有了吳郡、會稽與丹陽三個郡的地盤，聲勢龐大起來，威望也漸漸提升，當地的豪傑紛紛前來歸附，讓他得到了不少江東地區的人才。

建安二年，袁術稱帝，孫策不願意與他爲伍，寫了一封長信，勸說袁術回頭是岸，效忠漢朝。袁術當然不肯，孫策便正式與袁術決裂。

第二年，袁術所任命的江北居巢縣令周瑜以及東城縣令魯肅，同時放棄官位，前來投奔孫策，兩人均爲賢才。周瑜字公瑾，與孫策是兒時玩伴，交情匪淺，爲人多才多藝，風度翩翩。是名聞當時的美男子，人稱「美周郎」；魯肅字子敬，誠實敦厚，性情穩重，是周瑜的好友，這兩個人都是孫氏後來建立霸業的大功臣。此外尚有韓當、程普、黃蓋等老將，以及太史慈、丁奉等猛將，一時之間人才濟濟，聲勢浩大。

廬江太守劉勳收編袁術舊部，實力增強，然而糧食卻告短缺，於是派人去向豫章太守華歆借糧，華歆推辭說沒有足夠的糧食可以借給劉勳。孫策聽說此事，知道了廬江的虛實，便打算用計謀對付劉勳。

他寫了一封信給劉勳，告訴他盤踞在上繚一帶的「宗民」，結寨自保，儲存頗多糧食，勸他可以去打宗民以搶奪糧食。劉勳上當，率領軍隊前往上繚，於是後方空虛，孫策便與周瑜率領精兵兩萬，渡江進攻，輕易攻下了皖城，收降劉勳部曲約有三萬多人。

劉勳進退不得，輾轉北走，投降了曹操。

孫策從劉勳那裡，還接收了戰船一千多艘，從此一改以往缺乏水軍的窘境，領著這一批戰船，從爐將出發，順著長江往西攻擊黃祖。他是爲了報父仇，也是爲了拓張勢力範圍。黃祖帶有相當龐大的水軍，聽說孫策來攻，連忙向長官劉表求救，劉表也很快派遣了自己所屬的長茅軍五千人，前往搭救。

兩軍大戰於沙羨（今湖北省武漢市境），孫策獲得絕對的勝利，不但把黃祖以及劉表的援軍全部擊敗，還俘虜了黃祖所屬的六千多艘戰船，殺死敵軍萬人以上。

這場戰役才眞正讓孫策威震江東，大軍所到之處，敵人無不聞風喪膽。

不過，擊敗了黃祖以後，孫策並沒有繼續向西挺進，轉而回師豫章，派遣虞翻爲使節，前往豫章郡治去見華歆，勸他投降。

華歆知道自己絕對不是孫策的對手，於是自我解嘲道：「我本來就是北方人，只因爲接任了這豫章太守，又遭逢亂世，這才被牽絆在此地。如今孫將軍來此，正好可以讓我返回家鄉啊！」說罷，便隨著虞翻出城，親自前往迎接孫策大軍入城。

孫策不費一兵一卒，就把豫章這樣的大郡收服，佔領的勢力範圍大爲擴張。他將豫章劃爲豫章、廬陵兩郡，以兄孫賁爲豫章太守，以孫輔爲廬陵太守，揚州五郡，全在孫策的掌握之下。

孫策忙著經略廬將豫章，後方的吳郡卻又爆發了不穩定的跡象。盜賊嚴白虎、鄒佗、王晟等人，趁著孫策領軍出征的時候，四處騷擾。孫策聞訊，先將豫章事情安頓好，留下周瑜鎭守巴丘，自己帶兵東歸吳郡，討伐嚴白虎等人。這些盜賊一般的人物，如何是孫策的對手？經過一番掃蕩，幾股動亂的勢力都被孫策討平。

當孫策大軍進入嚴白虎本營時，兵卒抓住了前任的吳郡太守許貢，孫策下令將他殺死，而嚴白虎等人則逃往江北。

建安五年，公元二〇〇年，廣陵太守伏波將軍陳登，在江北造鎧甲、修戰船，並且與嚴白虎的殘餘勢力相結合，準備大舉進襲江南，孫策便屯軍於丹徒，準備與陳登決戰。

對孫策而言，這是一個大膽的決定，陳登是曹操所寵信的大將，他自己則是曹操所冊封的討逆將軍。與陳登交戰，無異於和曹操翻臉，或許他心裡正盤算著渡過長江，與天下群雄一爭長短吧！

「或許有朝一日，天下也能夠掌握在我的手中！」

可惜，他並沒有機會證明這一點。

某日，孫策將軍中事宜安排妥當，輕裝簡從，至丹徒郊外狩獵。這時候，三個形貌鬼祟之人，躲在附近的草叢間，待孫策靠近，放出一支冷箭，射中孫策。孫策中箭落馬，隨從們大驚失色，立刻將那幾個行兇之人抓了起來。

「說！你們是誰？爲什麼要害孫將軍？」隨從自責護主不力，急得快要哭了出來，捏著那幾個人的臂膀，幾乎要扭斷。

「哈哈哈！我們是吳郡太守的賓客，爲主報仇，死而無憾！」

原來，這三個人是許貢的賓客，許貢被孫策所殺，他們立誓要爲主公報仇，才苦心策劃了今日之事。

「死而無憾？那你們就死吧！」

隨從刷刷刷三刀，砍死了兇手，然而，卻救不回孫策的命了。

他們將孫策抬回軍營，雄姿英發的孫策已經奄奄一息，他虛弱地說道：「快！去把……去把張昭和我兄弟仲謀找來……」

臨危之際，孫策對張昭說道：「如今天下紛亂，我打下來的這片天，廣土眾民，足以靜觀天下成敗，希望你能好好輔佐我兄弟，保住我們孫家的基業。」又轉而對弟弟孫權說道：「率領江東軍民，與天下爭衡，在戰陣當中決勝負，你不如我；可是，任用人才，使他們盡心竭力保住江東基業，百姓生活樂利，我不如你！希望你能好好幹出一番事業來！」

年僅十八歲的孫權眼中含著淚水，點了點頭道：「兄長，我一定全力以赴！」

當晚，孫策傷重不治，享年二十七歲。一代將星殞落的方式，竟然與他的父親一樣。

孫權初掌江東大權，人心不穩，士氣低落，多數的官員對於這個毛頭小子的領導能力頗為懷疑，而採取觀望的態度。這對於北方的曹操，實在是一個大好時機，可是他此時並沒有閒暇分兵南下，所以他也就順水推舟，表舉孫權為討虜將軍，領會稽太守，並派遣當初前來許都的侍御史張紘前往江東宣慰，張紘也就順勢擺脫曹操，返回故土。

孫權之母吳太夫人，擔心孫權年少，難以度過艱困，便以張紘張昭共同輔佐孫權。

孫權也是少年英雄，年紀雖輕，見識卻不凡，當初，他的兄長孫策在重用周瑜之時，並沒有任用隨之前來的魯肅，魯肅鬱鬱不得志，常常有返回故鄉隱居的打算，不過孫權卻看出魯肅的能力，於是在周瑜推薦下，接見了魯肅。

魯肅果然沒有令孫權失望，兩人相談之下，魯肅展現了他的智慧與見解，孫權問他：「當今漢室衰微，我想要成就當年齊桓公、晉文公的霸業，不知您會如何幫助我？」

「想當年高祖皇帝打算尊奉義帝，卻不能成事，都是因爲項羽從中作梗。如今，曹操就是當年的項羽，主公何必去效法什麼齊桓公晉文公呢？」魯肅道：「依微臣看，漢朝國運已衰，曹操也不會衰亡，爲主公著想，只有保住江東，坐看天下變化，趁著中原多事之秋，西滅黃祖，進討劉表，佔領所有江南之地，這才是帝王之業啊！」

孫權心裡高興萬分，嘴巴上卻謙虛地說道：「唯今之計，只能盡一方之力，輔佐漢室，您說的那些帝王之業什麼的，我連想都不敢想啊！」話雖如此，他仍舊對魯肅大加封賞，禮遇有加。

於是江東孫氏的威望與力量，逐漸恢復到像孫策的時代，甚至更有凌駕當時的趨勢。

官渡之戰

正當孫氏兄弟努力在江東拓展的時候，北方的政局，又發生了劇烈的變化。

建安三年至四年，袁紹全力向北發展，消滅了公孫瓚，佔據了幽州，於是自己坐陣冀州，以長子袁譚爲青州刺史、次子袁熙爲幽州刺史、外甥高幹爲并州刺史，以審配馮紀主領軍事，以田豐、許攸、荀諶爲謀士，以顏良、文醜爲大將，聲勢浩大，稱雄於河北地方。

袁紹向來有著統一天下的志向，如今形勢一片大好，便打算把這個理想付諸實現，首先要對付的，就是曹操。袁紹因此挑選精兵十萬，加以嚴格訓練，並且派遣使者，分頭連絡宛城的張繡與荊州的劉表。

張繡與曹操是宿敵，袁紹的使者滿以爲自己的任務必定輕鬆，卻不料仍然發生變故。張繡的謀臣賈詡坐在一旁，見主公聽了使者的話，怦然心動，連忙搶先發言道：「麻煩您回去轉告袁本初，他連自己的兄弟都不能容，怎麼能夠得到天下人的心呢？」

使者與張繡都嚇了一跳，尤其是使者，被這麼一句話氣得撫袖而去，張繡則滿臉驚異地問道：「袁紹與曹操之間，必定將發生大戰，兩強對峙，非左即右，非袁即曹，我向來與曹操爲敵，這時候投向袁紹，有什麼不對？你這樣斷了我投靠袁紹的後路，叫我該怎麼辦哪？」

賈詡道：「我們該投靠曹操！」

「爲什麼？曹操比袁紹弱，這場仗十之八九會輸呀！哪有人棄強從弱的？」

「這正是我們應當投效曹操的道理。」賈詡道：「第一，曹孟德奉天子以令諸侯，名正言順，我們這是向漢朝效忠；第二，袁紹已經很強，我們投靠他，未必受重視，曹操比較弱，得到我方支持，必定喜出望外，重用我方人士；第三，有志於天下者，心胸開闊，不至於計私怨，如果我們投向許都，以曹孟德的個性，理當不計前嫌，與將軍化敵爲友。」

這三點分析，合情合理，張繡又向來對賈詡言聽計從，心中雖老大不快，仍然在建安四年十一月，率領部眾，歸降曹操。

曹操又驚又喜，在這種危急時刻，張繡竟然願意伸出援手，他一高興，以往的仇恨都拋開了，握著張繡的手道：「以後多靠您幫助啦！」

「嗯……」張繡也擠出一絲微笑：「這都是我的謀士賈詡的功勞。」

曹操得知賈詡的分析，開始對這個頭腦清晰的人另眼相看。「好好好，不管是誰的功勞，只要願意幫助我，我一定知恩圖報！」

他表奏張繡爲揚武將軍，任命賈詡爲執金吾，娶張繡之女爲兒子曹均的媳婦，雙方結爲親家，政治上結爲同盟。

至於荊州劉表，可就不像張繡那樣有個通情達理的謀臣了。劉表的身分地位很高，他是眞正由朝廷所冊封的荊州牧，封武平侯，擁兵數十萬人，手下人才濟濟，在長江中游一帶，具有極大的勢力。因此當袁紹的使者前來致意的時候，劉表架子抬得很高，對來使不假辭色，而那使者對劉表卻也畢恭畢敬。

「我家君上對於劉景升先生向來是很仰慕的！如果雙方可以結爲同盟，到時候，我軍從河北南下，劉景升先生從襄陽渡江北上，兩軍南北夾擊，必可殲滅曹操國賊，到時先生將可建立無比的匡復之功啊！」

「嗯！」劉表不冷不熱地說道：「殲滅國賊，那是大家共同的願望，你且回去吧，該幫助的時候，我一定不會比任何人慢的。」

他既沒有言明是否眞要出兵，也沒有說清楚到底要幫助哪一邊，表面上似乎是答應袁紹的請求，等到袁紹的軍隊眞正開始動員了，卻又按兵不動，打算先觀望一陣子，到時候再坐收漁翁之利。

部下們對他這種做法很不能苟同，從事中郎韓嵩與別駕劉先勸說劉表不應如此，道：「如今兩雄相持，左右局勢的力量，就操縱在將軍身上，如果想有所作爲，大可以趁著雙方精疲力竭的時候下手；如果沒這種打算，就該選擇幫助的對象，怎麼可以手中握著幾十萬的大軍，坐觀成敗？人家求救，你不肯幫助，自己又不願意歸附賢能的人物，這樣只會招惹天下人的怨恨與不齒而已，想要維持你中立的地位也不可得啦！」

「那你們說我該幫助誰？」

「袁紹勢力雖大，卻不能上下一心，曹操是個軍事天才，既善於用兵，且手下賢才良將也有許多，又有著輔佐朝廷的名份，看這態勢，必定是曹操擊敗袁紹。如果等到曹操把袁紹打敗了，那時候他一定會率領大軍南下，渡江攻打荊州，那時恐怕抵擋不住吧！現在最好的辦法，莫過於把荊州之地獻給朝廷，向曹操示好，將來曹操得勝，必定不會忘記將軍您的功勞，如此，既可保住荊州，又可以永享榮華富貴，何樂而不爲？」

劉表本來就是個猶豫不決的人，難以當下決斷，就叫韓嵩以入朝述職爲名義，探探虛實。韓嵩道：「我韓嵩如今對您效忠，赴湯蹈火，在所不辭。然而，萬一將來朝廷封我官職，我就成了天子的臣屬，必須以朝廷爲效忠對象，在大義上，我就不能再對您忠誠了！這一點請您多加考慮，不要逼我辜負您！」

劉表以爲韓嵩只是不願意前往許都，順口答應，強迫韓嵩前往。

韓嵩到了許都，曹操爲了表示籠絡，就拜韓嵩爲零陵太守，遣他回領地任職。韓嵩回到襄陽，晉見劉表，盛讚曹操之德，勸劉表趕快派遣質子入朝，向曹操輸誠，不料他把曹操說得太好，劉表激憤起來：「你去了一趟許都，居然就這樣背叛了我？好大膽子！來人哪，把他給我推出去斬了。」

屬下驚恐萬分，紛紛替韓嵩求情，連劉表的妻子也說道：「韓嵩乃楚地名士，胸襟坦蕩蕩，心直口快，沒有理由殺他吧？」

劉表這才答應不殺韓嵩，只將他囚禁起來，鬧得他與曹操的關係變得十分尷尬。

不過曹操暫時沒有時間去處理劉表的事情，他忙著部署防禦戰線。自從知道袁紹打算動武，他便當機立斷，派遣軍隊先行佔據戰略要地黎陽，在黃河北岸建立據點，進可攻，退可守，隨即沿著黃河南岸，經白馬、烏巢、延津到官渡口，設立一條堅強防線，並將重兵屯駐在官渡口，另外派遣大將臧霸帶領一批軍馬深入青州，以防禦東方。

正當曹操全力調兵遣將、嚴陣以待之時，許都的朝廷，發生了一樁插曲，使得兩雄相爭的態勢掀起了另一陣波瀾。

衛將軍董承、左將軍劉備，與朝中許多大臣互相聯絡，陰謀刺殺曹操的事跡洩露了。

原來自從曹操遷獻帝於許都之後，表現得十分跋扈，朝中佈滿了他自己的人馬，不但不把獻帝放在眼裡，甚至只要有人與獻帝談話太久，也會被他嚴密監控。

於是，董老太后的內姪董承，便與當年董卓時代的王允一般，興起了誅除權臣曹操的念頭。

算起來，董承是漢獻帝的表叔，後來又把女兒嫁給漢獻帝當貴人，與漢獻帝關係十分密切，因此經常有出入宮闈的機會，獻帝也與他十分親密。

正好這時，皇叔劉備也因為長期屈居在曹操身邊，鬱鬱不得志，曹操名義上給了他一個豫州牧的官職，甚至昇任他為左將軍，卻把他留在許都，不給他半點兵馬，實際上根本是就近監視。

漢獻帝清楚地看出這兩位遠房長輩心裡在想些什麼，於是寫了一封秘密詔書，藏在衣帶之中，託人秘密送出宮去，交給劉備與董承，囑咐他們共除國賊曹操。董承與劉備領命，與朝中一些志同道合的人聯絡，參與其謀者尚有將軍吳子蘭、王服等人。

可是曹操並不是董卓，他聰明睿智，有人想要謀害他，他便能從那些人的言談舉止中看出端倪，他早就懷疑劉備圖謀不軌，卻又沒有證據。某天，曹操設下宴席，找了劉備前來府中把酒言歡，酒酣耳熱之際，曹操問道：「玄德啊！依你看，當今天下，群雄並起，當中有哪些人真的稱得上英雄的啊？」

劉備沉默片刻，說道：「荊州劉景升，兵甲數十萬，水陸大軍皆齊備，旗下人才濟濟，可謂英雄！」

曹操搖頭：「這人優柔寡斷，雖然兵馬充足，可是只要我揮軍南下，就可以踏平他，算不上英雄。」

劉備又道：「河北袁本初，四世三公，近來又滅公孫瓚，擁有四州之地，兵馬之厚甲於天下，可以算個英雄吧！」

曹操笑道：「玄德知道我最近爲了他的事忙得團團轉，拿他來壓我是吧？其實告訴你吧，對我而言，袁紹不足爲懼!他這個人，不能禮賢下士，不懂得以眞心對待部下，抱著自己四世三公的來歷，自以爲了不起，瞧不起人，因此部下也不會願意爲他效死。這種人，能算是英雄嗎？」

劉備拱手道：「那還得請司空指教，誰是天下英雄？」

曹操笑道：「來來來，這兒有很多菜，吃一點吧！」說著夾了一筷子，尚未放入口中，便道：「依我來看，當今天下稱得上英雄的，就只有你劉玄德與我曹操二人而已啊，像袁紹、劉表那些人，算個屁！」

劉備此時正好舉起筷子準備夾菜，聽了這話，心中著實嚇了一大跳，手一軟，筷子掉在地上，正巧這時，天邊傳來一陣轟隆隆的雷聲，劉備爲了隱藏自己的心思，連忙俯下身去撿起筷子，尷尬地笑了笑：「這雷聲挺嚇人的啊！」

這句話雖然掩飾了一時的失態，似乎也騙過了曹操，可是他自己心裡卻忐忑不安，知道曹操已經對他有所懷疑，急忙尋求脫身之計。當時正好是建安四年夏季，袁術尚未滅亡，打算前往投奔袁紹，即將穿越徐州、兗州。這個消息傳來，劉備立即自告奮勇，表示願意前往攔截袁術。

曹操撥給劉備一些軍馬，讓他和將軍朱靈一同前去截擊袁術，兩人很快地將袁術打敗，不久便傳來袁術的死訊，朱靈領著兵返回許都，劉備卻不敢回去了，他率領著關羽、張飛、趙雲等將領，襲取徐州，殺死曹操任命的徐州刺史車胄，攻佔下邳，並且派遣使者前去聯絡袁紹，共同討伐曹操。

這個叛變行動，實際上是劉備出賣了漢獻帝與董承等人，曹操聞訊大怒，下令嚴加查辦，並且派遣司空長史劉岱與中郎將王忠討伐劉備，但兩人並非劉備對手，大敗而回。而曹操很快便查出衣帶詔的事情，知道背後原來藏有這麼大的陰謀，故立即下令逮捕董承、吳子蘭等人，全夷三族，連董承的女兒董貴人也不肯放過。漢獻帝苦苦哀求曹操道：「董貴人已經有了身孕，難道不能放她一馬嗎？」曹操堅持不肯。

朝中之事大致底定，曹操決定親征劉備。左右有人進諫道：「袁紹來勢洶洶，這種時候分兵東征，恐怕會給袁紹可乘之機！」

郭嘉說道：「袁紹這個人不可能說做就做，雖然正在備戰，也不會這麼快就發兵，不如趁著劉備羽翼未豐，早早翦除，免得將來成爲禍患。」

曹操十分贊同郭嘉的說法，立即火速發動大軍，星夜進擊。當時，劉備屯兵小沛，囑咐關羽保護著他的家眷駐守在下邳，沒有想到曹操的大軍竟然來得這麼快，根本來不及防備，就被曹操打敗，落荒而逃，只好向北投奔袁紹。而不久之後下邳也被攻下，關羽以及劉備的妻小都被俘虜。

原本，關羽並不打算投降，他和劉備情同兄弟，願意替劉備犧牲生命。可是，劉備的妻兒都在他身邊，他認爲自己有責任保護，如果就此犧牲，劉備的妻兒只怕要受辱。於是，他與積極籠絡他的曹操約定：「降漢不降曹」，投降後，他關羽是大漢朝廷的臣子，並不是曹操的臣子。曹操心想，反正如今朝廷就是我的，你投降了朝廷，就等於投降了我，於是答應了關羽的請求。

當曹操發兵攻打劉備的時候，袁紹的謀臣別駕田豐曾經勸袁紹儘快襲擊許都，攻其不備，袁紹卻因爲自己的小兒子生病了，遲遲不願發兵，把田豐氣得直跳腳道：「天啊，就因爲一個嬰兒的病，白白浪費這個千載難逢的好機會，大勢已去啦！」

等到劉備前來投奔，袁紹以禮相待，而劉備則不斷訴說曹操在朝廷中如何作威作福，氣得袁紹血脈賁張，立刻就要發兵攻曹，田豐此時卻道：「曹操已經奪回徐州，屯兵官渡，許都已經不再空虛，再加上曹操用兵如神，實在很難以力取勝。不如改採持久之策，以逸待勞，憑藉山川險要，外結英雄，內修備戰，然後挑選敵人脆弱的地方，不斷分兵進擾，讓敵人無暇建設，如此用不著三年，我軍則可坐等勝利。如今若輕舉妄動，把成敗訴諸一戰，萬一失敗的話，將後悔莫及啊！」

袁紹聽完十分生氣，命人將田豐逮捕，怒道：「大軍發兵在即，你竟敢說出這種擾亂軍心的話，你就看看我這場仗是勝是敗，等我回來，再好好整治你！」

建安五年，公元二〇〇年二月，袁紹調動大軍，大舉南征，並且命令主簿陳琳撰寫一篇檄文，散發天下各州郡。陳琳是當代文豪，文章行雲流水，氣勢磅礴，一篇洋洋灑灑的檄文，把曹操的罪狀數落得條理分明，並將曹操罵得一無是處，曹操本人也看見了這篇文章，只覺得毛骨悚然，「他……他怎麼能把我說得……」他先是很生氣，把文章又讀兩遍之後，乃搖頭苦笑道：「不過，這篇文章寫得還眞是好啊，假如我是別人，說不定我也會恨死這個曹操啦！」

袁紹兵分兩路，一路主力部隊，由他親自率領，向黎陽推進；另一路由大將郭圖與淳于瓊率領，從白馬津（今河南省滑縣東）渡河，進攻東郡。

兩軍之間，隔河對峙，河水自上游至下游，有三個渡口，分別爲延津、黎陽與白馬，如今三個渡口已被袁紹佔了兩個，於是荀攸建議曹操：「主公可率領大軍向延津集中，作勢渡河，引誘袁紹主力西進，然後以輕騎兵迅速去救援白馬，如此必可以破敵。」

「不錯，正該如此！」

曹操依著計畫行動，袁紹果然前來延津阻擊，曹操留下部分疑兵，自己趁黑夜率軍銜枚火速飛馳，向東移向白馬津，行至距離白馬十多里處，被袁紹手下大將顏良發覺，立即列下陣形迎戰。

這時，劉備的部將關羽，由於之前徐州兵敗，正在曹操營中，曹操欣賞關羽的勇猛，對他十分禮遇，賞賜給他許多金銀財寶，還把當年呂布所騎的那匹神俊非凡的赤兔馬送給了他。關羽雖心繫著劉備的下落，倒滿心想要對曹操的恩情報答一番，這時機會來了，他自告奮勇，願意當作曹操的先鋒，於是曹操命他與部將張遼共同出擊。

關羽果眞神勇非凡，兩軍甫接觸，他便騎著赤兔馬，衝入敵營，對千軍萬馬視若無睹，直取顏良本陣，顏良還沒反應過來，就被關羽一刀斬落馬下。顏良一死，全軍士氣瓦解，曹軍趁勢進攻，白馬之危遂告解除。

袁紹這時已經抵達延津，聽說顏良戰死，心中老大不快，準備率領全軍渡河，追擊曹軍，智囊沮授勸阻道：「勝負經常是瞬息萬變的，如今我軍應該先行駐紮，派出部分兵馬前往官渡試探，如果得勝，再發兵不遲，這時候全軍前進，白馬已失，恐怕會被敵人截斷退路！」

袁紹道：「只要一擊取勝，我軍便可直取許都，到時候就不必擔心退路的問題啦！」

渡河之時，沮授私下嘆道：「主公狂妄自大，底下的人只求貪功，我能不能活著回來啊！」便謊稱自己生病，請袁紹讓他辭職返鄉，袁紹不准，對他產生懷疑，故將他的兵權剝奪，軍隊交給郭圖。

軍隊渡河，抵達延津之南，曹操將軍隊屯駐在白馬山南麓，構築陣地，並且命人登高瞭望。士卒回報道：「敵方前鋒。約有五六百騎！」過了一會兒，又報：「騎兵人數越來越多，另外還有數不清的步兵……」

曹操揮揮手：「好了，不用再回報啦！傳令下去，所有騎兵下馬，解下馬鞍，就地尋找掩蔽。」

曹軍之前在白馬之戰獲勝，擄獲不少輜重，此時正用大車運來。將領們擔心敵人數量太多，勸曹操先行撤退，曹操沒有說話，荀攸在一旁說道：「正在誘敵深入的時候，怎麼能就這樣撤退！」曹操看著他微微笑了笑。

此時，遠遠已經可以望見敵軍的旗號，那是袁紹軍騎兵大將文醜以及劉備的部隊，大約有五千多人，大軍壓境。將領們問曹操：「是不是應該上馬備戰啦？」

曹操搖頭道：「還不是時候！」

過了不久，袁紹的騎兵發現了曹軍的輜重車隊，連忙趕上，搶奪車上糧食器械，陣形大亂，曹操一拍手：「時候到了，全體上馬！」

一陣擂鼓聲後，曹軍從掩蔽之處一齊殺出，搶紅了眼的袁紹軍，完全沒料到這是誘敵之計，正在混亂當中，哪能與曹軍抗衡？一陣激烈的殺戮之後，騎兵大將文醜陣亡。延津之戰，又是以袁紹軍失敗告終。

顏良與文醜，是袁紹手下兩員猛將，卻在兩次前哨戰中先後陣亡，袁軍士氣大受影響。不過對袁紹來說，倒也不是完全沒有好消息。

原來那英勇無敵的關羽，知道自己的主公劉備身在袁軍之後，便已無心逗留曹操身邊。他替曹操把敵方大將顏良殺死，已算報答了曹操對他的恩惠，這時曹操再對他多好，也已經於事無補。白馬之戰，關羽立下大功，曹操立刻表舉關羽為漢壽亭侯，並且重重賞賜，然而關羽為了與劉備之間的義氣，竟然對這些功名利祿無動於衷。他將漢壽亭侯的印信掛在營中，安排了一輛車載著劉備妻小，自己騎著赤兔馬從旁保護，一路出走，過關斬將，投奔袁紹軍，與劉備相會。

袁紹知道那個把顏良一刀砍死的猛將，現在已經投靠自己的陣營，心中原有的不快都拋諸腦後。

「眞是英雄啊！」曹操聽聞關羽離去之時，感嘆萬分：「天下竟有如此重義之人！」左右勸他發兵追趕，曹操道：「算了，各為其主，就算把他追回來，他也不能眞心為我所用，放了他吧！」

袁紹兵多勢大，敗了兩場非關鍵性戰役，並沒有造成多大的傷害，得到關羽後，聲威復振。而盤據在汝南一帶的黃巾餘黨劉辟等人，此時也聞風響應，背叛了原來效忠的朝廷，投向袁紹的懷抱。

曹操的局面不利，不得已，只好放棄了東郡的陣地，將兵力集中於濟河南岸的官渡，與主力設在濟河北岸陽武的袁紹軍隔河對峙，袁紹沿著河畔的沙堆，構築了連綿不絕多達數十重的陣地，打算利用自己兵力上的優勢，伸展兩翼包抄曹軍，進而殲滅。曹操堅守陣地，不肯退卻，屢次出戰，都被袁紹擊退，因此他也構築了堅強的防禦工事，準備來個長期抗戰。

袁紹命人修建木製的高樓，名曰「高櫓」，並且用大量的泥土堆起人造的高山，以居高臨下的態勢，對著曹軍不斷放箭。曹營之中的軍士，都必須用盾牌擋住頭頂，才能在軍營當中走動。

曹操則想出一種反制之道，他營中的工匠設計出一種特製的車子，中間有著一支巨大的槓桿，可以投出石塊攻擊人，取名爲「霹靂車」。曹軍便以這種投石車攻擊袁軍，把那些高櫓擊毀。

袁紹又採取挖地道的戰術，直通曹營，曹操便命士兵橫著挖掘深溝，並在深溝之中等候，待袁軍自地道出現，便守株待兔，將其斬殺。

雙方你來我往，僵持不下，從建安五年五月一直鏖戰到九月，雙方將士全都疲憊不堪。袁紹又派了劉備率領一批部隊，讓他和汝南地區的黃巾軍聯合，繞道南面，企圖達成包圍曹軍的目的。

曹操感到腹背受敵的壓力，許多部將紛紛叛逃，使他萌生退兵的打算，但他又遲疑了起來，「我能退到哪裡去啊？」他心想：「退守許昌孤城一座，即使能夠守住一時，還不是遲早會被袁紹消滅！」猶豫不決之際，他寫了一封信回許都，詢問留守城中的謀士荀彧。

荀彧得書，立即回信，信中鼓勵曹操繼續抵抗道：「主公以弱敵強，還能僵持這麼久，足見主公的能力遠在袁本初之上，如今主公雖然糧食不足，然而比起當年項劉之爭，楚漢在滎陽、成皋之間缺糧的窘況，又算得了什麼呢？兩軍僵持已久，千萬不能先退，先退的，氣勢就輸了，袁紹那邊，只怕也不好過吧！主公不如堅守，以待局面之變化。」

讀完這封信後，曹操打消了撤退的念頭，他深吸一口氣，決心要做更爲艱苦的抗戰。

袁紹的戰術其實是正確的，然而在執行上卻出了問題。首先，他已經對曹軍形成包圍的態勢，卻不敢命令兩翼的部隊渡過濟河，將包圍網完成，這是他膽怯的一面；其次，他雖然令劉備前去襲擊曹軍後方，卻不肯給他足夠的兵馬，以至於劉備無力達成任務，這是他得人而不能用人的一面，；第三，青州方面的袁譚與并州方面的高幹，未能與主力部隊配合，襲擊曹操的兌州、徐州與洛陽等地。

事實上，兩軍相持不下之際，袁紹陣營中並非沒有人提出正確的戰略，謀臣許攸便曾向袁紹建議道：「如今曹操傾全力防守我軍，後方許都必定空虛，應該分兵襲擊許都，奉天子之令以討伐曹操，如此，曹軍必敗！」

袁紹根本聽不進去，他道：「如今形勢一片大好，曹操隨時會敗，我又何必多此一舉？」

許攸多次獻策，袁紹只是相應不理，惹得他心中頗爲不快，正在此時，許攸的家屬在鄴城犯法，被留守的審配捉拿下獄，許攸一氣之下，索性投奔了曹操。曹操在軍營之中，聽說許攸前來投靠，大喜過望，急急忙忙奔出營帳，親自前往迎接，一見到許攸，歡喜地拉住他的手，嘆道：「你願意來投效我，大勢底定，大勢底定啊！」低頭一看，發現自己連鞋子都忘了穿。

許攸假裝沒有看見曹操的失態，問道：「明公，我今日前來，無非是希望能襄助朝廷，討滅國賊，奈何袁紹兵多糧足，敢問明公，此間尚有多少餘糧？」

曹操答道：「還夠支持一年的！」

許攸搖頭道：「不對吧？」

曹操不好意思地笑了笑：「大概只能撐半年吧……」

許攸嘆道：「明公真想破袁紹嗎？為何所言不實？」

曹操只得攤手苦笑：「說實話，軍中糧食，恐怕連一個月都有點困難啦！」

「兩軍交戰，成敗關鍵必在糧食！」許攸道：「明公如此，袁紹又何嘗不是如此？如今，袁紹將全軍糧草輜重約莫萬車，都存放在烏巢（今河南省延津縣東南），當地雖有守軍，卻不嚴密，如果以輕裝精兵發動突擊，他們必定料想不到，然後放火燒糧。如此，袁紹大軍，最多不足三日便可崩潰！」

曹操欣喜若狂，決定親自出馬，命令曹洪、荀攸留守大營，自己率領五千兵馬，喬裝改扮，打著袁紹軍隊的旗號於夜晚出發，每個人手中都抱著一綑木柴，循著小路，穿越袁紹軍防守的陣地，途中有人盤查，便回答道：「袁公擔心曹操劫糧，派我們來加強戒備。」

守備的人不疑有他，曹操一路上沒有遭遇什麼阻礙，潛行至烏巢囤糧之處，便立即行動，乘著風勢放起大火，那時正是秋冬之交，天乾物燥，火勢瞬間蔓延成沖天烈焰，一萬多車的糧草，

子割掉，放他們逃生。

守將淳于瓊黑夜中驚醒，發現了敵人，連忙命人向本軍求援，自己則披上戰甲，倉皇應戰，沒過多久，就被曹操殺敗而陣亡，守軍約有一千多人被曹操俘虜。曹操故意命人把這些俘虜的鼻子割掉，放他們逃生。

消息傳至袁紹處，袁紹乃對兒子袁譚道：「曹操去打烏巢，此刻官渡大營必定空虛，正好這時去擊破他的大營，讓那姓曹的回不來！張郃、高覽！」他朗聲道：「快快進兵，攻打官渡！」

大將張郃對這道命令有意見，他道：「啓稟主公，淳于瓊守著全軍糧食，關係至爲重要，官渡方面，此時也必有重兵把守，並非一時三刻所能解決，依末將之見，當先派大軍去救烏巢！」

謀士郭圖極力主張應當攻打官渡大營，與張郃辯論了老半天。最後，袁紹還是決定叫張郃、高覽去打官渡，另外調撥一批少量部隊，去增援烏巢。

張郃對局勢的評估一點都沒錯，官渡曹營防守得滴水不漏，張郃、高覽進攻多次，都無法突破，反倒是那前往烏巢的袁軍，行至半路，已經聽聞淳于瓊陣亡的消息，他們看見逃回來的友軍，一個個臉上沒了鼻子，鮮血淋漓，怵目驚心，害怕自己也會有同樣遭遇，不戰而退。

「烏巢的糧倉，全都被曹操給燒啦！」

「眞的嗎？那我們不是沒有糧食可以吃了？」

袁紹沒能把這個消息封鎖住，弄得全軍人心惶惶。而那郭圖因爲失策而感到羞愧，進而覺得怨恨，他怨恨張郃的先知先覺，深怕主公因此會親近張郃而疏遠他，於是在袁紹面前說壞話：「那張郃！我聽說他知道前方兵敗，臉上還得意洋洋的哩！被他料中，他可得意了，哪管我軍有沒有糧食吃？」

袁紹正在氣頭上，聽郭圖這麼說，把滿腔的怨恨都發洩在張郃身上，想要殺他，張郃恐懼，便與高覽聯合，陣前倒戈，率部眾投靠曹操，曹操得到了兩員猛將，聲勢大振，局面完全逆轉。

曹操自烏巢凱旋而歸，隨即率領全軍，大舉進攻，那袁紹集結的十幾萬大軍，這時候全都沒了士氣，沒有糧食的軍隊，再怎麼強大，也無法作戰，才交戰沒多久，就土崩瓦解，四下逃竄。

袁紹、袁譚父子，領著八百名隨身騎兵，渡河逃亡，剩下來的大軍，死的死，投降的投降，爲了出一口惡氣，曹操竟然將所有的降敵全數坑殺，死者多達七八萬人。

「啓稟主公！」接收敵方輜重的士卒前來向曹操報告：「袁紹大營之中，發現一批書信，那是，那是……」

「那是什麼？」

「那是我方將領……與……與袁紹之間的……」

「喔？」

「是的，有……」士卒隨手拿出幾封書簡正要唸，卻被曹操給攔了下來。

「夠了，這不必告訴我，直接將書信給燒了吧！」曹操嘆道：「在那危急萬分的時候，就連我都差一點想要投降，更何況是其他人呢！」

軍心一定，便能保住勝利的果實，這一點，曹操理解得十分透徹。

袁紹如喪家之犬一般逃回冀州，雖然還能夠自保，卻已經沒有爭雄天下的力量了。倒不是他無法東山再起，而是他再也沒有心力重整旗鼓。他的一生，都在一帆風順當中度過，年少之時就暴得大名，之後一路發展，從未遇到重大挫折，如今遭到這樣慘痛的失敗，讓他的雄心壯志完全瓦解，他沒有辦法接受這樣的事實，不敢面對他被一個出身低下、實力遠不如他的人徹底擊潰的結局。

隆中對

袁紹返回鄴城不久就生了病，這一病再也沒有好過。烏巢的大火，袁紹雖未親眼看見，卻成了伴隨他病榻餘生的夢魇，兩年之後，他在絕望與悲傷的情緒中嘔血而死。

從建安五年十月官渡之戰到建安七年五月袁紹病死，這段時間裡，曹操將劉備擊潰，逼得他亡命荊州去投靠劉表，劉表仰慕劉玄德的英名，待之以上賓之禮，讓劉備屯駐在襄陽以北的新野。

曹操想要動員大軍南下攻打荊州，卻被荀踐、荀攸所勸阻，他們說道：「河北局面尚未平定，袁紹雖敗，實力仍然不可小看，應當先將北方完全平定，再去圖荊州不遲。」

曹操接受。

袁紹病死之後，河北局面陷於紛亂，部下分裂爲兩派，一派擁載袁紹的長子袁譚，另一派則擁載袁紹最喜歡的小兒子袁尚。兩派之間，勢如水火，已經開始互相攻擊，然而，當曹操打算趁亂進攻之時，兄弟兩人倒能識大體，共同抵禦外侮。

郭嘉勸說曹操道：「這兩兄弟一向不合，如今我軍前去攻擊，反倒使他們聯合起來，不好對付，明公倒不如靜觀其變，待他們拚得你死我活，兩敗俱傷，再向他們發動攻擊。」

曹操依計行事，暫緩發動河北的攻擊，果然不出郭嘉所料，袁尚與袁譚，立刻互相攻擊對方。起初，袁尚佔了上風，一路追擊，將兄長驅趕到青州的平原城，幾乎就要把袁譚給消滅了。這時，曹操卻率軍北上去救袁譚，在把袁紹逼回鄴城之後，曹操又撤軍南下，吸引兩兄弟再度內訌。

曹操的計略運用得十分成功，袁氏兄弟鷸蚌相爭，大大耗損實力，得利的就是曹操。建安九年，曹操以袁尚擅自攻擊袁譚爲理由，大舉進兵河北，親自率領精銳攻打鄴城，打了大半年，終於在八月攻下鄴城，消滅了袁尚的勢力，次年正月，又以袁譚對朝廷不忠誠爲由，興兵攻打袁譚，將其剿滅。

曹操終於將袁家的勢力，徹底剷除。

郭嘉勸他：「冀州地大物博，人才濟濟，應當多多招募人才，這比佔領地盤還要重要。」

曹操道：「我也是這麼認爲的。」於是招攬許多賢俊的人才，設置幕府，予以安置，連當初官渡之戰前夕，做檄文辱罵曹操的陳琳，也在其中。曹操絲毫不計前嫌，見了陳琳，仍舊熱誠招待，但仍忍不住說道：「你那篇文章罵我罵得眞是精采，可是，罵我就算了，爲什麼要連我的父祖都要罵進去啊？」

陳琳回答：「那也只是受人所託，不得已而爲之，望明公恕罪！」

「各爲其主，何罪之有？又何必要我恕罪啊！」曹操笑道，他命陳琳與陳留人阮瑀共同擔任文書官，兩人均爲當代文豪，他們與山陽人王粲、北海的徐幹、汝南人應瑒、東平人劉楨、以及魯國人孔融，是當時文壇最有份量的人物，今稱「建安七子」。

其後幾年之間，曹操又親征烏桓、收降遼東公孫康，徹底將征服華北，佔有幽州、冀州、并州、青州、徐州、兗州、豫州以及關中司隸之地，傲視天下，無人能敵。

建安十三年，公元二〇八年，曹操大封功臣二十餘人爲列侯，徵召西涼馬騰入京，並且改變中央官制，罷三公，置丞相御史大夫，自認爲丞相，並在鄴城屯駐重兵，親自率領，不時入朝許都，成爲天下霸主。

曹操在儒家文化的薰陶下，自然不會以「天下最強」爲滿足，他要當「天下唯一」的那個人，他命人在鄴城開鑿了一個巨型人工湖，取名爲玄武池，用來演練水軍，顯而易見的是，他已經打算用兵江南。

此時勉強能和曹操對抗的勢力，除了荊州劉表、江東孫權之外，只剩下漢中張魯以及益州劉璋而已。

那劉璋乃是益州牧劉焉的兒子，劉焉病逝，臣下擁立劉璋爲主。劉璋生性柔弱，佔據著素有天府之國的益州四川之地，物產豐富，人才眾多，卻不懂得善加利用，只因地處偏遠，這才沒有捲入戰禍。漢中張魯，據傳爲東漢中葉道教始祖「張天師」張陵的孫子，以道教治理轄區，形成一個很特殊的現象。

而江東孫權自從十九歲繼位以來，在周瑜、魯肅、張昭、張紘等一班賢臣的輔佐下，總算穩定了基業。後來，江東地區的山越部落，經常四處騷擾，孫權乃派遣大將太史慈、呂範、程普、黃蓋、韓當、周泰、呂蒙等人，分別討平，安定了孫氏在整個江東地區的統治權。

建安十三年，孫權二十七歲，已經流露出恢弘的氣度。幾年來，他替江東累積了厚實的國力，於是打算向西攻打黃祖，以報殺父之仇。這時有一位豪傑名叫甘寧，從黃祖之處前來投奔，告訴了孫權江夏一帶的虛實，孫權乃調動水陸大軍，以甘寧爲主將，凌統、董襲爲先鋒，攻擊黃祖，將黃祖殺死，並且準備繼續西進，一舉奪取荊州，此時卻發生了意想不到的變局。

荊州劉表病危，曹操傾全國兵力，意圖大舉南犯！

此時劉備也在荊州，劉表待他不錯，他卻鬱鬱寡歡。在新野一晃就是六年，空有滿腔大志，卻沒有伸展手腳的空間，令劉備覺得寂寞萬分。曾經有一次劉表設宴款待，他當中起身如廁，回座後淚流滿面，劉表問他為何如此，他答道：「以前經常騎馬，身上都沒有什麼肥肉，如今在您這裡過了這些年，腿上都長了肥肉，不知道我還要蹉跎多久啊！」

這時劉備已經四十七歲，惆悵之心油然而生，劉表也不知道拿什麼話安慰他。

雖說如此，劉備也沒忘記結交當地名士，經營自己的政治前途。襄陽有位隱居的高人，名叫司馬徽，人稱水鏡先生，他曾向劉備提起，襄陽附近有兩位當代俊傑，號稱「臥龍鳳雛」，此二人有經天緯地之才，得其一便能與天下爭雄。

劉備問道：「這臥龍是何人？鳳雛又是何人？」

司馬徽回答：「臥龍乃諸葛孔明，鳳雛乃龐士元。」

劉備心想這不過是當地士人相互標榜的手段而已，沒怎麼放在心上，後來，他又在新野地方，得到一位名士，姓徐名庶字元直，博學多才，令劉備大大折服，想要請他擔任自己的軍師，替自己出謀劃畫，可是徐庶卻道：「我的才能，比起臥龍先生，那實在是不值一哂！」

連徐庶都這麼說，劉備不得不相信，於是說道：「可否請先生相邀，請臥龍先生來寒舍一敘？」

「這人懷有不世之才，難以請來，如果將軍想見他，恐怕得親自到他隱居的地方去尋訪！」

劉備問明那諸葛孔明隱居之處，原來在襄陽城西二十里地的隆中，於是找了一天，輕裝簡從，親自前往隆中去尋訪諸葛孔明。很不巧的是，前兩次尋訪，諸葛孔明都不在家，直到第三次前往，這才見到了大名鼎鼎的臥龍先生。

這諸葛孔明本名亮，不過二十來歲年紀，身長八尺，瀟灑俊逸，玉樹臨風，簡單幾句寒暄，便顯露出他的見識非凡。劉備心想：「這位諸葛先生，果眞名不虛傳啊！」隨即摒退左右，向孔明作揖請教：「漢室衰微，奸臣當道，我雖不自量力，卻有心伸張大義於天下，然而，屢屢受挫，請問先生有何教我？」

孔明笑道：「我確有一番淺見，不知將軍可願耐心聽完。」

劉備道：「今日來訪，便是爲此，請先生不吝指教，我洗耳恭聽。」

孔明略爲沉吟，隨即將他對天下大勢的分析，娓娓道來：「自董卓造逆以來，天下豪傑並起。曹操勢不及袁紹，而竟能克紹者，非爲天時，抑亦人謀也。今操已擁百萬之眾，挾天子以令諸侯，此誠不可與爭鋒。孫權據有江東，以歷三世，國險而民附，此可用爲援而不可圖也。荊州北據漢、沔，利盡南海，東達吳、會，西通巴、蜀，此用武之地，非其主不能守，此殆天所以資將軍，將軍豈有意乎？益州險塞，沃野千里，天府之土，高祖因之以成帝業。今劉璋闇弱，張魯在北，民殷國富而不知存恤，智能之士，思得明君。將軍既帝室之冑，信義著於四海，總攬英雄，思賢如渴；若跨有荊、益，保其巖阻，西和諸戎，南撫彝、越，外結孫權，內修政理，待天下有變，則命一上將將荊州之兵以向宛、洛，將軍身率益州之眾以出秦川，百姓有不簞食壺漿以迎將軍者乎？誠如是，則大業可成，漢室可興矣。此亮所以爲將軍謀者也，唯將軍圖之。」

這便是赫赫有名的隆中對，將當時天下情勢精確地點出，甚至預言了未來幾十年的發展，諸葛亮未出茅廬而定三分天下，其眼光與見解之透徹，不但冠絕當時，也使諸葛亮這三個字，成為後世智慧與計謀的代名詞，甚至有人將他形容成未卜先知、呼風喚雨的神人。其實，這個當時只有二十六七歲的年輕人，全憑著他敏銳的觀察力以及對於時局的關心而已。

劉備對於諸葛亮的才能十分仰慕，說服他替自己效勞之後，命他擔任自己的軍師，經常與他暢談天下之事，惹來關羽和張飛兩位素來與劉備情同兄弟的部屬看不過去，對他說道：「年輕人空有一張嘴，光說不練也是有的，主公不要太過信賴！」

劉備笑著安撫兩人道：「你們不瞭解啊！我得到孔明，就有如魚得到了水一樣！」

劉備與諸葛孔明之間君臣相合，成為歷史上的一段佳話。而這只不過是個開始而已。

赤壁之戰

建安十三年八月，劉表病故，曹操起全部兵力，大舉南征荊州，消息傳來，荊州軍民亂成一片。與當年袁紹死後一樣，劉表的兩個兒子，長子劉琦應當擁有繼承權，然而劉表生前比較喜愛劉琮，而且劉琮又有蔡瑁、張允等劉表寵臣的支持，生性忠厚的劉琦，敵不過讒言的侵害，因此在諸葛亮的建議下，自願出任江夏太守，甫到江夏，就傳來襄陽方面打算投降的消息。

曹操的軍隊規模實在龐大，水陸大軍號稱八十萬，在當時，天下沒有任何一個勢力，能夠動員如此龐大的兵力。七月起兵，九月間，先鋒已經越過南陽，抵達荊州北邊，遠遠望去，只見浩浩蕩蕩，旌旗蔽野，馬蹄震動著大地，所到之處無人能擋。

劉琮就是被這種聲勢嚇壞了，他與幾個大臣商議的結果，認為以荊州一地，實在不可能抵擋這樣的大軍，因此派了使者，舉州請降，曹操不費吹灰之力，就進入襄陽，佔據荊州。

當時劉備剛從新野移防樊城，劉琮投降，並沒有通知他，等他知道消息，大軍已經壓境，倉皇之間只好放棄樊城，兵分兩路撤退，一路由他與張飛、趙雲率領，由陸路往南移動，前往江陵；一路由關羽率領，走水路往江夏航行，與劉琦會合。

許多原本屬於劉表的部隊，不願意投降曹操，也跟著劉備一同逃亡，此外尚有十幾萬的難民，他們聽說曹操在北方到處屠城，害怕遭受同樣的待遇，因此也加入了劉備的行列。劉備心腸好，不願意放棄難民，卻被難民所拖累，耽擱了行軍的時間，被曹操親自率領的五千騎兵追上。一場混戰，劉備軍隊大敗崩潰，與諸葛亮、張飛抄小路逃亡，曹軍在後方追趕，奔至長板橋，眼看就要追上，張飛道：「主公，你儘管與軍師先行撤退過橋，我留下來斷後便是！」

劉備點了點頭，道：「翼德，千萬珍重！」

張飛領著身邊二十騎兵，立於橋頭，他讓幾名士兵在馬尾上綁了樹枝，在橋邊的小樹林裡來回奔馳，故佈疑陣，待曹軍來到，高舉長矛，嗔目喝道：「我乃燕人張翼德，有哪個不怕死的，就來向我挑戰吧！」

曹軍素知張飛勇猛，又看見橋旁樹林人影晃動，擔心裡面有埋伏，一時之間，竟然不敢追擊，劉備因此得以逃脫。

走了一陣子，失散的將領們紛紛重聚，唯獨沒有看見趙雲，有人對劉備說道：「我先前見他單人一騎，向北方奔馳而去，遮莫投奔了曹操？」

劉備很有信心地說道：「我知子龍，絕對不會棄我而去！」

果然不久以後，趙雲騎著白馬，渾身傷痕，懷裡抱著劉備的幼子阿斗，原來他在兵荒馬亂之中，知道劉備的妻小被敵軍擄獲，於是單槍匹馬，殺進重圍，將劉備的兒子救了出來，

劉備潸然淚下，對趙雲道：「若爲了這麼一個孩子，害得你有什麼三長兩短，教我怎麼對得起大家，又怎能對得起自己啊！」

他們稍微拖慢了曹軍追擊的速度，卻沒有轉敗爲勝的可能，只好改變路線，不再前往江陵，轉往東行到漢水邊，與關羽的水師會合，這時候江夏太守劉琦也派兵前來支援，於是他們便一同前往江夏。

曹操擊敗劉備，佔領江陵，得到荊州，整編了從劉表那裡收降的十幾萬軍隊以後，威勢更盛，打算一鼓作氣，順江而下，掃平江東。

孫權在不久之前，聽說劉表逝世，荊州局面不穩，曹操大軍南下，急忙派遣魯肅前來荊州，以弔喪爲名，前來探聽虛實。魯肅剛到荊州，劉琮已經投降，兵荒馬亂之際，魯肅與劉備相遇於

當陽。魯肅早就聽說劉備的名號，覺得此時能夠尋得一個外援也是好的，於是託稱主公孫權的旨意，殷切地問候，並且勸他與孫權結好，共圖大業。

諸葛孔明知道孫權目前還拿不定主意，於是對劉備說道：「主公，我願為主公前往江東，說服孫權，共同對抗曹操！」

魯肅與孔明一同前往孫權當時駐兵的柴桑，孫權立即召見，詢問情況，孔明道：「荊州情況很糟，劉豫州吃了大虧，大禍將至，希望孫將軍能夠協助。」當時劉備的官位還是曹操所冊封的豫州牧，因此與之相識的人，往往稱之為劉豫州。孔明接著說道：「如果孫將軍願意率領吳越之眾，共同抗衡，那麼請立刻與曹操絕交；如果不敢對抗，那麼就請您投降，當斷不斷，災難必至，劉豫州只好另謀抵抗之策。」

孫權皺了皺眉，心想魯肅帶來的這劉備使者怎麼如此無禮？乃問道：「照你這麼說，劉豫州自己為什麼不投降曹操呢？」

「人各有志，何況劉豫州乃是皇室貴冑，天生英雄，知道大義之所在，哪能紆尊降貴，去侍奉那宦官後代呢？」

「哼！」孫權很不服氣，怒道：「我孫權又怎能把東吳幾十萬軍民，交給那閹宦遺醜？不過，要抵抗曹操，還得要劉豫州合作才行，敢問劉豫州兵敗之後，還剩下多少兵力？」

孔明回答：「長秋之役，劉豫州雖敗，然而關羽水師並未損失，尚有精兵萬人，劉琦江夏戰士，也有萬人。曹操兵馬雖多，卻在追擊我家主公之時，精疲力竭，此乃強弩之末，不足爲懼！此外，曹操軍中，多爲北方人，不善水戰，新進收服的劉表之兵，只不過迫於曹操威勢，並不能心服。依我看，孫將軍若能派遣幾員猛將，率領精兵，與劉豫州合作，必能破曹，成敗之機，就在今日！」

孫權沉默了一會兒，忽然朗聲笑道：「說得好，諸葛先生，你並不是第一個對我這麼說的人啊！」

原來在此之前，孫權已經收到了來自曹操的挑戰書：「……近者，奉辭伐罪，旌麾南指，劉琮束手，今治水軍八十萬，方與將軍會獵於吳！」充滿敵意的文字躍然紙上，詞語傲慢，咄咄逼人。孫權看完，憤怒之際，召集大臣，把曹操的挑戰書念給眾人聽，群臣莫不驚恐，連一向老成持重的張朝都說：「曹操如今已經佔了荊州，又得到劉表的水師，順著長江天險而下，我軍實難以與之抗衡，不如舉州以迎之！」

大臣們絕大多數都同意張昭的看法，抱持著失敗的論調，只有魯肅一人默然不語。

孫權眼見部眾每個都想投降，頓感心煩意亂，起身如廁，魯肅從後面追了上來，欲言又止，孫權道：「有話儘管直說。」

「剛才主張降曹的人，都替自己著想，只會誤了將軍的大事！您想想，如果投降了曹操，像我魯肅這樣的人，或者可以討得一個縣令之流的官位，如果表現不錯，或許還有機會升上刺史、太守，可是，如果是將軍您這樣的人物投降，曹操能給您什麼官位呢？」

「那自然是被他牢牢綁在身邊，再也別想有什麼發展了，我孫權豈是這樣的人物？」孫權嘆道：「方才眾人議論，都令我很失望，只有愛卿此言深得我心。想我繼承父兄基業，無日不爲確保江東而兢兢業業，怎麼可以因爲敵人來勢洶洶，就此投降！」

魯肅的好友周瑜也是主戰派，那時周瑜不在國內，孫權連忙將他召回，再開一次會議。會中，周瑜慷慨陳辭：「曹操名爲漢丞相，其實根本是國賊！將軍雄才大略，承父兄之烈，據有江東，兵精糧足，正應該橫行天下，替漢家剷除禍源！這種時候，曹操自己前來送死，眞乃是千載良機，千萬不可疑慮。」

周瑜這話說得豪氣千雲，當時的中國，只怕沒有一個人敢有這種膽量，面對曹操大軍，能說他是前來送死的。

這話說得連孫權都有些不敢相信，於是問道：「這……何以見得曹操八十萬雄師是來送死的？」

「第一，如今北方尚未完全平定，關西有馬超、韓遂伺機而動，曹操有後顧之憂。」周瑜分析道：「第二，曹操部眾爲北方人，捨棄鞍馬而以戰船來與我軍爭衡，實在是以其弱點攻我優點！第三，如今天氣嚴寒，馬沒有草吃，中原士卒水土不服，必定有很多人會生病，戰力大大耗損。」

「哈哈，說得好！」孫權道：「曹操這老賊，想廢漢自立已經很久了，擔心的人不過是袁紹、袁術、呂布、劉表還有我，如今其他人都亡故，只剩下我還在，我當然要和他勢不兩立啊！」

因此，在孫權前面主張與曹操決一死戰的，諸葛亮是第三位。

孫權回想起當天晚上周瑜更進一步的剖析：「當朝眾人，都是被曹操的虛張聲勢給嚇著了！曹操水軍，號稱八十萬，據我估計，他從中原帶來的兵馬，最多不過十五六萬，而且已經是疲憊不堪，至於從劉表那裡收降的水軍，頂多七八萬，又都心懷二意，實在不足爲懼。」於是對孔明說道：「先生放心，我必全力對抗曹操！」

他以周瑜、程普爲左右都督，程普年資遠遠超過周瑜，此時竟然與他並列水軍都督，心中十分瞧不起周瑜，經常當面羞辱他，可是周瑜豁達大度，對程普的百般刁難毫不計較，處處忍讓之餘，還不忘表達他對老將軍的尊敬，到後來，程普終於對周瑜心服口服，說道：「與周公瑾相交，如飲陳年佳釀，尚未舉杯，便已先醉了。」

《三國演義》這部膾炙人口的小說，把周瑜寫得心胸狹窄，忌賢妒才，一心想要害死才學智謀高過於他的諸葛亮，這是很大的錯誤。其實這個時候，諸葛亮不過是個初出茅廬的小伙子，替劉備擔任使者，是他唯一比較重要的任務，就算周瑜氣量狹小，也不至於去爲難這個小他七歲的年輕人，更何況眞正的周瑜，是如此的英雄人物。

劉備終於見到了盼望已久的東吳援軍，連忙親自前往迎接，上船去見周瑜，並且問道：「孫將軍發兵對抗曹操，一共有多少兵卒？」

周瑜答道：「三萬人。」

劉備有點擔心地問：「會不會太少啊？」

周瑜微笑，朗聲道：「將在謀而不在勇，兵在精而不在眾，三萬兵力已經足夠，劉將軍儘管放心，等著看我把曹操打垮吧！」

眼看著這個三十出頭的青年在他面前說大話，不知怎地，劉備卻覺得十分安心，那威風凜凜的模樣，讓劉備感嘆英雄出少年的道理，旋即返回軍營，整裝開拔，與周瑜同時並進。

此時曹操大軍，兵分數路，從江陵出發，直航江夏，其中一路前鋒部隊，在長江南岸的赤壁遭遇了周瑜與劉備的聯軍，由於周瑜劉備以逸待勞，再加上曹軍不善水戰，兩軍接觸，曹軍立即吃下敗仗。曹操聞訊後下令，將大軍移至船上，所有戰艦駛向長江北岸，集中起來，使其首尾相接，形成一座堅固的堡壘，行走其上，如履平地。

那一場小小的敗仗，並沒有造成多大的損失，曹操也不以為意，聽說敵軍統帥只不過是個三十出頭的青年，更加不放在眼裡，於是好整以暇地在船上，與士兵飲酒作樂。

那時正值夜晚，明月當空，但見萬頃波濤，一望無際，曹操心中無限感慨，回想起兵以來，一路征戰，至今已經囊括大半個天下，從前叱吒一方的英雄豪傑，董卓、呂布、袁紹、劉表……

如今只剩一抔黃土，成爲過眼雲煙。頓時只覺得人生無常，忽然之間，岸邊林間，飛出幾隻烏鴉，叫了幾聲，遠遠飛去，曹操心念一動，吟唱出流傳千古的〈短歌行〉：

對酒當歌，人生幾何？譬如朝露，去日苦多。
慨當以慷，憂思難忘。何以解憂？唯有杜康。
青青子衿，悠悠我心。但為君故，沉吟至今。
呦呦鹿鳴，食野之苹。我有嘉賓，鼓瑟吹笙。
明明如月，何時可掇？憂從中來，不可斷絕。
越陌度阡，枉用相存。契闊談讌，心念舊恩。
月明星稀，烏鵲南飛。繞樹三匝，何枝可依？
山不厭高，海不厭深。周公吐哺，天下歸心。

雖說這首詩鏗鏘有力，是首擲地有聲的佳作，可是曹操在這個時候，還有閒情逸致飲酒作詩，未免也太大意了。

周瑜水師駐紮在長江南岸，兩軍隔著寬廣的江面，遙遙相望，眼看著對岸陣容浩大，周瑜的豪氣似乎也收斂了一些面露憂慮之色。這時候，老將黃蓋向周瑜獻策：「現在敵軍人多，我軍人少，長期對抗，對我方不利。末將以爲，要迅速擊敗曹操，只有一個辦法。」

周瑜看著黃蓋，會心一笑道：「火攻？」隨即斂起笑容，嘆道：「我又何嘗不知？只是，得有人到對岸去放火，還得不引起曹操疑慮才行。」

「這點末將也想過了。」黃蓋道：「我願以詐降的辦法，潛入曹營放火。」

「如此甚妙！」周瑜撫掌稱善：「就勞煩老將軍了！」

黃蓋寫了一封信，遣人故作神秘，送往曹營，信中說他認爲江東六郡兵力，難以抵擋中原大軍，勸說主軍投降，奈何孫權與周瑜執迷不悟，一定要螳臂擋車，作無謂的掙扎，因此他爲了避免遭到滅亡的命運，情願投降曹軍。

曹操看了信，心想雙方強弱懸殊，對方必定會有不同的聲音，又聽說當時孫權決議抵抗，底下臣子多半反對，只有周瑜一意孤行，這樣必定會激起部下的叛變，因而沒有懷疑黃蓋，坦然接受他的投降，並與他約定某日夜裡，帶著自己的部隊糧草，從南岸駛來北岸。

到了約定的日子，黃蓋點齊戰船十艘，裝滿乾柴枯草，澆上燃油，外面覆蓋麻布，插上旌旗，後面跟著幾艘小船，作爲撤退之用，隨即揚帆北駛，航向曹軍北陣。

曹操及其將領，正在陣前瞭望，有人高喊道：「黃蓋來投降了！」

大家都十分高興，準備熱烈歡迎，黃蓋的船隊直駛而來，並不因爲接近了水寨而稍有減速，曹操心頭一緊，暗叫：「糟糕！」這時船隊突然起火，剎那間成了十幾艘火船，加速衝進曹軍固若金湯的水上城堡中。

那季節正是隆冬，天乾物燥，木造船隻一遇火，便一發不可收拾，再加上東風助長火勢，船隻又排列在一起，難以擺脫，一艘起火，另一艘跟著馬上起火，頃刻之間，曹營大小船隻燒成一片火海，江面之上，烈焰沖天，甚至蔓延到岸邊的軍營。黃蓋眼見計謀得逞，立即乘上小船，順流逃走。

人聲沸騰，馬聲嘶鳴，曹軍亂成一團，那些生了病的士卒來不及逃跑，被烈火吞噬，其他驚恐萬狀的兵卒，四下逃竄，遭到踐踏而死的不計其數。

周瑜趁勢指揮全軍，大舉進攻曹營，水路並進，鐘鼓齊鳴，殺聲震天，那幾十萬大軍本來就已潰敗，這時再遭到士氣高昂的周瑜大軍進攻，更是土崩瓦解。只見血流成河，那寬闊的江面上，映著烈火紅光，漂浮著曹軍的屍體，景象慘不忍睹。

勝負立定，曹操意識到，這次他經歷了生平前所未有的慘敗，眼看著他的子弟兵在烈火之中打滾、哀嚎，他很心痛，卻也沒有辦法，他知道現在事情還沒有完，敵人的最終目標，是抓住他本人。

「傳令下去，各軍分別撤退，撤往南郡！」

交代了撤退命令之後，曹操搶在大軍之前，名義上替大軍開路，實際上則搶先逃命，他選擇了最近的一條路，華容縣附近的小道，走陸路逃向南郡郡治江陵。想當初，他悠閒地坐著大船浩浩蕩蕩地前來，如今船隻全遭焚燬，只能沿著泥濘的小路，狼狽不堪地逃亡。

天上飄著毛毛細雨，原本就泥濘的道路，變得更為鬆軟，一腳踩進土裡，很難再拔起來，寸步難行，而後方的追兵越來越近，情況緊急萬分。

曹操想了一個辦法，他讓人去附近民家徵收草料，得手之後，再叫士兵背負著前往小路上鋪設，鋪了草料之後的道路，果然變得好走許多。可是，鋪路的速度，趕不上敗軍逃亡撤退的速度，許多負責鋪路的士兵，都被後面蜂擁而至的人馬踐踏而死。

好不容易回到江陵，略加清點殘兵，死傷人數超過了一半。

一將功成萬骨枯；一將功未成，只怕也一樣萬骨枯吧！

建安十三年，公元二〇八年年底，赤壁之戰再度上演了以弱克強，以寡擊眾的戲碼，英俊瀟灑的周郎，成了大英雄；顛沛半生的劉備，終於找到了立足的地點；諸葛孔明初露頭角，在劉備軍中地位逐漸提升。

曹操沒有像袁紹那樣，歷經一次失敗就被打垮，他很清楚自己這次的失敗，將會使他這一生再也沒有機會踏進南方，即使已經得手的荊州，也終將再度失去。如今他應該做的，就是鞏固他花了大半生打下來的半壁江山，替他的子孫鋪路。

四百餘年歷史的漢朝，如今氣數已盡，一個三分天下，兵荒馬亂，百姓困苦不堪，卻又留下許多精彩故事的時刻，即將來臨。

國家圖書館出版品預行編目 (CIP) 資料

被消失的中國史 3: 鳥盡弓藏到赤壁之戰 / 白逸琦著 . -- 二版 .
-- 臺中市 : 好讀出版有限公司 , 2022.04

面； 公分 . -- (中華文明大系 ; 3)

ISBN 978-986-178-594-3（平裝)

1. 中國史 2. 通俗史話

610.9 111002206

好讀出版

中華文明大系 3

被消失的中國史 3：鳥盡弓藏到赤壁之戰

作　　者／白逸琦
總 編 輯／鄧茵茵
文字編輯／莊銘桓
封面設計／鄭年亨
行銷企劃／劉恩綺
發行所／好讀出版有限公司
台中市 407 西屯區工業 30 路 1 號
台中市 407 西屯區大有街 13 號（編輯部）
TEL:04-23157795 FAX:04-23144188 http://howdo.morningstar.com.tw
（如對本書編輯或內容有意見，請來電或上網告訴我們）
法律顧問　陳思成律師

線上讀者回函
獲得好讀資訊

讀者服務專線／ TEL：02-23672044 / 04-23595819#230
讀者傳真專線／ FAX：02-23635741 / 04-23595493
讀者專用信箱／ E-mail：service@morningstar.com.tw
網路書店／ http : //www.morningstar.com.tw
郵政劃撥／ 15060393（知己圖書股份有限公司）
印刷／上好印刷股份有限公司
如有破損或裝訂錯誤，請寄回知己圖書更換

二版／西元 2022 年 4 月 1 日
定價：300 元

Published by How Do Publishing Co. ,LTD.
2022 Printed in Taiwan

ISBN 978-986-178-594-3